国家社科基金
GUOJIA SHEKE JIJIN HOUQI ZIZHU XIANGMU
后期资助项目

国家社科基金后期资助项目(19FTYB008)研究成果

竞赛压力与注意控制关系的理论嬗变

孙国晓　张力为　著

山东大学出版社
SHANDONG UNIVERSITY PRESS
·济南·

图书在版编目(CIP)数据

竞赛压力与注意控制关系的理论嬗变/孙国晓,张力为著.—济南:山东大学出版社,2022.8

ISBN 978-7-5607-7568-5

Ⅰ.①竞… Ⅱ.①孙… ②张… Ⅲ.①竞赛—体育心理学—关系—注意—研究 Ⅳ.①G804.8②B842.3

中国版本图书馆 CIP 数据核字(2022)第 131704 号

责任编辑 毕文霞
封面设计 王秋忆

出版发行 山东大学出版社
社 址 山东省济南市山大南路 20 号
邮政编码 250100
发行热线 (0531)88363008
经 销 新华书店
印 刷 济南乾丰云印刷科技有限公司
规 格 720 毫米×1000 毫米 1/16
15.5 印张 282 千字
版 次 2022 年 8 月第 1 版
印 次 2022 年 8 月第 1 次印刷
定 价 68.00 元

国家社科基金后期资助项目
出版说明

后期资助项目是国家社科基金设立的一类重要项目，旨在鼓励广大社科研究者潜心治学，支持基础研究多出优秀成果。它是经过严格评审，从接近完成的科研成果中遴选立项的。为扩大后期资助项目的影响，更好地推动学术发展，促进成果转化，全国哲学社会科学工作办公室按照“统一设计、统一标识、统一版式、形成系列”的总体要求，组织出版国家社科基金后期资助项目成果。

全国哲学社会科学工作办公室

前 言

2012年初，笔者首次接触到加工效能理论，当即被它的观点所吸引。“焦虑未必影响操作成绩，但会降低加工效能，即工作效率”，这与笔者在运动队进行心理保障工作时的所见所想不谋而合。沿着加工效能这条线索，笔者进而了解到注意控制理论，从此与注意控制结缘，并确定了多年来的研究方向。

高压力下的注意控制是运动员比赛稳定发挥的前提，也是士兵军官、飞行员、外科医生、高考生、表演人员等需要在高压力环境中操作的群体稳定发挥的前提。注意控制理论原本是认知心理学者提出来用以解释焦虑与操作绩效之间关系的理论，运动心理学研究者将其引入，用以诠释竞赛焦虑与运动表现之间的关系。本书共分九章，首先梳理注意控制理论的历史演变过程，然后介绍八项原创实验研究，检验注意控制理论对于诠释竞赛焦虑与绩效关系的适用性，在此基础上引出注意控制理论的新进展——运动注意控制理论，并对竞赛压力下注意控制的未来研究进行展望。

第一章介绍了注意控制理论的演变历程，重点介绍了认知干扰理论和加工效能理论两种早期理论的基本假设、测量方法和支持性证据。第二章论述了注意控制理论的核心观点、研究范式及支撑证据。注意控制理论认为，焦虑会打破自上而下和自下而上注意系统的平衡，并降低中央执行系统的加工效能。

第三章介绍了两项实验研究，探讨了竞赛特质焦虑与注意控制的关系，检验了注意控制理论对于解释运动领域特质型焦虑与注意控制的关系问题的适用性。第四章探讨了随情境变化而时刻变化的状态焦虑与注意控制的关系，对注意控制理论进行了拓展检验。

第五章引入了运动情境中反映自上而下的目标导向的注意控制的静眼。第六章检验了压力与反映注意控制的静眼之间的关系，并进一步拓展了注意控制理论的解释范畴。第七章设计了实验室研究和现场研究，检验了静眼训练对压力下注意控制的影响。第七章进一步佐证了第六章的假设，为注意控制理论解释压力与注意控制关系提供了更多支持性证据。

第八章阐述了竞赛压力与注意控制的理论进展，总结了第三章到第七章研究对注意控制理论的贡献，并介绍了注意控制理论在运动领域的新进展——运动注意控制理论。第九章在前八章的基础上，展望了竞赛压力下注意控制的未来研究，主要包括竞赛压力下注意控制与注意偏向、认知负荷、注意焦点等概念的关系，注意控制的神经机制和应用拓展研究等。

本书从注意控制理论出发，介绍了注意控制理论的历史演变和基本假设；然后设计实验检验了注意控制理论对于运动领域焦虑与运动表现关系问题进行解释的适用性；最后又回归到注意控制理论，阐述了注意控制理论在运动领域的发展理论——运动注意控制理论，并展望了未来研究的方向。

本书第四章由罗霄骁帮助整理完成，第六章由龚然帮助整理完成。本书内容整理和文字校对工作还得到了田丝雨、徐珊珊、姚连强、江冬冬、马志遥等同学的帮助，在此一并表示感谢！本书在撰写过程中，借鉴了部分学者、专家的研究成果，已在参考文献中一一列出，在此谨向他们表示衷心的感谢！

由于作者学识有限，书中或有疏漏，恳请读者批评、指正。

孙国晓

2021 年 11 月 25 日

目　录

绪　论

在运动心理学领域，竞赛压力与运动表现之间的关系是争论最多的话题之一。要想在比赛中获得胜利，运动员往往需要在极高压力且身体极度疲惫的情况下，精准地控制自己的肢体动作。尽管运动心理学工作者在过去几十年间做出了大量探索，从不同角度解释竞赛压力与运动表现之间的关系①，但是竞赛压力影响运动表现的机制仍不清楚。注意，尤其视觉注意在其中的重要性不言而喻。比赛中，运动员在有限的条件下，迅速、准确地捕获关键视觉信息，对于竞技表现至关重要。② 运动心理学工作者将认知心理学家艾森克（Eysenck）等人提出的注意控制理论引入，解释竞赛压力与竞技表现的关系③，本书拟围绕注意控制理论在竞技运动领域的检验和发展展开论述。

一、本书的写作目的

本书主要围绕注意控制理论的演进与发展进行论述，有以下三个主要写作目的。

第一，梳理注意控制理论的历史演进过程。本书对注意控制理论的早期理论——认知干扰理论和加工效能理论进行梳理，由此引出注意控制理论，并介绍其核心观点和理论假设。

第二，检验注意控制理论对竞赛焦虑与运动表现之间关系问题的解释力。检验竞赛特质焦虑和状态焦虑对注意控制的影响，并使用静眼

---

① 孙国晓：《竞赛特质焦虑与反应抑制：对注意控制理论的检验》，北京，北京体育大学硕士学位论文，2013，第 4～7 页。

② 孙国晓：《静眼训练对移动目标任务运动表现的影响》，北京，北京体育大学博士学位论文，2017，第 3 页。

③ Eysenck, M. W. et al., 2007: "Anxiety and cognitive performance: Attentional control theory", *Emotion*, June.

(quiet eye，QE) 指标检验竞赛压力对静眼反映的目标导向的注意控制的影响，为注意控制理论在运动领域的适用性提供依据。

第三，阐述注意控制理论在运动领域的发展理论——运动注意控制理论，并对竞赛压力下注意控制的未来研究进行展望。

二、本书的学术价值

第一，梳理了注意控制理论的历史演变和发展历程。本书从注意控制理论出发，检验注意控制理论对于运动领域竞赛焦虑与运动表现之间的关系问题进行解释的适用性，由此引出注意控制理论的发展理论——运动注意控制理论，对注意控制理论的演进过程进行了系统整理。

第二，检验和拓展了注意控制理论。分别以竞赛特质焦虑和竞赛压力为自变量，以反向眼跳指标和静眼时长为目标导向注意控制的指标，检验了注意控制理论在运动领域的适用性，并拓展了注意控制理论的解释范畴。

第三，引入了注意控制理论的发展理论——运动注意控制理论，并构建了"压力-资源-注意控制整合模型"。将运动注意控制理论与挑战-威胁生物心理社会交互作用模型和自我控制力量模型进行整合，提出了"压力-资源-注意控制整合模型"，有助于更细致地解释竞赛压力与注意控制和运动表现之间的关系，并为将来研究提供了更多可检验的假设。

三、本书的应用价值

第一，注意控制是运动员备战、参加奥运会等重要赛事的关键问题，沿着注意控制理论方向设计的静眼训练方法，有助于提高运动员的注意控制能力，促进运动员在高压力下稳定发挥，为运动员心理训练提供科学指南。

第二，注意控制研究还对需要在高压力下完成操作任务的群体，如飞行员、战场上的士兵、救援现场的救援人员、手术台上的医生、舞台上的表演人员、考场上的考生等具有借鉴作用，可帮助他们提高注意控制能力，促进在高压力下稳定发挥。

四、本书的主要内容

本书通过九章对注意控制理论的历史演变、注意控制理论在运动领域的检验和拓展及注意控制理论的发展进行了阐述。首先介绍了从认知干扰理论到加工效能理论，再到注意控制理论的历史演变过程；然后设计了八个实验，检验注意控制理论对于运动领域特质焦虑和状态焦虑与运动表现之间的关系问题进行解释的适用性；最后，回到注意控制理论，阐述其在运动领域的新进展——运动注意控制理论，并展望了竞赛压力下注意控制的未来研究。

第一，焦虑与注意控制关系的早期理论。注意控制理论的前期理论有认知干扰理论①和加工效能理论②。认知干扰理论认为，焦虑诱发与当前任务无关的认知过程，占用认知资源，因此影响操作成绩。③ 加工效能理论继承了这一观点，但又认为，焦虑提高动机，使个体投入更多资源，因此操作成绩未必受损害，但操作效率会下降。④ 加工效能理论还认为，焦虑会影响中央执行系统。⑤

第二，注意控制理论的提出。本书第二章重点介绍了注意控制理论（Attentional Control Theory，ACT）⑥ 的基本假设、研究范式和支持证据。注意控制理论继承了两种早期理论（认知干扰理论和加工效能理论）的观点，同时吸收了科比特（Corbetta）和舒尔曼（Shulman）的注意系

---

① Sarason, I. G. et al., 1984: "Stress, anxiety, and cognitive interference: Reactions to tests", *Journal of Personality & Social Psychology*, April.

② Eysenck, M. W. et al., 1992: "Anxiety and performance: The processing efficiency theory", *Cognition and Emotion*, November; 孙国晓:《竞赛特质焦虑与反应抑制:对注意控制理论的检验》,北京,北京体育大学硕士学位论文,2013,第4～9页。

③ 孙国晓:《竞赛特质焦虑与反应抑制:对注意控制理论的检验》,北京,北京体育大学硕士学位论文,2013,第4～5页;Sarason, I. G. et al., 1984: "Stress, anxiety, and cognitive interference: Reactions to tests", *Journal of Personality & Social Psychology*, April.

④ 孙国晓:《竞赛特质焦虑与反应抑制:对注意控制理论的检验》,北京,北京体育大学硕士学位论文,2013,第5～6页。

⑤ Eysenck, M. W. et al., 1992: "Anxiety and performance: The processing efficiency theory", *Cognition and Emotion*, November.

⑥ 孙国晓等:《加工效能理论到注意控制理论:焦虑运动表现的新诠释》,《心理科学进展》2013年第10期;Eysenck, M. W. et al., 2007: "Anxiety and cognitive performance: Attentional control theory", *Emotion*, June.

统分类的观点。① 它认为，焦虑扰乱注意系统的平衡；它还认为，焦虑降低中央执行系统的加工效能。② 反向眼跳范式被认为适合作为注意控制理论的研究范式，研究者使用反向眼跳任务，开展了若干认知心理学实验研究，检验了注意控制理论的核心假设。③

第三，竞赛特质焦虑对注意控制理论的检验。第三章介绍了一项行为学研究和一项神经电生理学研究，探究了竞赛特质焦虑与注意控制之间的关系。第一项研究借助眼动追踪技术，比较了高、低竞赛特质焦虑运动员对于自发性的朝向眼跳的抑制能力，发现竞赛特质焦虑与更低的反应抑制功能的加工效能相关联。第二项研究借助认知神经科学技术，比较了高、低竞赛特质焦虑运动员完成反应抑制任务时的皮层电位成分，结果发现，低竞赛特质焦虑运动员中表现出了正常的与反应抑制功能相关的皮层电位，而高竞赛特质焦虑运动员中这一电位成分变小。说明竞赛特质焦虑影响注意控制具有神经基础，为注意控制理论提供了认知神经科学证据。

第四，状态焦虑对注意控制理论的拓展检验。第四章第一部分介绍了一项状态焦虑与注意控制关系的实验研究，以对注意控制理论的解释范畴进行拓展。通过设置压力情境诱发状态焦虑，使用反向眼跳任务测量抑制性注意控制，检验状态焦虑是否与更低的抑制控制加工效能相关联。第二部分梳理了前人发表的状态焦虑与转换功能关系的实验研究，发现状态焦虑与更低的注意转换功能的加工效能相关联，这与注意控制理论的假设一致。

第五，静眼对注意控制的反映。静眼代表一种自上而下的目标导向的注意控制④，因此，静眼研究属于注意控制研究范畴⑤。第五章介绍了静

① Corbetta, M. et al., 2002: "Control of goal-directed and stimulus-driven attention in the brain", *Nature Reviews Neuroscience*, March.

② 孙国晓:《竞赛特质焦虑与反应抑制:对注意控制理论的检验》,北京,北京体育大学硕士学位论文, 2013, 第 9～10 页; Eysenck, M. W. et al., 2007: "Anxiety and cognitive performance: Attentional control theory", *Emotion*, June.

③ Derakshan, N. et al., 2009: "Anxiety, inhibition, efficiency, and effectiveness: An investigation using the antisaccade task", *Experimental Psychology*, January.

④ Vickers, J. N. et al., 1996: "Visual control when aiming at a far target", *Journal of Experimental Psychology: Human Perception and Performance*, April.

⑤ 孙国晓:《静眼训练对移动目标任务运动表现的影响》,北京,北京体育大学博士学位论文, 2017,第 11～12 页;孙国晓等:《运动目标的视觉追踪:静眼研究进展与前瞻》,《成都体育学院学报》2018 年第 6 期; Wilson, M. et al., 2009: "From processing efficiency to attentional control: A mechanistic account of the anxiety performance relationship", *International Review of Sport and Exercise Psychology*, September.

眼的概念界定①，论证了代表注意控制的静眼与运动表现之间的关系，还介绍了竞赛压力对静眼的影响以及静眼训练对压力下注意控制的影响。竞赛压力缩短静眼期，静眼训练提高压力下注意控制的现象与注意控制理论的观点一致。②

第六，竞赛压力影响注意控制的静眼证据。压力引起的焦虑状态干扰注意控制，静眼是注意控制的指标。如果找到压力导致静眼期缩短的证据，则能进一步支持注意控制理论的假设，并能够拓展注意控制理论的解释范畴。第六章介绍了三项实验研究，分别使用计算机模拟静止目标任务、计算机模拟移动目标任务和移动目标投掷任务，检验了压力对静眼的影响。三个实验均发现，压力导致静眼持续时间缩短，压力引起的状态焦虑干扰自上而下的目标导向的注意控制，这些结果与注意控制理论的基本假设一致。③

第七，静眼训练对压力下注意控制的影响。第七章包括两个部分：第一部分介绍了一项实验室研究，以移动目标投掷任务为实验任务，检验了静眼训练对压力下注意控制的影响；第二部分介绍了一项现场研究，使用现场多向飞碟射击任务，检验了静眼训练对压力下注意控制的影响。研究发现，静眼训练有助于压力下注意控制的维持。这一现象能够在注意控制理论框架下进行解释，即静眼训练提高了注意控制能力，得以保护压力下注意控制不受焦虑状态的影响。④

第八，竞赛压力与注意控制的理论进展。第八章首先回顾了注意控制理论在运动领域的检验和拓展性检验；然后，在此基础上介绍了注意控制理论的新进展——运动注意控制理论；最后阐述了运动注意控制理论与挑战-威胁生物心理社会交互作用模型、自我控制力量模型等相关理论进行整合发展的思路，在此基础上提出“压力-资源-注意控制整合模型”。

第九，竞赛压力下注意控制的研究展望。第九章对竞赛压力下注意控制的未来研究进行了展望，主要包括注意控制与注意焦点的关系研究、注

① 孙国晓等:《移动目标任务中静眼训练对技能学习和压力应对的作用》,《2015 第十届全国体育科学大会论文摘要汇编(二)》,2015 年；Vickers, J. N. , 2007: *Perception, cognition and decision training: The quiet eye in action*, Champaign, IL, Human Kinetics, p.77.

② Wilson, M. R. et al. , 2015: *Aiming for excellence: The quiet eye as a characteristic of expertise*, London, Routledge, pp.22-37.

③ Eysenck, M. W. et al. , 2007: "Anxiety and cognitive performance: Attentional control theory", *Emotion*, June.

④ Wilson, M. R. et al. , 2015: *Aiming for excellence: The quiet eye as a characteristic of expertise*, London, Routledge, pp.22-37.

意控制与注意偏向的关系研究、注意控制与认知负荷的关系研究、注意控制的神经机制研究以及注意控制的应用拓展研究等。

五、本书的主要方法

本书首先采用了文献法，从中国知网、科学网（Web of Science）等国内外数据库，以“焦虑”“竞赛压力”“注意控制”“加工效能”“认知干扰”“anxiety”“pressure”“attentional control”“processing effciency”“cognitive interference”等为检索词进行了检索，分析了注意控制理论由认知干扰理论和加工效能理论发展而来的演变历程，注意控制理论的核心假设、研究范式和支持性证据，注意控制理论的新进展——运动注意控制理论的核心观点和支持性证据，以及竞赛压力下注意控制的最新研究进展。

本书主要采用了实验法，设计了八项实验研究，对注意控制理论进行检验和拓展检验。第三章在两项实验研究中，分别从行为学和神经科学角度，检验了竞赛特质焦虑对注意控制的影响，证明了注意控制理论在运动领域具有适用性。第四章的实验研究检验了压力诱发的状态焦虑对注意控制的影响，将注意控制理论的适用范畴拓展到状态焦虑领域。第六章在三项实验研究中检验了竞赛压力对静眼持续时间的影响，从自变量和因变量两个方面对注意控制理论进行拓展。第六章的研究发现，竞赛压力诱发的状态焦虑导致静眼持续时间缩短，说明竞赛压力诱发的状态焦虑干扰了目标导向的注意控制，这支持了注意控制理论的假设。第七章首先设计了实验室研究，在一项移动目标抛球任务中检验了静眼训练对压力下注意控制的影响。随后设计了现场研究，在多向飞碟射击任务中检验了静眼训练对压力下注意控制的影响。静眼训练能够抵消压力带来的消极影响，保证压力下的注意控制不受影响。第七章的实验研究进一步检验和拓展了注意控制理论。

六、本书的主要贡献

第一，梳理了注意控制理论的演变和发展历程。本书系统梳理了注意控制理论由认知干扰理论和加工效能理论两个经典理论发展而来的历程，介绍了注意控制理论的核心假设、研究范式和支持性证据，引入了注意控制理论的发展理论——运动注意控制理论，并展望了竞赛压力下注意控制未来研究的方向。

第二，检验了注意控制理论在运动领域的适用性，并拓展了注意控制理论的解释范畴。本书以竞赛特质焦虑为自变量，借助眼动追踪技术和事件相关电位技术，考察了竞赛特质焦虑对注意控制的影响，检验了注意控制理论在竞技运动领域的适用性；使用代表目标导向注意控制的静眼指标作为因变量，考察了压力诱发的状态焦虑对静眼的影响，将注意控制理论的解释范畴拓展到竞赛压力领域。这些研究为注意控制理论的新理论的提出奠定了基础。

第三，引入了“运动注意控制理论”，并构建了“压力-资源-注意控制整合模型”。本书介绍了运动注意控制理论的基本观点和检验，并将其与挑战-威胁生物心理社会交互作用模型和自我控制力量模型进行整合，提出了“压力-资源-注意控制整合模型”。

七、本书的核心观点

第一，压力下的注意控制是运动员备战、参加奥运会等重要赛事的核心问题，注意控制理论从注意控制角度解释焦虑与操作表现之间的关系。注意控制理论能够解释竞赛焦虑、注意控制与运动表现之间的关系问题。

第二，静眼反映自上而下的目标导向的注意控制，竞赛压力缩短静眼期这一研究发现与注意控制理论的观点一致。压力与静眼关系的系列研究支持了注意控制理论的假设，并进一步拓展了注意控制理论的解释范畴。

第三，注意控制理论的新进展——运动注意控制理论能够比注意控制理论更好地解释压力、注意控制与竞技表现之间的关系问题。运动注意控制理论与挑战-威胁生物心理社会交互模型和自我控制力量模型的整合模型——“压力-资源-注意控制整合模型”能够更细致地解释竞赛压力如何影响注意控制和运动表现，因此能够补充和完善竞赛压力与注意控制关系理论。

八、本书的创新之处

本书从注意控制理论出发，通过设计实证研究，检验注意控制理论在运动领域的适用性。继而以竞赛压力为自变量，以静眼持续时间为因变量，对注意控制理论进行拓展性检验。在此基础上，引入注意控制理论的发展理论——运动注意控制理论。从理论出发，再回归到理论，形成循环上升的环路。本书的创新之处主要表现在以下三个方面。

第一，引入并检验了注意控制理论对于解释竞赛焦虑与运动表现关系的适用性。本书将认知心理学领域的注意控制理论引入运动领域，考察了竞赛特质焦虑对注意控制的影响，证明注意控制理论在运动领域具有适用性；以状态焦虑作为自变量，考察了状态焦虑对抑制功能和转移功能的影响，对注意控制理论进行了拓展性检验；以反映目标导向注意控制的静眼作为因变量，考察了竞赛压力对静眼持续时间的影响，进一步拓展了注意控制理论的解释范畴。

第二，引入了注意控制理论的发展理论——运动注意控制理论。运动注意控制理论比注意控制理论更适合于解释运动领域压力、注意控制与运动表现的关系。本书引入了运动注意控制理论，并展望了注意控制未来研究的方向，为竞赛压力下的注意控制研究提供了新思路。

第三，构建了“压力-资源-注意控制整合模型”。本书将运动注意控制理论与挑战-威胁生物心理社会交互作用模型和自我控制力量模型进行整合，构建了“压力-资源-注意控制整合模型”，取得创新性理论成果。

第一章　焦虑与注意控制关系的早期理论

2000年，印尼老将叶诚万正处于其职业生涯的巅峰状态，却在随后的悉尼奥运会决赛中告负。赛后他总结道，这是他参加的最后一届奥运会，尤其渴望运动生涯能够圆满结束。而且，羽毛球几乎是印尼的国球，也是奥运会中仅有的少数几个夺金点之一。叶诚万说："压力如此之大，以至于我从第一场比赛就全力以赴，比平时消耗了更多的精力和能量，导致决赛中采取了相对保守的战术。策略的改变导致了失败的结局。"① 根据叶诚万的陈述，巨大的压力导致他付出了"远超于平时"的努力，最终导致失败。② 叶诚万的案例似乎表明，额外的努力在竞赛压力和成绩的关系中发挥了作用，本章要探讨的理论从这个角度阐述了焦虑和运动成绩之间的关系。③

焦虑如何影响运动员的表现在竞技体育中是一个永远不会过时的话题，目前在运动心理学领域已发展出了一些理论，从不同角度解释焦虑与运动表现之间的关系。④ 注意控制理论从注意控制的视角解释焦虑是如何影响绩效表现的。⑤ 注意控制理论是认知心理学者提出的理论，却在运动心理学领域得到了更好的发展。注意控制理论是由两个早期理论——认知干扰理论和加工效能理论发展而来，本章着重介绍这两个早期理论。

---

① 孙国晓:《竞赛特质焦虑与反应抑制:对注意控制理论的检验》,北京,北京体育大学硕士学位论文,2013,第4页;张力为:《中国运动员奥运夺冠经典案例心理分析》,北京,北京体育大学出版社,2008,第85页。

② 孙国晓:《竞赛特质焦虑与反应抑制:对注意控制理论的检验》,北京,北京体育大学硕士学位论文,2013,第4～5页。

③ 孙国晓:《竞赛特质焦虑与反应抑制:对注意控制理论的检验》,北京,北京体育大学硕士学位论文,2013,第4～6页。

④ 孙国晓:《竞赛特质焦虑与反应抑制:对注意控制理论的检验》,北京,北京体育大学硕士学位论文,2013,第4～7页。

⑤ 孙国晓等:《加工效能理论到注意控制理论:焦虑运动表现的新诠释》,《心理科学进展》2013年第10期; Eysenck, M. W. et al., 2007: "Anxiety and cognitive performance: Attentional control theory", *Emotion*, June.

一、认知干扰理论

（一）认知干扰理论的核心假设

认知干扰理论（Cognitive Interference Theory，CIT）是注意控制理论的最早雏形，也是解释焦虑与运动表现关系的早期理论之一，由萨拉森（Sarason）提出。[①] 它认为，评价焦虑（evaluation anxiety）与消极的自我陈述（negative self-statements）相关，处理这些消极自我陈述占用了认知资源，减少了当前任务的注意资源。如此，消极的自我陈述便成为一种认知干扰，进而对操作成绩产生不利影响，导致任务表现下降。[②]

为解释评价焦虑对认知资源产生影响的机制，研究者们通过工作记忆系统（working memory system）寻找答案。工作记忆系统由语音环路、视觉空间处理器和中央执行系统三部分组成。[③] 科伊（Coy）等人发现，个体在焦虑状态下会产生更多的消极自我陈述，并且会在与语音环路和中央执行系统相关的操作任务中表现得更差。[④] 这一研究结果支持了消极自我陈述会通过对语音环路和中央执行系统产生影响，进而导致操作任务表现下降的观点。而消极自我陈述在评价焦虑与语音环路相关任务表现中起中介作用的研究结果，也对评价焦虑对认知资源产生影响的机制提供了解释。

在语音环路方面，消极自我陈述可以被看作一种个体在其脑海中所进行的自我对话，而对于这些消极自我陈述的处理会对其他听觉信息的处理产生干扰，进而影响语音环路功能，降低任务表现。在中央执行系统方面，消极自我陈述中所包含的任务无关想法和消极任务相关想法均会造成任务表现的下降：任务无关想法影响注意的方向性，减少对当前任务的注意投入，影响任务绩效。控制资源分配是一项中央执行系统任务，中央执行系统对于消极任务相关想法的处理是自动化的，而对于当前操作任务的

① Sarason, I. G. et al., 1984: "Stress, anxiety, and cognitive interference: Reactions to tests", *Journal of Personality & Social Psychology*, April.

② Sarason, I. G. et al., 1998: "Anxiety, self-preoccupation, and attention", *Anxiety Research*, June.

③ Baddeley, A. D., 2001: "Is working memory still working?", *American Psychologist*, November.

④ Coy, B. et al., 2011: "Associations between evaluation anxiety, cognitive interference and performance on working memory tasks", *Applied Cognitive Psychology*, April.

处理则是目标导向的，因此，由中央执行系统自动化处理的消极任务相关想法的增加，可能会对目标导向的中央执行系统的功能带来阻碍，进而降低操作任务表现。①

（二）认知干扰的测量方法

为测量任务过程中所经历的认知干扰，萨拉森（Sarason）等人编制了认知干扰问卷（Cognitive Interference Questionnaire，CIQ）。② 而后萨拉森等人又进一步开发了思维发生问卷（Thought Occurrence Questionnaire，TOQ）以测量任务过程中的认知干扰。③ 二者的不同之处在于，认知干扰问卷是在完成任务后立即获取在任务过程中所经历的认知干扰的自我报告，而思维发生问卷则会对在任务过程中所经历的干扰想法的一般倾向进行评估。④

哈齐格奥尔吉斯（Hatzigeorgiadis）等人发现，思维发生问卷并不能有效地测量体育运动中的认知干扰。⑤ 因此，他们在思维发生问卷的基础上进一步编制了包含 17 个条目的运动思维发生问卷（Thought Occurrence Questionnaire for Sports，TOQS），用以测量运动中的认知干扰。⑥ 运动思维发生问卷包含对于运动表现的担忧、与任务无关的想法和逃避的想法三个维度。其中，对于运动表现的担忧是指个体在运动中出现的，有关过往失败的运动经验、运动情境和任务策略等与任务执行相关的消极思想；与任务无关的想法包括与任务本身并无关联，但会引起个体出现愤怒、紧张等情绪的想法；逃避的想法则是指个体产生的与不再坚持以及退出运动相关的想法。

科隆（Krohne）等人通过对乒乓球运动员认知干扰习惯性倾向的研究，开发了乒乓球认知干扰测试（Cognitive Interference Test-Table

---

① Northern, J. J. et al., 2010: *Anxiety and cognitive performance: A test of predictions made by cognitive interference theory and attentional control theory*, Ohio, Bowling Green State University, pp.2-3.

② Sarason, I. G. et al., 1978: "Test anxiety and the passage of time", *Journal of Consulting and Clinical Psychology*, February.

③ Sarason, I. G. et al., 1996: *Cognitive interference: Theories methods and findings*, Mahwah, NJ, Erlbaum, pp.139-152.

④ Sarason, I. G. et al., 1986: "Cognitive interference: Situational determinants and traitlike characteristics", *Journal of Personality & Social Psychology*, July.

⑤ Hatzigeorgiadis, A. et al., 1999: "The effects of goal orientation and perceived competence on cognitive interference during tennis and snooker performance", *Journal of Sport Behavior*, December.

⑥ Hatzigeorgiadis, A. et al., 2000: "Assessing cognitive interference in sport: Development of the thought occurrence questionnaire for sport", *Anxiety, Stress and Coping*, June.

Tennis，CIT-TT），以测量个体在乒乓球运动中的认知干扰。① 该量表包括三个分量表，反映了三个维度的认知干扰。其中，担忧、自我怀疑和分心是指个体对于消极的后果、预期的失败以及自己表现的负面评价；情绪紧张是指由对手引起的烦恼、愤怒，或因比分落后或其他特定事件而产生的情绪反应；无助是指个体在最初就没有获胜信念或在比赛过程中逐渐形成的消极想法，而与任务无关的认知是指个体将注意力从正在进行的运动任务转移到与当前任务无关的事件之中。

（三）认知干扰理论的支持证据

为解释在认知干扰理论下，消极自我陈述如何影响工作记忆系统，科伊（Coy）等人在88名美国大学生中，使用修订过的考试焦虑量表（The Revised Test Anxiety Scale，RTA）和认知干扰问卷（Cognitive Interference Questionnaire，CIQ）对其焦虑和消极自我陈述进行了测量评价，并通过数字广度（digit span）测试、视觉记忆广度（visual memory span）测试和斯特鲁普颜色-字词（Stroop colour-word）测试，测量了工作记忆系统的语音环路、视觉-空间处理器和中央执行系统。② 研究首先记录参与者的基线心率，以便后续通过心率监测判断参与者是否成功诱发焦虑。之后将参与者随机分为两组，一组接受焦虑指令，一组接受支持指令。发出指令后，参与者立刻完成了考试焦虑量表，并开始进行三项工作记忆系统测试，在每一项测试之前，都会对参与者再次发出简短版本的焦虑指令或支持指令。在最后一个测试任务完成之后，参与者会进行认知干扰问卷以及第二次考试焦虑量表的填写。结果发现，接受焦虑指令的参与者会产生更大的心率反应，其焦虑分数和认知干扰分数也明显高于接受支持指令的参与者。而且，接受焦虑指令的参与者在与语音环路和中央执行系统相关的数字广度测试与斯特鲁普颜色-字词测试中均受到显著的负向影响，而在与视觉-空间处理器相关的视觉记忆广度测试中却没有受到显著影响。这说明，评价性焦虑和消极自我陈述主要影响语音环路和中央执行系统，进而影响任务绩效。

佩雷斯-恩西纳（Pérez-Encinas）等人对优秀女子曲棍球运动员的认

---

① Krohne, H. W. et al., 2000: "Anxiety, cognitive interference, and sports performance: The cognitive interference test-table tennis", *Anxiety, Stress and Coping*, May.

② Coy, B. et al., 2011: "Associations between evaluation anxiety, cognitive interference and performance on working memory tasks", *Applied Cognitive Psychology*, April.

知干扰与运动表现进行研究，其研究结果也支持了认知干扰理论。① 他们的研究对象包括 20 名国家队队员以及 12 名 21 岁以下的国家青年队队员。研究通过运动思维发生问卷对运动员的认知干扰进行评价，运动表现则由教练员根据对运动员的预期将其在比赛中的表现分为低、正常和高三个组别。国家队队员在 2012 年奥运会预选赛比赛结束后填写了运动思维发生问卷，国家青年队队员在 2009 年女子少年冰球世界杯结束后完成了问卷。结果表明，比赛中表现较好的运动员在运动思维发生问卷的所有维度中得分均较低，特别是在逃避的想法维度中，得分明显低于其他两组；而在比赛中表现较差的运动员，其在运动思维发生问卷的所有维度中得分均较高，尤其在与任务无关想法维度的得分上明显高于在比赛中表现正常和表现较好的两组。这一研究结果不仅支持了认知干扰理论，也再次说明了任务无关想法对于任务表现的重要影响作用，以及认知干扰理论在竞技运动领域的适用性。

二、加工效能理论

（一）加工效能理论的核心假设

加工效能理论（Processing Efficiency Theory，PET）继承和批判了认知干扰理论。② PET 认为，认知干扰理论（CIT）在解释焦虑与操作成绩的关系方面有其价值，也有其局限。第一，CIT 假定任务无关的心理活动（如担忧、担心）导致操作成绩变差，但很多研究却未发现焦虑导致操作成绩变差。例如，布兰克斯坦（Blankstein）等人的研究表明，考试焦虑对考生组词任务（anagram task）的成绩没有影响，尽管考试焦虑者称

① Pérez-Encinas，C. et al.，2016："Influence of cognitive interferences and self-talk functions on performance during competition in elite female field hockey players"，*The Journal of Strength and Conditioning Research*，December.

② 孙国晓：《竞赛特质焦虑与反应抑制：对注意控制理论的检验》，北京，北京体育大学硕士学位论文，2013，第 5 页；孙国晓等：《加工效能理论到注意控制理论：焦虑运动表现的新诠释》，《心理科学进展》2013 年第 10 期；Eysenck，M. W. et al.，1992："Anxiety and performance：The processing efficiency theory"，*Cognition and Emotion*，November.

产生了更多的担忧想法。[①] 第二，CIT 不能解释任务无关的心理过程如何与认知系统的功能相联系，也无法解释哪些认知成分受焦虑的影响。为了弥补 CIT 的不足，艾森克（Eysenck）和卡尔沃（Calvo）提出了 PET。[②]

PET 认为，焦虑占用了认知资源，以致分配于当前任务的认知资源不足，进而导致操作成绩变差，这一点与 CIT 的观点是一致的。然而，PET 进一步指出，焦虑也有积极的影响，它提高了动机，促使个人付出更多的努力来提高成绩。[③]

因此，PET 将操作成绩（performance effectiveness）和加工效能（processing efficiency）区分开来。[④] 前者指某项任务的完成质量；后者则将付出的努力考虑在内，更多表示操作表现与投入的努力之间的关系。[⑤] PET 认为，焦虑有两种相反的作用：一是占用工作记忆资源，导致分配给当前任务的资源减少；二是提高动机，增加对当前任务的资源投入。[⑥] 因此，焦虑未必一定会对操作成绩产生消极影响，但焦虑会导致加工效能（或效率）下降，而当任务对认知资源的要求提高时，焦虑就可能对操作成绩产生不利影响。

PET 还纳入了巴德利（Baddeley）的工作记忆系统。[⑦] 根据巴德利的理论，工作记忆由语音环路、视觉空间处理器和中央执行系统组成。PET 认为，CIT 中的任务无关的认知过程（如担忧的想法）影响工作记忆。[⑧]

---

① Blankstein, K. R. et al., 1990: "Thought listing and endorsement measures of self-referential thinking in test anxiety", *Anxiety Research*, January; Blankstein, K. R. et al., 1989: "Test anxiety and the contents of consciousness: Thought listing and endorsement measures", *Journal of Research in Personality*, September.

② Eysenck, M. W. et al., 1992: "Anxiety and performance: The processing efficiency theory", *Cognition and Emotion*, November.

③ 孙国晓：《竞赛特质焦虑与反应抑制：对注意控制理论的检验》，北京，北京体育大学硕士学位论文，2013，第 5 页；孙国晓等：《加工效能理论到注意控制理论：焦虑运动表现的新诠释》，《心理科学进展》2013 年第 10 期；Eysenck, M. W. et al., 1992: "Anxiety and performance: The processing efficiency theory", *Cognition and Emotion*, November.

④ 彭凡：《状态焦虑和奖惩刺激对注意转换功能的影响》，北京，北京体育大学硕士学位论文，2016，第 7 页。

⑤ 孙国晓：《竞赛特质焦虑与反应抑制：对注意控制理论的检验》，北京，北京体育大学硕士学位论文，2013，第 5～6 页。

⑥ 孙国晓：《竞赛特质焦虑与反应抑制：对注意控制理论的检验》，北京，北京体育大学硕士学位论文，2013，第 5～6 页。

⑦ Baddeley, A. D., 2001: "Is working memory still working?", *American Psychologist*, November.

⑧ Eysenck, M. W. et al., 1992: "Anxiety and performance: The processing efficiency theory", *Cognition and Emotion*, November.

具体而言，焦虑主要干扰工作记忆的中央执行系统。[①] 艾森克（Eysenck）等人在一项研究中使用由科西组块测试（Corsi blocks test）与不同第二任务组成的双任务范式对高特质焦虑和低特质焦虑的参与者进行了实验。[②] 在该实验中艾森克等人发现，当第二任务需要中央执行系统参与时，高、低特质焦虑的参与者在科西组块测试中表现出了显著的差异。但是，当第二任务需要语音环路系统或视觉空间处理器系统参与时，不同特质焦虑的参与者在科西组块测试中并没有表现出明显的不同。这说明，焦虑主要影响工作记忆的中央执行系统。因此，对于需要较高中央执行功能的任务，焦虑对其影响更大。[③]

（二）加工效能的测量方法

前人研究中对加工效能的测量主要通过直接和间接两种方式进行。自述量表法是一种常用的直接测量方法。心理努力评价量表（rating scale for mental effort，RSME）曾被广泛使用。[④] 但是，这类主观评定方法的局限是不够客观，结果过于依赖参与者的主观感受。

前人研究还使用了如下三种更为客观的方法。第一，心理生理测量法，常用的指标包括事件相关皮层电位（event related potentials，ERP）[⑤] 和心率变异性（heart rate variability，HRV）[⑥] 等。第二，操作反应时测验法。研究人员经常使用错误率作为绩效指标，而将操作反应时间作为加工效能的指标。[⑦] 第三，眼动追踪法。有些研究使用眼动追踪系统来分析操作者的眼动行为，在这些研究中，一些最常用的眼动指标包括

---

① 孙国晓等：《加工效能理论到注意控制理论：焦虑运动表现的新诠释》，《心理科学进展》2013年第10期。

② Eysenck，M. W. et al.，2005："Trait anxiety，visuospatial processing，and working memory"，*Cognition & Emotion*，December.

③ 孙国晓：《竞赛特质焦虑与反应抑制：对注意控制理论的检验》，北京，北京体育大学硕士学位论文，2013，第6页。

④ Zijlstra，F. R.，1993：*Efficiency in work behaviour：A design approach for modern tools*，Delft，Netherlands，Delft University Press，pp.53-66.

⑤ Murray，N. P. et al.，2007："Event-related potential evidence for the processing efficiency theory"，*Journal of Sports Sciences*，January.

⑥ Wilson，M. et al.，2007："The role of effort in influencing the effect of anxiety on performance：Testing the conflicting predictions of processing efficiency theory and the conscious processing hypothesis"，*British Journal of Psychology*，August.

⑦ 孙国晓：《竞赛特质焦虑与反应抑制：对注意控制理论的检验》，北京，北京体育大学硕士学位论文，2013，第6页；Eysenck，M. W. et al.，2007："Anxiety and cognitive performance：Attentional control theory"，*Emotion*，June.

搜索率、瞳孔直径和静眼期持续时间（duration of quiet eye period）等。① 默里（Murray）和贾内尔（Janelle）指出高搜索率反映了低工作效率。② 维克斯（Vickers）围绕静眼现象开展了大量研究。静眼是指发生于关键动作前对特定区域持续 100 ms 以上的视觉注视或平滑追踪，在静眼期内，个体对任务相关线索进行高级认知加工（如计划），以保证操作任务顺利完成。维克斯还指出，较长的静眼持续时间能够确保动作操作者较少受到与任务无关的干扰信息的影响。③ 比汉（Behan）和威尔逊（Wilson）更直接地指出，静眼期的持续时间是加工效能的比较敏感的指标，静眼期变短时加工效能下降。④

以往研究主要采用双任务范式间接测量加工效能。前人研究中经常使用的双任务有倒背数任务和视听觉反应时任务等。⑤ 在其他条件相同的情况下，如果第二任务的表现变差，说明参与者为第一任务投入了更多的资源，这间接反映出更低的处理效率（加工效能）。

上文介绍了以往研究直接和间接测量加工效能的方法。笔者建议，将来研究可以考虑直接与间接测量相结合的方法，以提高加工效能的测量信度和效度，并且更全面和准确地反映加工效能在焦虑和运动表现之间的作用。⑥

（三）加工效能理论的支持证据

目前，加工效能理论（PET）的检验主要在两个领域进行。

一个是教育领域，研究者主要探索焦虑对学业表现的影响。前人研究

---

① Wilson, M. et al., 2006: "The role of effort in moderating the anxiety-performance relationship: Testing the prediction of processing efficiency theory in simulated rally driving", *Journal of Sports Sciences*, November.

② Murray, N. P. et al., 2003: "Anxiety and performance: A visual search examination of processing efficiency theory", *Journal of Sport and Exercise Psychology*, January.

③ Vickers, J. N. et al., 1996: "Visual control when aiming at a far target", *Journal of Experimental Psychology: Human Perception and Performance*, April.

④ Behan, M. et al., 2007: "State anxiety and visual attention: The role of the quiet eye period in aiming to a far target", *Journal of Sports Sciences*, January.

⑤ Murray, N. P. et al., 2003: "Anxiety and performance: A visual search examination of processing efficiency theory", *Journal of Sport and Exercise Psychology*, January; Murray, N. P. et al., 2007: "Event-related potential evidence for the processing efficiency theory", *Journal of Sports Sciences*, January.

⑥ Wilson, M., 2008: "From processing efficiency to attentional control: A mechanistic account of the anxiety performance relationship", *International Review of Sport and Exercise Psychology*, September.

发现，工作记忆中介数学焦虑对数学任务表现的影响，支持了PET的假设。[①]

另一个是竞技运动领域，研究者主要探索焦虑对运动表现的影响。库克（Cooke）等人使用高尔夫推杆任务作为实验任务，在50名高尔夫专家中进行了研究。[②] 他们进行高尔夫运动的平均年限为7.81年（$SD=2.98$），且惯用手均为右手。为探索焦虑和高尔夫专家运动技能表现之间的关系，研究创设了高、中、低三种压力情境，以使高尔夫专家参与者产生竞赛焦虑。参与者在三种不同程度的压力情境下完成了高尔夫推杆任务。在低压力情境的创设中，为尽量降低参与者感受到的压力，参与者仅被要求“试着把球打进球洞，但是如果不成功，就尽可能地把球打到靠近球洞的位置”，并被告知，尽管每次推杆离洞的距离会被记录下来，但并不会分析个人表现。中等压力情境中，参与者被告知他们正处于某种竞争阶段，他们的表现将通过团队比赛与其他参与者的表现进行比较，每个人的表现都将对整个团队的平均成绩有所贡献，平均成绩是每个团队的参与者所有推杆的平均成绩。而为创设高压力情境，研究进一步引入了个人竞争。参与者被告知除了正在进行的团队比赛，他们在最后一组推杆中的表现也将与其他参与者的表现进行直接的比较，其表现的视频会通过电子邮件发送给所有参与者，并且前三名在研究结束后将分别获得相应奖金。对参与者使用内在动机量表（Intrinsic Motivation Inventory，IMI）的压力/紧张分量表所进行的测量，也证明研究成功地操控了参与者不同程度的压力水平。同时，研究也测量了参与者的焦虑水平、努力程度和心率。最终，研究发现，压力情境提高了高尔夫专家的焦虑水平、心率、努力程度以及推杆准确性。此外，努力程度和心率在一定程度上中介了焦虑和成绩之间的关系。而正如前文所述，努力程度是加工效能的直接测量指标。因此，这项研究指出，竞赛焦虑会导致个体对于任务付出更多的努力，加工效能降低，进而影响其运动表现。这一结果和PET的假设一致。

在另一项研究中，史密斯（Smith）等人分析了一个赛季31场比赛中的12名来自英国国家排球联盟的男子排球运动员。[③] 研究在不考虑胜负的前提下，通过衡量每场比赛结束时两队比分的差距等因素，将整个赛季

---

① 崔吉芳等：《数学焦虑影响儿童数学任务表现的作用机制探析》，《心理发展与教育》2011年第2期。

② Cooke, A. et al., 2011: “Effects of competitive pressure on expert performance: Underlying psychological, physiological, and kinematic mechanisms”, *Psychophysiology*, January.

③ Smith, N. C. et al., 2001: “A test of processing efficiency theory in a team sport context”, *Journal of Sports Sciences*, May.

内的比赛划分为低压力程度、中等压力程度和高压力程度三个等级。为了探讨不同压力下运动员的焦虑与努力程度的关系，研究将运动员分为高竞赛特质焦虑组和低竞赛特质焦虑组。在每次比赛的正式热身之后，大约在第一场正式比赛开始前一分钟，使用运动焦虑量表和心理准备李克特量表对运动员的焦虑程度进行测量。在每局比赛结束后，当球员更换场地时，立即要求运动员根据刚刚完成的比赛中所经历的精神状态来完成精神支持评分量表。此外，运动员在比赛中的所有表现均被两台摄像机全程记录，并通过两名不了解运动员焦虑水平的经验丰富的比赛分析员对运动员的运动表现分别进行分析评分，以确定运动员的运动表现水平。研究发现，在高压力等级和低压力等级的比赛中，高、低竞赛特质焦虑运动员的努力程度没有显著差异；而在中等压力等级的比赛中，高、低竞赛特质焦虑运动员的努力程度表现具有显著差异。具体来说，高竞赛特质焦虑运动员付出的努力更多。特别是在比赛结果相同的情况下，高竞赛特质焦虑运动员付出了更多的努力。这项研究的结果与 PET 的核心假设是一致的。

威尔逊（Wilson）和史密斯（Smith）在一项对于 18 位参加国际赛事的优秀女子曲棍球运动员进行的研究中也发现了相似的结果。① 在这项研究中，比赛的压力程度被分为高压力程度和低压力程度两个等级，运动员则根据其特质焦虑程度被分为高特质焦虑组和低特质焦虑组。研究中使用了运动思维发生问卷对于运动员的精神努力程度进行了测量，运动员的运动表现则由两名高级国际教练员独立进行评估。结果显示，在高压力等级的竞赛中，运动员的焦虑程度和付出的努力都有显著的增加，但其比赛成绩并没有受到影响，且这种现象在高特质焦虑的运动员中表现得更为明显。这项研究的结果也说明，PET 能够有效地对焦虑与运动表现之间的关系问题进行解释。

默里（Murray）和贾内尔（Janelle）为检验 PET 的假设，使用模拟赛车背景下的双任务范式进行了一项实验研究。② 研究通过设置高压力情境和低压力情境，诱导参与者产生焦虑，并根据参与者的特质焦虑程度将其分为高特质焦虑组和低特质焦虑组。在实验过程中，参与者被要求在高压力和低压力的情境下完成一个双任务范式的实验任务，即在完成驾驶任

① Wilson, M. et al., 2007: "A test of the predictions of processing efficiency theory during elite team competition using the Thought Occurrence Questionnaire for Sport", *International Journal of Sport Psychology*, July.

② Murray, N. P. et al., 2003: "Anxiety and performance: A visual search examination of processing efficiency theory", *Journal of Sport and Exercise Psychology*, January.

务的同时完成一项第二任务。如上文所述，眼动行为能够对加工效能进行有效测量。因此，研究在记录参与者双重任务表现的同时，也使用眼动仪对参与者的眼动行为进行了记录。结果表明，压力情境没有影响驾驶员的驾驶成绩，但确实导致了更多的注视点和更短的平均注视时间。这表明，在压力情境下，驾驶员的加工效能会降低。这一研究结果也支持了 PET 所提出的，压力诱发的焦虑会使加工效能降低，但不会影响操作表现的假设。

脑电生理学和行为学指标也是加工效能的客观测量指标。默里（Murray）和贾内尔（Janelle）在一项研究中就使用了这些指标，该研究同样使用了模拟赛车为主任务的双任务范式进行研究。① 研究测量了 48 名参与者的特质焦虑水平。与上述研究有所不同，在此研究中，高特质焦虑组的纳入标准是参与者的特质焦虑得分需要高于标准平均值半个标准差，而低特质焦虑组的纳入标准则是参与者的特质焦虑得分需要低于标准平均值半个标准差。研究以此区分了两个至少相差一个标准差的特质焦虑程度显著不同的组。最终，此次研究共纳入了 28 名参与者，高特质焦虑组 14 人，低特质焦虑组 14 人。研究通过对于竞争模式的引入创设了高、低两种不同程度的压力情境，参与者需要在不同的压力情境下完成双任务范式的模拟赛车任务，即参与者需要在完成模拟赛车任务的同时，完成视觉反应时任务。参与者被告知两个任务的表现同等重要，他们的目标是避免让一项任务影响另一项任务的表现。研究不仅记录了第一任务和第二任务的操作表现，同时也对于参与者完成任务时的脑电信号进行了测量和分析。研究结果表明，在不同压力情境下，不同特质焦虑组参与者的模拟赛车任务操作成绩均不存在差异；而在压力情境下，不同特质焦虑组视觉反应时任务的 P300 成分（一种潜伏期约 300 ms，与注意、辨认等认知功能相关的晚期正脑电波成分）减小，表明随着压力的增加，参与者在第二任务（视觉反应时任务）上的投入资源减少。而参与者对于第二任务投入的减少，可能是由于在压力情境下其需要对第一任务投入更多资源，这也解释了第一任务操作成绩未受压力影响的原因。而对视觉反应时指标的分析发现，在低压力情境中，高特质焦虑组和低特质焦虑组参与者的视觉反应时不存在差异；但在高压力情境中，高特质焦虑参与者与低特质焦虑参与者相比则表现出了更长的视觉反应时。这个结果也符合 PET 的假设。因此，在这项研究中，客观指标也支持了 PET。

---

① Murray, N. P. et al., 2007: "Event-related potential evidence for the processing efficiency theory", *Journal of Sports Sciences*, January.

使用模拟赛车任务作为实验任务的还有威尔逊（Wilson）等人进行的研究。[①] 该研究招募了24名平均年龄为21.6岁（$SD=1.94$），持有英国驾照并拥有两年以上驾龄的男性进行实验。研究同样设置了压力情境，并通过运动焦虑量表将参与者分为高焦虑特质和低焦虑特质两组。采用心理准备量表测量参与者的竞技状态焦虑，采用心理努力量表测量参与者的主观心理努力。此外，由于瞳孔直径一直被认为是心理努力的一个重要衡量指标，并对由各类多重心理任务引起的驾驶负荷的增加十分敏感，因此，研究在使用眼动追踪设备记录参与者实验过程中的凝视行为的同时，对参与者的瞳孔直径也进行了记录和分析。最终，这一研究的结果表明，在高压力条件下，高特质焦虑者与低特质焦虑者相比更容易受到压力的影响，从而出现模拟赛车成绩下降的现象。而且，正如研究所假设的那样，焦虑的增加会导致参与者在主观层面报告自己付出了更多的努力，在客观层面表现出更高的搜索率、更大的瞳孔直径和水平眼动标准差。也就是说，在压力下参与者付出了更多努力。这表明，焦虑的增加会对加工效能产生负面影响。这项研究的结果也同样支持了PET的核心假设。

哈迪（Hardy）和哈钦森（Hutchinson）则在攀岩运动中对PET进行了检验。[②] 他们设计了三项研究来探索状态焦虑对努力程度和攀岩成绩的影响。第一项研究招募了10名经验丰富的男性攀岩者进行实验研究。研究通过对攀岩路径的设置，操纵了参与者的状态焦虑水平。其中，一条路径处于参与者的极限水平（可以诱发参与者的状态焦虑），另一条路径的困难程度比参与者的极限水平低两个等级（参与者的状态焦虑水平较低）。在这项研究中，参与者的焦虑水平是通过攀岩焦虑量表进行测量的。由于研究者认为仅使用自我报告努力程度对参与者的自我努力程度进行测量存在一定局限性，因此，在此研究中，研究者使用心率监测、感知努力的自我报告评分（self-report rating of perceived exertion）以及自陈问题“根据你以前在攀登中付出的最大体力和脑力，你会如何评价你在这条路线上的努力？”三种方式测量努力程度。参与者的攀岩表现则是通过由其攀岩保护者所填写的攀岩表现评估清单（Climbing Performance Evaluation Inventory）进行测量。研究一的结果表明，当参与者进行极限

---

① Wilson, M. et al., 2006:“The role of effort in moderating the anxiety-performance relationship: Testing the prediction of processing efficiency theory in simulated rally driving”, *Journal of Sports Sciences*, November.

② Hardy, L. et al., 2007:“Effects of performance anxiety on effort and performance in rock climbing: A test of processing efficiency theory”, *Anxiety, Stress & Coping*, July.

路径任务时更容易产生焦虑，而随着焦虑的增加，其付出的努力也相应增加，并且这种努力的增加不仅仅可以起到保持参与者任务表现的作用，还在某种程度上提高了参与者的攀岩表现。研究二的参与者为 20 名经验丰富的男性攀岩者，与研究一的不同之处在于对于参与者的攀岩表现都是由一位有经验的攀岩者进行评判，而非如同研究一中由参与者各自的攀岩保护者进行评判；并且研究者在攀岩任务前，对参与者的认知焦虑水平进行了测量，以此将参与者分为高认知焦虑组和低认知焦虑组，并对两组参与者极限条件下的攀岩表现进行了比较。结果表明，两组在极限条件下比非极限条件下都付出了更多的努力，但在极限条件下，低认知焦虑组似乎能够通过增加努力来维持攀岩成绩，而高认知焦虑组尽管也付出了更大的努力，却无法维持攀岩成绩。研究三对 24 名经验丰富的攀岩者进行了研究。在这项研究中，参与者被要求在极限条件下攀岩一条路线，然后再次攀岩相似难度的路线。结果也发现，在极限条件下，参与者的躯体焦虑显著升高，并且与参与者躯体焦虑增加显著相关的是其付出的努力和攀岩表现的相应增加。总体而言，以上三项研究均发现焦虑的增加可能与努力程度的增加相关，而这一发现也与 PET 的假设相符。

纽温豪斯（Nieuwenhuys）等人也进行了一项攀岩研究以调查在攀岩新手群体中，焦虑所引起的运动表现和凝视行为的变化。① 研究选取了 12 名没有攀岩经验且视力正常的参与者（7 名男生，5 名女生），其平均年龄为 24.4 岁（$SD=1.98$）。在此研究中，高、低焦虑情境通过攀岩路线在攀岩墙上的高、低水平进行操控。低焦虑条件下，立足点的平均高度为 0.44 m；高焦虑条件下，立足点的平均高度为 4.25 m。本研究以荷兰版的状态-特质焦虑量表作为测量特质焦虑的工具，使用霍特曼（Houtman）和巴克（Bakker）② 经过验证的焦虑温度计对焦虑进行测量。为了跟踪参与者的眼球运动并分析参与者在攀爬任务中的注视位置，研究中使用了 ASL③ 眼动跟踪设备进行数据采集。研究发现，在焦虑状态下，参与者的攀岩时间显著增加，参与者花费更多时间用来握绳，肢体活动也更慢。在眼动行为方面，参与者在高焦虑条件下对绳索的总注视时间显著高于在低焦虑条件下；与低焦虑条件下相比，参与者在高焦虑条件下的平均注视时

---

① Nieuwenhuys, A. et al., 2008: "The influence of anxiety on visual attention in climbing", *Journal of Sport & Exercise Psychology*, April.

② Houtman, I. L. D. et al., 1989: "The anxiety thermometer: A validation study", *Journal of Personality Assessment*, January.

③ ASL 为品牌名称，暂无正式中文译名。

间也显示出幅度较小但显著的增加，注视总次数也显著增加。以上结果提示，焦虑状态下参与者投入了更多努力，用于从绳索上提取信息，而各眼动行为指标的变化也为加工效能的下降提供了证据，印证了 PET 的假设。

综合来看，一些研究发现焦虑影响绩效表现，一些研究发现焦虑并不影响绩效表现。但它们都有一个共同的发现，那就是焦虑会导致加工的效率下降。因此，这些研究支持 PET 的假设。然而，这些研究大多集中在焦虑和加工效能之间的关系上。PET 还认为焦虑干扰了中央执行系统①，将来研究应该重点关注对这一要点的检验，而这又涉及下一章节即将介绍的注意控制理论。

① 孙国晓等:《加工效能理论到注意控制理论:焦虑运动表现的新诠释》,《心理科学进展》2013 年第 10 期;Eysenck, M. W. et al., 1992:"Anxiety and performance: The processing efficiency theory", *Cognition and Emotion*, November.

第二章　注意控制理论的提出

一、注意控制理论的核心假设

根据加工效能理论（PET），焦虑会干扰中央执行系统，但艾森克等人认为这不够精确，应该继续探索焦虑影响中央执行系统的哪些成分，这也是注意控制理论（Attentional Control Theory，ACT）想要回答的问题。① 可以认为，ACT吸收了PET的基本观点，并且对焦虑如何影响中央执行系统进行了更为精细的阐述。②

米雅克（Miyake）等人探究了抑制、转换和更新三种中央执行功能的不同作用，其研究使用威斯康星卡片分类测试任务、河内塔任务、随机数字生成任务、操作跨度任务和双重任务对137名大学生进行了测试。探索性因子分析的结果表明，三种中央执行功能之间存在适度的相关性，但它们又是相互区分的。③ 此外，研究还发现三种不同的中央执行功能对复杂执行任务的绩效表现有不同的贡献。具体而言，威斯康星卡片分类测试任务的表现与迁移相关，河内塔任务与更新相关，随机数字生成任务与抑制和更新功能均密切相关，操作跨度任务与更新功能密切相关，而双重任务与抑制、转换和更新三种中央执行功能之间均无显著相关。这些结果也表明，中央执行功能具有统一性和多样性，抑制功能、转换功能和更新功能之间也是相互联系，而又有所区别的。在三种执行功能中，抑制和转换

---

① Eysenck, M. W. et al., 2007: "Anxiety and cognitive performance: Attentional control theory", *Emotion*, June.

② Derakshan, N. et al., 2009: "Anxiety, inhibition, efficiency, and effectiveness: An investigation using the antisaccade task", *Experimental Psychology*, January.

③ Miyake, A. et al., 2000: "The unity and diversity of executive functions and their contributions to complex 'frontal lobe' tasks: A latent variable analysis", *Cognitive Psychology*, August.

与注意控制的关系更为密切。ACT 认为，焦虑主要影响抑制和转换功能。①

ACT 还借鉴了科尔贝塔（Corbetta）和舒尔曼（Shulman）的注意系统分类，将注意系统分为自上而下和自下而上两类：在自上而下系统中，注意是目标导向的，受到个体的期望、目标等因素的支配；在自下而上系统中，个体的注意受环境中刺激的驱动。② 根据 ACT 的观点，焦虑扰乱了两个注意系统之间的平衡，削弱了自上而下的目标导向的注意系统，并使自下而上的刺激驱动的注意系统占了上风，导致操作者容易受到任务无关信息的干扰。③

ACT 有六个基本假设：第一，焦虑影响中央执行任务的加工效能，但不一定影响其绩效；第二，当任务需要中央执行系统参与时，焦虑会导致其绩效下降；第三，焦虑通过激活刺激驱动的注意系统干扰注意控制；第四，焦虑降低了反应抑制的加工效能，特别是存在威胁信息的情况下；第五，焦虑降低了注意转换功能的加工效能，特别是存在威胁的情况下；第六，焦虑只会降低压力下更新功能的加工效能。④

前两个假设继承自 PET，后四个假设是 PET 的发展。焦虑打破了自上而下的目标导向注意系统和自下而上的刺激驱动注意系统二者之间的平衡，这可以视为 ACT 对焦虑与绩效之间关系的宏观解释。焦虑影响执行功能的抑制和转换成分，可以认为这是 ACT 从微观层面对焦虑与操作成绩之间的关系进行解释。⑤

二、注意控制理论的研究范式

米雅克等人曾进行一项主成分分析，在所有的主成分中，反向眼跳任

① 孙国晓等：《加工效能理论到注意控制理论：焦虑运动表现的新诠释》，《心理科学进展》2013 年第 10 期。

② Corbetta, M. et al., 2002："Control of goal-directed and stimulus-driven attention in the brain", *Nature Reviews Neuroscience*, March.

③ 孙国晓等：《加工效能理论到注意控制理论：焦虑运动表现的新诠释》，《心理科学进展》2013 年第 10 期；Eysenck, M. W. et al., 2007："Anxiety and cognitive performance: Attentional control theory", *Emotion*, June.

④ 孙国晓：《竞赛特质焦虑与反应抑制：对注意控制理论的检验》，北京，北京体育大学硕士学位论文，2013，第 9 页。

⑤ 孙国晓：《竞赛特质焦虑与反应抑制：对注意控制理论的检验》，北京，北京体育大学硕士学位论文，2013，第 10 页。

务（antisaccade task）归属于抑制性任务，且在抑制功能上的载荷最高。[①] 我们据此认为，反向眼跳任务适合用于检验 ACT。在反向眼跳任务中，人类自发的非随意的反射性眼跳和任务要求的随意性眼跳争夺认知资源。在任务呈现过程中，屏幕的左侧或右侧区域会呈现一个视觉线索（也称为“干扰物”），要求受试者避免对该线索有自发性的朝向眼跳，而是迅速将视线转向屏幕的对侧。因此，该任务包括两个认知过程：首先，对指向线索的反射性的朝向眼跳进行抑制；继而，向线索位置的反方向进行眼跳。[②] 朝向眼跳任务与反向眼跳任务相对应，在屏幕的左侧或右侧也有一个视觉线索提示，但参与者被要求迅速看向该提示，即朝向该提示。德拉克山（Derakshan）等人曾进行一项研究，证明了反向眼跳范式可以用来检验 ACT。[③] 他们发现，高特质焦虑组的首次反向眼跳的潜伏期更长。研究者通常将反应准确率视为操作成绩指标，将反应时间视为加工效能指标。[④] 德拉克山等人的研究发现，焦虑虽未影响操作成绩，但是降低了加工效能，这符合 PET 和 ACT 的假设，同时提示反向眼跳范式适合作为 ACT 的研究范式。[⑤]

罗伊特（Reuter）等人指出，反向眼跳包括两个过程，即抑制反射性的眼跳和进行随意性的眼跳。[⑥] 曾有研究者比较高特质焦虑者和低特质焦虑者在标准（正常）反向眼跳任务（antisaccade task）和延迟反向眼跳任务（delayed antisaccade task）上的操作表现。[⑦] 正常反向眼跳任务不再赘述。在延迟反向眼跳任务中，作者将反向眼跳的两个过程，即反射性眼跳的抑制和随意性眼跳进行分离。结果表明，高特质焦虑组的参与者在标准的反向眼跳任务中，第一个正确方向的眼跳潜伏期较长；然而，在延迟

---

① Miyake, A. et al., 2000: “The unity and diversity of executive functions and their contributions to complex ‘frontal lobe’ tasks: A latent variable analysis”, *Cognitive Psychology*, August.

② 陈庆荣等:《眼跳的研究范式及其主要认知功能》,《心理科学进展》2009 年第 6 期。

③ Derakshan, N. et al., 2009: “Effects of state anxiety on performance using a task-switching paradigm: An investigation of attentional control theory”, *Psychonomic Bulletin and Review*, December.

④ Eysenck, M. W. et al., 2007: “Anxiety and cognitive performance: Attentional control theory”, *Emotion*, June.

⑤ 孙国晓等:《加工效能理论到注意控制理论:焦虑运动表现的新诠释》,《心理科学进展》2013 年第 10 期。

⑥ Reuter, B. et al., 2007: “Impaired action control in schizophrenia: The role of volitional saccade initiation”, *Neuropsychologia*, June.

⑦ Ansari, T. L. et al., 2010: “Anxiety impairs inhibitory control but not volitional action control”, *Cognition & Emotion*, February.

的反向眼跳任务中，两组焦虑者的第一个眼跳的潜伏期没有明显差异。这提示，特质焦虑主要影响前一个过程，即对反射性眼跳的抑制；但不影响后一个过程，即随意眼跳过程。这也再次说明，反向眼跳任务可以用来对ACT进行检验。

斯特鲁普（Stroop）任务也是一项比较经典的反应抑制性任务。可能有人认为，可以使用情绪斯特鲁普任务作为ACT的检验任务，因为根据注意偏向理论，焦虑导致个体对威胁性信息产生注意偏向，我们可以据此推测，高焦虑者可能对具有威胁性质的词汇产生更长的反应时。但是，研究者指出，应尽量直接和精确地测评注意控制过程。从这一点来看，情绪斯特鲁普任务不如反向眼跳任务。[①] 首先，斯特鲁普任务是一种相对内隐和间接的测量任务，而反向眼跳任务是一种更为直接的测量任务。其次，反向眼跳任务属于单一程序任务（process-pure task），能够更精确地测量具体哪个认知过程受焦虑影响。因此，反向眼跳任务更适合用来检验ACT。

标准的反向眼跳任务是一项测量抑制功能的任务，可以用来检验ACT中焦虑干扰抑制功能的观点。安萨里（Ansari）等人还提出，混合反向眼跳任务（mixed antisaccade task），即朝向眼跳任务与反向眼跳任务混合出现的任务，也可作为ACT的检验任务，可用来检验焦虑干扰转换功能这一观点。该任务通过计算得到的转换成本就是评价转换功能的指标。[②]

三、注意控制理论的支持证据

前人已发表了许多研究来检验注意控制理论（ACT）的核心假设。例如，米尼克（Minnick）等人的研究就对ACT进行了检验。[③] 该研究首先提出理论假设：焦虑水平提高与注意偏向和注意控制加工效能低下有

① Eysenck, M. W. et al., 2011: "New perspectives in attentional control theory", *Personality and Individual Differences*, May.

② Ansari, T. L. et al., 2008: "Effects of anxiety on task switching: Evidence from the mixed antisaccade task", *Cognitive, Affective & Behavioral Neuroscience*, September; Ethridge, L. E. et al., 2009: "Consider the context: Blocked versus interleaved presentation of antisaccade trials", *Psychophysiology*, September.

③ Minnick, M. R. et al., 2020: "A disruption in the balance of attentional systems plays a role in trait anxiety", *Brain Sciences*, October.

关；之后从自我报告和行为学检测层面评估了参与者的注意控制，并记录了参与者的皮肤电活动（皮肤导电性）作为交感神经兴奋的标志，以检验这些指标在非临床高特质焦虑的个体中是否更为明显。该研究招募了59名参与者，使用一项工作记忆广度任务，测量了高认知负荷下的注意控制，即评估了自上而下的目标导向的注意系统；使用一项视觉线索检测任务评估了自下而上的刺激驱动的注意系统；特质焦虑采用自述的方法测得；皮肤导电性是在休息和工作记忆任务过程中被监测和获取的。结果发现，特质焦虑与视觉线索检测速度呈正相关，且无准确性成本，这提示特质焦虑较高者对中性视觉线索的警觉性增强。特质焦虑还在线索检测速度与注意控制之间起调节作用。在特质焦虑程度较高的个体中，注意警惕性与注意控制的变化无关；然而，在特质焦虑较低的个体中，注意警惕性与注意控制之间呈负相关关系。注意控制水平与皮肤导电性之间也存在显著的相关性。总体来说，研究结果表明，特质焦虑程度高的个体在视觉线索检测任务中表现出更强的注意控制能力（刺激驱动注意系统激活），但这可能以增加交感神经唤醒为代价（更低的加工效能）。这项研究支持ACT的假设。

希尔兹（Shields）等人则检验了焦虑对执行功能的影响。[①] 在实验中，参与者被随机分为两组，即焦虑情绪诱导组（$n=53$）和中性情绪诱导组（$n=52$）。两组参与者都首先完成一项步道制作测试（PEBL Trail Making Test，PTMT）测量其执行功能的基线水平。接下来，参与者填写了个性问卷和诱导前的情绪问卷，然后完成了情绪诱导任务。焦虑情绪诱导组的参与者被要求在6分钟内写下一个未解决的焦虑情况（焦虑诱导条件），中性情绪诱导组的参与者则被要求在同样时间内写下前一天发生的事件（中性情绪诱导条件）。诱导完成后，参与者被要求再次填写情绪问卷。在此之后，参与者完成伯格卡片分类测试（Berg Card Sorting Test，BCST），测量情绪诱导后的执行功能。最后记录人口统计学信息。在数据分析中，性别、种族、诱导前的情绪和基线执行功能被作为协变量。结果显示，焦虑情绪诱导组的参与者比中性情绪诱导组的参与者犯了更显著的持续性的错误，控制协变量之后这一效应更为明显。研究同样检验了诱导条件对执行功能影响的个体差异，并对情绪诱导后焦虑和持续性错误进行了回归分析，结果表明情绪诱导后的焦虑评分预测了持续性错误。这说明焦虑会损害执行功能。ACT认为，焦虑会损害中央执行系统

① Shields, G. S. et al., 2016: "The effect of negative affect on cognition: Anxiety, not anger, impairs executive function Emotion", *Emotion*, September.

的功能，这项研究的结果支持 ACT 的假设。①

在教育领域，吴（Ng）和李（Lee）招募了 128 名 11 岁左右的学龄期儿童，测量其考试焦虑水平，并请他们完成一项脑力运算任务，该任务对注意控制的要求较高。② 结果发现，与低考试焦虑组相比，高考试焦虑组的儿童注意控制任务操作反应时更长，准确性更低，这表明高考试焦虑与低注意控制有关。③ 这项研究的结果与 ACT 也是相符的。

另一项研究从工作记忆容量和努力程度两方面检验了 ACT 的观点。④该研究作者在两个实验中分别检验了高、低特质焦虑研究参与者在有意和无意学习条件下高、低工作记忆容量需求任务的学习成绩，然后又在两个实验中检验了高、低特质焦虑研究参与者在有意和无意学习条件下高、低工作记忆容量需求任务的学习偏好。结果支持了 ACT 的假设，当任务需要更高的工作记忆容量时，焦虑与成绩下降的关联性更明显；当任务增加了投入努力的可能性时，焦虑与表现下降之间的关联性就减少了。⑤ 该研究的结果与 ACT 一致。

德拉克山（Derakshan）等人则使用上文介绍的反向眼跳范式，设计了两个实验，直接检验了特质焦虑与注意控制的关系。⑥ 在实验一中，作者招募了 61 名大学生，其中一半大学生在实验前填写由斯皮尔伯格（Spielberger）等人编制的状态-特质焦虑量表，以测量其特质焦虑得分；另一半在实验结束后填写量表。⑦ 该实验将特质焦虑分量表得分小于等于 35 分者界定为低特质焦虑组，将得分大于等于 44 分者界定为高特质焦虑组，两组各 20 名参与者。实验任务为朝向眼跳和反向眼跳任务，要求参

---

① 孙国晓等:《加工效能理论到注意控制理论:焦虑运动表现的新诠释》,《心理科学进展》2013 年第 10 期;张文雅:《基于鼠标轨迹的用户情感分析方法研究》,西安,西安电子科技大学硕士学位论文,2018,第 7～8 页。

② Ng, E. et al., 2015: "Effects of trait test anxiety and state anxiety on children's working memory task performance", *Learning & Individual Differences*, May.

③ 董云英:《考试焦虑者注意偏向的动态时间变化》,南京,东南大学博士学位论文,2017,第 9 页。

④ Hayes, S. et al., 2009: "Anxiety-linked task performance: Dissociating the influence of restricted working memory capacity and increased investment of effort", *Cognition & Emotion*, May.

⑤ 李云波:《军事五项运动成绩影响因素分析及综合心理技巧训练研究》,西安,第四军医大学博士学位论文,2005,第 14～17 页。

⑥ Derakshan, N. et al., 2009: "Anxiety, inhibition, efficiency, and effectiveness: An investigation using the antisaccade task", *Experimental Psychology*, January.

⑦ Spielberger, C. D. et al., 1983: *Manual for the State-Trait Anxiety Inventory*, Palo Alto, CA, Consulting Psychologists Press, p.577.

与者对一个出现在计算机屏幕中的刺激物做出反应。朝向眼跳任务要求参与者看向刺激物所在的屏幕方向，并对箭头做出反应；而反向眼跳任务要求参与者看向刺激物所在屏幕的相反方向，并对屏幕对侧的箭头方向做出反应。因此，反向眼跳任务带有抑制性成分。实验过程中，德拉克山等人还使用眼动仪记录了研究参与者的眼动行为。研究者比较了高、低特质焦虑者的按键行为和眼动追踪行为，并发现，在首次正确方向反向眼跳潜伏期指标上，组别和任务类型的交互作用显著。简单效应分析发现，在反向眼跳任务上，高特质焦虑组比低特质焦虑组有更长的正确方向反向眼跳潜伏期；在朝向眼跳任务上，两组之间无差异。在眼跳正确率和按键反应时指标上，未发现组别和任务类型的交互作用。该文作者认为，更长的眼跳潜伏期代表个体付出更大努力去抑制面对刺激物时本能的朝向注意，虽然高、低特质焦虑组在成绩方面无差异，但是，高特质焦虑组的效率相对更低，也即特质焦虑导致加工效能下降。在实验二中，研究者将刺激物换成了不同情绪效价的面孔图片，如高兴、愤怒、中性，同样让高、低特质焦虑的参与者进行朝向和反向眼跳任务。实验二发现，高特质焦虑参与者对愤怒情绪刺激物有更长的反向眼跳潜伏期，而在眼跳错误率和按键反应时指标上，则未发现任何交互作用。实验二的结果支持了实验一的结果。反向眼跳过程中体现了一种抑制控制成分，特质焦虑导致抑制控制的加工效能下降，这与 ACT 的假设是一致的。

安萨里（Ansari）和德拉克山（Derakshan）也研究了特质焦虑影响抑制功能的神经电生理机制。[①] 他们招募了 34 名研究参与者，根据状态-特质焦虑量表中的特质焦虑分量表得分，将等于或高于 44 分者界定为高特质焦虑组，等于或低于 34 分者界定为低特质焦虑组。[②] 让研究参与者进行朝向眼跳和反向眼跳任务，同时使用电生理放大器设备采集参与者的脑电和眼电信号。对眼电信号分析发现，高特质焦虑组在反向眼跳任务上表现出更长的正确方向眼跳潜伏期，这与德拉克山等人的行为实验结果相似。[③] 对脑电信号分析发现，在刺激物出现前 50 ms，反向眼跳在低特质焦虑组中诱发出了一个皮层电位负成分，而未能在高特质焦虑组中诱发出该电位成分；朝向眼跳任务未在任何组诱发出该成分。这说明，低特质焦

① Ansari, T. L. et al., 2011: "The neural correlates of impaired inhibitory control in anxiety", *Neuropsychologia*, April.

② Spielberger, C. D. et al., 1983: *Manual for the State-Trait Anxiety Inventory*, Palo Alto, CA, Consulting Psychologists Press, p.577.

③ Derakshan, N. et al., 2009: "Anxiety, inhibition, efficiency, and effectiveness: An investigation using the antisaccade task", *Experimental Psychology*, January.

虑个体，也即正常个体，为抑制任务做了预先准备，而高特质焦虑个体可能因准备不足而导致抑制失败。这项研究从神经电生理的角度为 ACT 提供了依据。

在另外一项实验研究中，安萨里（Ansari）等人同样让研究参与者完成朝向和反向眼跳任务，但是任务的组合方式与德拉克山（Derakshan）等人的研究不同。一种组合是将朝向和反向任务分组块呈现（single-task block），另一种组合是将朝向与反向眼跳任务以混合随机方式呈现（mixed-task block），计算两种呈现方式之差，为转换成本。转换成本是转换功能的测量指标。[①] 安萨里等人招募了 59 名研究参与者填写状态-特质焦虑量表中的特质焦虑分量表，筛选出得分等于或高于 45 分的 21 名高特质焦虑参与者，20 名得分等于或低于 38 分的低特质焦虑参与者。让参与者完成分组块呈现的和混合随机方式呈现的朝向眼跳和反向眼跳任务，同时使用眼动仪记录眼动轨迹。安萨里等人的研究发现，低特质焦虑个体中，在眼跳潜伏期指标上表现出了一种转换成本，而在高特质焦虑个体中转换成本消失了，且高、低特质焦虑组之间的转换成本差异表现在反向眼跳任务上，而不是朝向眼跳任务上。该研究的结果说明，特质焦虑干扰抑制功能，这与 ACT 的假设也是一致的。

除了一般性的特质焦虑，还有研究者检验了小学生数学焦虑对注意控制的影响。[②] 作者首先检验了高、低数学焦虑的小学生在不同记忆负荷条件下的数学任务表现，结果发现，高数学焦虑组的学生在高记忆负荷下的数学任务的加工效能（反应时）和操作表现（正确率）均变差，这与 ACT 是相符合的。在随后的实验中，作者检验了数学焦虑对执行功能的三个成分的影响，结果发现，数学焦虑干扰转换功能，而不影响抑制功能和更新功能。这一结果部分支持了 ACT 的假设。李瑾琪还探究了数学焦虑影响学生数学加工的电生理机制，比较了高、低数学焦虑个体在完成近似数量加工任务前和任务中的脑电成分。结果发现，在任务前的预期阶段，高数学焦虑者的 P2 成分（潜伏期在 200 ms 左右的与刺激早期识别有关的脑电成分）的波幅更小；而在任务阶段，数学焦虑程度高的人，表现出了更大的 P2 成分波幅。[③]

---

① Ansari, T. L. et al., 2008: "Effects of anxiety on task switching: Evidence from the mixed antisaccade task", *Cognitive, Affective & Behavioral Neuroscience*, September.

② 王凤娟:《小学生数学焦虑的认知加工机制》,上海,上海师范大学硕士学位论文,2018,第8页。

③ 李瑾琪:《数学焦虑影响数学加工的认知神经机制》,深圳,深圳大学硕士学位论文,2019,第35页。

另一项研究观察了社交焦虑和注意控制之间的关系。威泽（Wieser）等人对社交焦虑与注意控制之间的关系进行了检验。① 他们对大学生使用德国版的简短消极评价恐惧量表（Brief Fear of Negative Evaluation Scale，BFNES）以筛查其社交焦虑水平，并招募得分在后 20％的学生（低社交焦虑组）、得分在 40％～60％的学生（中等社交焦虑组）以及得分在前 20％的学生（高社交焦虑组）进行实验研究。最终，研究保留低、中、高社交焦虑组参与者 21 人、20 人和 21 人。研究使用动画软件根据不同性别（男性、女性）、不同情绪（高兴、愤怒、恐惧、悲伤、中性）、不同风格（发型和头发颜色）结合创建了 60 种不同的面部表情刺激物。在实验过程中，参与者需要对这些刺激做出朝向或反向眼跳反应，并使用眼动仪记录参与者的眼动行为。此外，在任务完成后，参与者还需要再次观察每张面部表情，并对每个面部表情的情绪效价和唤醒程度进行评分。威泽等人的研究结果发现，无论面部表情的情绪极性如何，高社交焦虑的个体都更难以抑制对于情绪面孔的朝向眼跳，即高社交焦虑的个体更难以抑制自己条件反射地注意面部表情。此结果表明，社交焦虑可能会导致注意控制受损，这也支持了 ACT 的假设。

梁（Liang）的研究也探讨了社交焦虑个体是否表现出注意控制功能的损害，尤其是注意控制的抑制和转换功能方面。② 研究招募 42 名社交焦虑参与者和 41 名非社交焦虑参与者完成了一项混合反向眼跳任务，这是一种用于研究抑制和转换功能的任务范式。结果发现，总体来说，社交焦虑参与者比非社交焦虑参与者具有更长的反向眼跳潜伏期，但两组的反向眼跳错误率没有差异。此外，在组块呈现的任务（反向眼跳与朝向眼跳分组块呈现的任务）③ 中，社交焦虑组的参与者比非社交焦虑组的参与者在反向眼跳任务中有更长的潜伏期，而不是朝向眼跳任务。在混合任务（反向眼跳与朝向眼跳混合呈现的任务）中，对于两种任务类型，社交焦虑参与者比非社交焦虑参与者均具有更长的潜伏期，而两类人群的转换成本没有差异。本研究结果提示，社交焦虑个体进行抑制功能的加工效能更

---

① Wieser，M. J. et al.，2009：“Probing the attentional control theory in social anxiety：An emotional saccade task”，*Cognitive，Affective & Behavioral Neuroscience*，September.

② Liang，C. W.，2018：“Attentional control deficits in social anxiety：Investigating inhibition and shifting functions using a mixed antisaccade paradigm”，*Journal of Behavior Therapy and Experimental Psychiatry*，September.

③ 贾江晓：《评价压力对特质焦虑者执行功能的影响》，沈阳，辽宁师范大学硕士学位论文，2016，第 12 页。

低，但没有表现出明显的转换功能损害。[①] 然而，在混合任务条件下，由于任务难度增加，社交焦虑个体的加工效能可能会整体下降。

体育竞赛的激烈程度，甚至残酷程度，远远高于考试等日常生活中的竞争。[②] 在体育竞赛中，运动员面对面地比赛，甚至相互制约，比赛结束立即知道比赛结果，这些压力使运动员承受着极高的生理和心理负荷。[③] 因此，研究竞赛焦虑、注意控制与运动成绩的关系具有重要的理论和现实意义。比赛过程中运动员面临若干内部和外部的干扰，如何排除干扰，将注意集中到与目标任务相关的信息，是保证在比赛中稳定发挥的必要条件。[④] 运动心理学研究者开展了若干有趣的研究，对 ACT 进行检验，而这些研究又反过来丰富了 ACT 的研究范畴。

比如，伍德（Wood）和威尔逊（Wilson）发现，在足球比赛中，守门员在面对点球时，经常会采取一些策略来分散射手的注意力。[⑤] 因此，他们通过实验对于视觉干扰对足球运动员的注意控制和运动表现有何影响这一问题进行了探究。他们从大学中招募了 18 名竞技运动年限在 9.9 年（$SD=3.2$）的足球运动员。研究设置了不同的威胁情境，通过向参与者提供非评估性的指导，强调这项任务是在测试眼动仪的可靠性，并仅要求他们尽最大努力，以设置低威胁情境；而通过告知参与者在该任务中累积分数最高的踢球者将获得 50 英镑（约相当于现在的 400 元人民币）的奖励，并且会将包含所有参与者姓名和分数的表格发放给所有参与者以创设高威胁情境。此外，在每种威胁情况下，守门员均在参与者第一次、第三次和第四次射门时，被要求站在球门中间，保持膝盖弯曲、手臂放在身旁静止不动的姿势，并在参与者第二次和第五次射门时上下挥动手臂，对参与者进行干扰。研究过程中，使用焦虑温度计（anxiety thermometer）对参与者在低威胁情境和高威胁情境下自我报告的状态焦虑水平进行测量，参与者在任务过程中的眼动行为也使用眼动跟踪设备进行了记录。研究发现，挥动手臂更容易分散参与者的注意力；在高威胁情况下，参与者需要

---

① 张素婷:《情绪对优秀排球运动员预判的影响——执行功能的调节作用》,北京,北京体育大学硕士学位论文,2016,第 14～15 页。

② 孙国晓等:《加工效能理论到注意控制理论:焦虑运动表现的新诠释》,《心理科学进展》2013 年第 10 期。

③ 孙国晓等:《加工效能理论到注意控制理论:焦虑运动表现的新诠释》,《心理科学进展》2013 年第 10 期。

④ 孙国晓等:《加工效能理论到注意控制理论:焦虑运动表现的新诠释》,《心理科学进展》2013 年第 10 期。

⑤ Wood,G. et al. ,2010:"A moving goalkeeper distracts penalty takers and impairs shooting accuracy", *Journal of Sports Sciences*,July.

付出更多努力以避免门将的干扰。在眼动行为方面，守门员挥动手臂时，参与者更多地关注守门员；当守门员处于静止状态时，参与者更多的注视点落于目标区域，而对守门员的注视点数较少。研究还发现，相比于其他条件，在高威胁情境下，守门员挥舞手臂时，参与者对守门员有最长的总注视时间，这表明，参与者的注意受到了任务无关信息的干扰，而这一结果也符合 ACT 的假设。

威尔逊（Wilson）等人的研究也得到了相似的结论。① 他们招募了 14 名平均年龄 20.4 岁（*SD*＝1.1），拥有 12.2 年（*SD*＝2.0）足球比赛经验，且均为右利脚的大学生足球运动员进行实验。研究对于高威胁情境和低威胁情境的创设与上述伍德和威尔逊研究中使用的方法一致。② 研究在整个测试期间都使用了同一个守门员，并且，在每次射门前，守门员均需要站在球门中央，保持膝盖弯曲、双臂放在身体两侧、双手放在身体前方的姿势，以确保参与者不会试图预测守门员的动作，而是选择他们自己的目标位置进行射门。研究中，参与者则被告知守门员会尽力挽救他们的点球，他们应该尽力射向他们得分机会最大的球门区域；同时，守门员也被告知要尽力挽救每一个点球。在研究过程中，参与者需要佩戴眼动追踪设备以对其眼动行为进行记录。参与者的任务表现通过目标准确性进行衡量，参与者的焦虑水平则通过心理准备量表进行评估。研究结果显示，在高威胁情境和低威胁情境下，参与者的焦虑水平的差异达到了显著性水平；并且，在高威胁条件下参与者对于守门员的注视点数明显增加，总注视时间也有显著的延长。这表明，焦虑的参与者可能会对守门员产生更多的关注，这与 ACT 的假设一致。

还有研究者使用计算机模拟点球任务，对压力情境下个体的注意系统进行研究。③ 本研究选取 31 名视力正常或矫正视力正常的大学生为研究对象。在研究中，计算机屏幕上会显示 3 条线（代表球门的门柱和横杆）和 3 个点（代表守门员、球和踢球的人）。在 90％的试次中，“守门员”在踢球前的不同时间会向左或向右移动；在 10％的试次中，“守门员”保持静止，不会向任何方向移动。而参与者则需要控制一个垂直杆，并在“踢球者”接触“球”的确切时刻将杠杆倾斜到“守门员”运动的相反侧；

① Wilson, M. R. et al., 2009: “Anxiety, attentional control, and performance impairment in penalty kicks”, *Journal of Sport & Exercise Psychology*, December.

② Wilson, M. R. et al., 2009: “Anxiety, attentional control, and performance impairment in penalty kicks”, *Journal of Sport & Exercise Psychology*, December.

③ Navarro, M. et al., 2012: “The effects of high pressure on the point of no return in simulated penalty kicks”, *Journal of Sport & Exercise Psychology*, February.

若"守门员"保持静止，参与者则可以随意将杠杆倾斜到任意方向。研究也分别设置了高、低两种压力情境。在低压力情境下，参与者单独在一个灯光昏暗的隔音小房间完成任务；而在高压力情境下，参与者将在一个大的演讲厅里接受测试，并且将有70多名同学组成的观众在大屏幕上观看参与者的表现，对于参与者的表现进行正面或负面的反馈。研究发现，压力引发的焦虑可能导致参与者更经常地将杠杆指向"守门员"移动的一侧。这些研究支持了ACT的假设，即焦虑扰乱了目标导向注意系统和刺激驱动注意系统二者之间的平衡。①

威尔逊（Wilson）等人则以罚篮命中率和静眼为主要测量指标，通过罚篮任务对ACT进行了检验。② 他们招募了10名有7.1年（$SD=1.9$）运动经验的大学生男子篮球运动员参与者，让其佩戴眼动追踪设备，在高压力情境和低压力情境两种条件下进行罚篮任务。任务遵循典型的比赛情况，将每10次罚球分为5组，每组两次罚篮，并在任务前和每10次罚球之后请参与者填写心理准备李克特量表以报告他们当前的焦虑水平。这个过程将一直重复，直到参与者完成了10次成功的罚篮和10次不成功的罚篮，但参与者对何时停止罚篮任务的规则并不知晓。在低压力情境下，参与者得到非评价性的指导，仅被要求尽他们的最大努力，同时强调他们的罚篮成功率不会用于与其他参与者进行比较。高压力情境则引入了竞争条件，参与者被告知，他们的罚篮成功率和表现水平将在队友之间进行比较，并且，他们团队的平均成功率也将与同一竞争联盟中的其他团队进行比较。该研究分析了不同压力水平下运动员的罚篮命中率和眼动行为。结果显示，参与者在高压力情况下的焦虑水平较高；高压力下罚篮命中率较低；在眼动行为方面，压力导致了参与者在瞄准阶段的静眼持续时间变短（自上而下的注意控制系统被抑制），并对各种目标表现出了更多更短时间的注视（自下而上的注意系统被激活）。这表明，高压力情境引发的焦虑状态损害了投篮过程中自上而下的目标导向的注意系统（静眼持续时间变短），而激活了自下而上的刺激驱动的注意系统（更多更短的注视），这符合ACT的基本假设。

尼布菱（Nibbeling）等人为检验焦虑、认知负荷和运动技能水平对

① 孙国晓：《竞赛特质焦虑与反应抑制：对注意控制理论的检验》，北京，北京体育大学硕士学位论文，2013，第9～11页；孙国晓等：《加工效能理论到注意控制理论：焦虑运动表现的新诠释》，《心理科学进展》2013年第10期。

② Wilson, M. R. et al., 2009: "The influence of anxiety on visual attentional control in basketball free throw shooting", *Journal of Sport & Exercise Psychology*, April.

投飞镖任务表现的交互影响，招募了 11 名惯用右手、有平均 11 年（*SD*＝5）飞镖运动经验的男性飞镖运动员，和 9 名没有飞镖经验的学生（4 名女性和 5 名男性）进行实验研究。① 研究中，参与者需要在高焦虑和低焦虑条件下分别进行单一任务和双重任务测试，完成共四种条件的任务组合。为对参与者的焦虑水平进行控制，实验在攀登墙上进行。在高焦虑条件下，参与者需要在攀登墙较高的位置上完成飞镖任务，焦虑温度计和心率监测被用以对参与者的焦虑水平进行测量。在单一任务中，参与者需要完成 4 组 6 次的飞镖投掷任务；而在双重任务中，参与者需要在此基础上同时完成一项认知负荷较高的倒数任务。此外，参与者在任务结束后需要立即填写心理努力等级量表对其在投掷飞镖任务中投入的努力程度进行报告。研究也使用眼动追踪设备对参与者在任务过程中的眼动行为进行了记录。该研究发现，无论参与者运动技能水平的高低，参与者在焦虑状态下都会表现出更长的飞镖投射时间，报告更高的努力程度，并且在第二任务中表现出更低的按键反应正确率。这表明，焦虑会对加工效能产生负面影响。此外，该研究还发现，第二任务对于操作表现没有显著影响，即认知负荷不影响操作表现；并且，焦虑导致操作表现下降的情况仅在新手群体中出现，焦虑水平对于专家的操作表现并没有显著影响，说明焦虑水平与运动技能水平对操作表现存在交互影响。而当新手在压力下操作表现下降时，其对目标的最后注视时间（final fixiation）变短，视线离开目标物（飞镖镖盘）更早，这也与 ACT 的假设一致。

尼布菱（Nibbeling）等人探讨了焦虑对跑射联项运动表现的影响。② 19 名平均年龄在 21.6 岁（*SD*＝1.2）的大学生（11 名女性，8 名男性）参与了该研究。研究过程中，参与者需要在跑步机上确定合适的跑步速度后，以预定的速度进行 10 分钟的跑步，而这 10 分钟的前 8 分钟为跑步阶段，8 分钟后参与者会听到信号继而进入跑步和飞镖相结合的阶段（飞镖阶段）。在飞镖阶段中，参与者被要求完成 12 枚飞镖的投掷，并尽可能获得高的分数。为诱发参与者不同水平的焦虑情绪，研究还通过将跑步机放置在距离地面 20 cm 的平台和距离地面 4.2 m 的狭窄脚手架上，分别创设了低压力和高压力两种情境条件，并请参与者分别在低焦虑和高焦虑下完

① Nibbeling, N. et al., 2012: "Effects of anxiety, a cognitive secondary task, and expertise on gaze behavior and performance in a far aiming task", *Psychology of Sport and Exercise*, July.

② Nibbeling, N. et al., 2012: "Effects of anxiety on running with and without an aiming task", *Journal of Sports Sciences*, October.

成上述任务。该研究者发现，随着焦虑水平的提高，参与者的注意从任务相关线索转向任务无关信息，表明自上而下和自下而上的注意系统发生变化；跑步的步态模式变得更加保守，表明动作发生了一定变化；机体的摄氧量也随焦虑水平提高而有所增加，表明个体投入了更多努力。此外，高焦虑水平下参与者的飞镖投准性也有所下降。这些结果表明，跑步任务、飞镖任务和焦虑均会占用和争夺个体的注意资源，对注意控制产生影响，从而导致操作表现下降，这也符合 ACT 的假设。

考泽（Causer）等人也对 16 名拥有 6.7 年（*SD*＝1.5）经验的双向飞碟精英运动员进行了研究。[①] 该研究使用心理准备李克特量表对运动员的焦虑水平进行测量，使用心理努力评价量表（rating scale for mental effort）对参与者在任务中投入的努力程度进行评分，并使用眼动追踪系统对参与者在任务过程中的眼动行为进行记录。研究同样设置了两种焦虑情境，参与者需要在高、低焦虑两种情境下完成以下任务：当参与者准备好并发出信号后，两个飞碟目标同时被释放，一个来自高塔，一个来自低塔，参与者被要求总是先射击来自高塔的目标。每个参与者必须射击 15 对目标。低焦虑情境下，让参与者在训练场景中完成任务，并告知参与者任务不存在任何竞争状态，仅需要尽其最大努力完成。而在高焦虑的情境下，参与者需要在比赛场景中完成任务，并被告知他们的分数将被记录下来，与比赛场景中的所有其他队友进行比较，且前三名会获得相应的奖金。此研究的结果表明，与在低焦虑条件下相比，参与者在高焦虑条件下表现出了更短的静眼持续时间，更低的枪支运动效率，以及更差的射击结果，即焦虑使自上而下的目标导向的注意系统受到损害，导致静眼持续时间缩短，最终对绩效产生负面影响。

以上研究的结果均说明，在焦虑状态下，自上而下的目标导向的注意系统与自下而上的刺激驱动的注意系统二者之间的平衡被打破，后者占优势，前者占劣势。总而言之，运动心理学领域的这些研究发现与 ACT 的假设相符合。

① Causer, J. et al., 2011: "Anxiety, movement kinematics, and visual attention in elite-level performers", *Emotion*, June.

第三章 竞赛特质焦虑对注意控制理论的检验

关于竞赛焦虑与操作成绩之间的关系，有很多理论对此进行了解释。如第一章所述的萨拉森（Sarason）的认知干扰理论[①]和艾森克（Eysenck）等人的加工效能理论[②]，都是这一领域的经典理论。注意控制理论汲取了以上两个经典理论的精华，并进行了新的发展。[③] 它借鉴了科尔贝塔（Corbetta）和舒尔曼（Shulman）提出的自上而下和自下而上两种注意系统的观点[④]，并提出，焦虑会损害前者，而使后者占优势，因而会打破二者之间的平衡[⑤]。

如上一章所述，心理学领域已有一些研究对注意控制理论进行了检验，并发现特质焦虑可导致注意控制的加工效能下降。[⑥] 本章将进一步考察注意控制理论对运动心理学领域竞赛特质焦虑与注意控制之间关系的解释力度。

如前所述，反向眼跳范式被发现适宜作为注意控制理论的检验范式。[⑦] 德拉克山（Derakshan）等人的研究使用反向眼跳任务检验了特质

---

① Sarason, I. G. et al., 1984: "Stress, anxiety, and cognitive interference: Reactions to tests", *Journal of Personality & Social Psychology*, April.

② Eysenck, M. W. et al., 1992: "Anxiety and performance: The processing efficiency theory", *Cognition and Emotion*, November.

③ 孙国晓等:《加工效能理论到注意控制理论:焦虑运动表现的新诠释》,《心理科学进展》2013 年第 10 期。

④ Corbetta, M. et al., 2002: "Control of goal-directed and stimulus-driven attention in the brain", *Nature Reviews Neuroscience*, March.

⑤ Derakshan, N. et al., 2009: "Anxiety, processing efficiency, and cognitive performance: New developments from attentional control theory", *European Psychologist*, January; Eysenck, M. W. et al., 2007: "Anxiety and cognitive performance: Attentional control theory", *Emotion*, June.

⑥ 孙国晓等:《竞赛特质焦虑干扰优势反应抑制的神经准备过程:ERP 的证据》,《天津体育学院学报》2015 年第 4 期;张积家等:《时间隐喻对汉语动词加工的影响》,第十六届全国心理学学术会议论文,南京,2013。

⑦ 孙国晓:《竞赛特质焦虑与反应抑制:对注意控制理论的检验》,北京,北京体育大学硕士学位论文,2013,第 12～13 页。

焦虑对注意控制的影响，并发现，特质焦虑导致反向眼跳的潜伏期变长，反映了特质焦虑个体的中央执行系统加工效率下降。①

德拉克山（Derakshan）等人使用特质焦虑对注意控制理论进行检验，发现特质焦虑与中央抑制系统的低效率相关。② 但是竞赛特质焦虑不是简单地针对竞技情境的特质焦虑。③ 因此，竞赛特质焦虑与注意控制之间的关系尚不清楚。笔者猜测，类似于特质焦虑，竞赛特质焦虑也会导致中央抑制系统的加工效率下降，但这一假设需要检验。

一、竞赛特质焦虑影响注意控制的行为学证据

根据注意控制理论（ACT），焦虑致使中央执行系统的抑制和转换两大执行功能（自上而下的注意控制）的加工效能下降。④ ACT 得到了德拉克山和艾森克的支持。⑤ 在运动领域，竞赛特质焦虑是否也会导致抑制系统的效率下降呢？本研究假设，竞赛特质焦虑也会干扰抑制功能。基于这一假设，本部分设计一项实验研究，考察竞赛特质焦虑对抑制控制任务的加工效能的影响，检验 ACT 对运动领域竞赛焦虑与注意控制的关系问题进行解释的适用性。本实验拟采取德拉克山和艾森克的做法，通过量表区分较高竞赛特质焦虑和较低竞赛特质焦虑的运动员，并假设前者的抑制功能的加工效能低于后者。

（一）方法

1. 研究参与者

邀请 33 名（男性 13 名，女性 20 名）跆拳道、柔道、摔跤等对抗类项目的现役运动员参与本实验研究。参与者的平均年龄为 21.39 岁

---

① Derakshan, N. et al., 2009: "Anxiety, inhibition, efficiency, and effectiveness: An investigation using the antisaccade task", *Experimental Psychology*, January.

② Derakshan, N. et al., 2009: "Anxiety, inhibition, efficiency, and effectiveness: An investigation using the antisaccade task", *Experimental Psychology*, January.

③ Martens, R. et al., 1979: "Sport competition anxiety test", *German Journal of Exercise and Sport Research*, March.

④ 孙国晓:《竞赛特质焦虑与反应抑制:对注意控制理论的检验》,北京,北京体育大学硕士学位论文,2013,第 9 页;Eysenck, M. W. et al., 2007: "Anxiety and cognitive performance: Attentional control theory", *Emotion*, June.

⑤ Derakshan, N. et al., 2009: "Anxiety, inhibition, efficiency, and effectiveness: An investigation using the antisaccade task", *Experimental Psychology*, January.

($SD=2.55$)，平均训练年限为 6.47 年 ($SD=3.72$)。

根据赛前情绪量表（PES-T）的简表 PEST 16 × 4 的得分[①]，采用二分法筛选出竞赛特质焦虑高分组和低分组分别为 17 人和 16 人。在本研究中，PEST 16 × 4 的克隆巴赫 α 系数为 0.58，过低，因此将测量自信心的四个反向计分题目删除，剩余 12 个条目的量表，其内部一致性信度为 0.77。

在 33 名参与者中，有 1 名（竞赛特质焦虑低分组）因眼动设备定标问题而被剔除，有 9 名（竞赛特质焦虑低分组 4 名，竞赛特质焦虑高分组 5 名）因眼动数据有效率不足 60%[②]而被剔除。最后有 23 名运动员（高分组 12 名）的数据被纳入统计分析。

2. 实验设计

采用单因素组间设计。自变量为组别，包括竞赛特质焦虑高分组和低分组两个水平。[③] 参照前人研究，选择以下因变量指标：首次眼跳方向错误率、首次正确方向眼跳潜伏期、校正眼跳潜伏期、按键反应时和按键反应正确率。[④]

3. 实验材料和仪器

（1）反向眼跳任务：使用 VB 编程语言（Visual Basic）编程。如图 3-1所示，在屏幕一侧（图中为左侧）呈现一张图片（水平视角为 11.66°）作为线索（又称“干扰物”）。选取八张纸币图片作为线索，使用画图工具将其大小和像素调整为完全一致。在实验过程中，这八张纸币图片随机出现。随后对侧（图中为右侧）呈现一个朝上或朝下的箭头（水平视角也为 11.66°）作为“目标物”。研究人员要求研究参与者迅速将眼睛转向屏幕另一侧的箭头，并根据箭头的方向做出键盘按键反应。[⑤]

---

① 张力为：《赛前情绪的因素结构、自陈评定及注意特征》，北京，北京体育大学出版社，2001，第 73 页。

② 孙国晓等：《竞赛特质焦虑干扰抑制功能：对注意控制理论的检验》，《心理科学》2015 年第 2 期。

③ 孙国晓：《竞赛特质焦虑与反应抑制：对注意控制理论的检验》，北京，北京体育大学硕士学位论文，2013，第 18 页。

④ 朱小青：《焦虑对抑制和转换功能的影响：自我损耗的调节作用》，北京，北京体育大学硕士学位论文，2017，第 7 页。

⑤ 孙国晓：《竞赛特质焦虑与反应抑制：对注意控制理论的检验》，北京，北京体育大学硕士学位论文，2013，第 19 页。

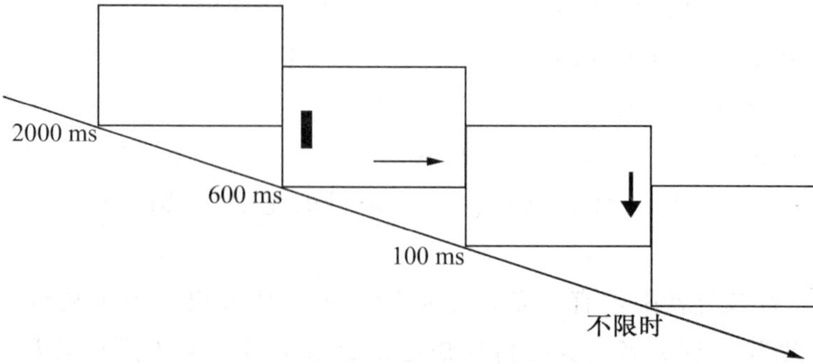

图 3-1　反向眼跳程序

说明：横向箭头代表正确的眼跳方向，实验过程中不在屏幕中呈现。

（2）实验仪器：使用 ASL H6 桌面式眼动追踪系统，以 120 Hz 采样率采集左眼眼动轨迹。

4. 实验程序

研究参与者首先填写 PES-T，然后进行眼动仪九点定标，并练习 12 试次的反向眼跳任务。之后进行 36 次正式任务。

5. 分析指标

（1）首次眼跳方向错误率，是指从线索出现到目标物出现之间首次眼跳方向错误的比率，为加工效能指标。

（2）首次正确方向眼跳潜伏期，是指从线索出现到参与者做出首次正确方向的眼跳所需的时间，这属于加工效能的指标。参照前人研究，将成功眼跳进行如下界定：眼跳速度大于 30°/s，且眼跳幅度大于 3°；潜伏期位于 80～600 ms（小于 80 ms 说明参与者对目标物产生了预期，超过 600 ms说明无眼跳或眼跳失败）。①

（3）校正眼跳潜伏期，也是加工效能指标，将参与者首次眼跳方向错误并随后向正确方向进行校正的眼跳界定为校正眼跳，计量校正眼跳的潜伏期。

（4）按键反应时，为从任务开始到对箭头方向做出按键操作之间的时间。

（5）按键反应正确率，为对箭头方向做出正确反应的试次占总试次的

① 罗霄骁：《压力下工作记忆对注意控制的影响》，北京，北京体育大学硕士学位论文，2016，第 26 页；孙国晓：《竞赛特质焦虑与反应抑制：对注意控制理论的检验》，北京，北京体育大学硕士学位论文，2013，第 20～21 页。

比率，为操作成绩指标。

6. 数据处理和统计分析

使用统计产品与服务解决方案（SPSS）24.0 进行数据的描述性和推论性统计分析。首先，分析竞赛特质焦虑高分组和低分组在各变量上的均值和标准差。然后，使用独立样本 t 检验对两组的 PES-T 得分、首次眼跳方向错误率、首次正确方向眼跳潜伏期、校正眼跳潜伏期、按键反应时和按键反应正确率进行差异显著性检验。①

（二）结果

竞赛特质焦虑高分组（$M=31.42$，$SD=3.00$）和低分组（$M=22.05$，$SD=2.06$）之间的 PES-T 得分差异显著，$t(21)=6.43$，$p<0.001$，$d=2.59$。首次眼跳方向错误率高分组高于低分组，两组之间的差异达到显著性水平，且效果量很大，$t(21)=2.36$，$p=0.028$，$d=1.00$。首次正确方向眼跳潜伏期高分组长于低分组，两组之间的差异达到显著性水平，且效果量很大，$t(21)=2.13$，$p=0.045$，$d=0.89$。校正眼跳潜伏期高分组长于低分组，两组之间的差异达到显著性水平，且效果量很大，$t(21)=3.40$，$p=0.003$，$d=1.41$。键盘按键反应时高分组慢于低分组，两组之间的差异达到显著性水平，且效果量很大，$t(21)=2.33$，$p=0.03$，$d=0.97$。两组之间在按键反应正确率上无显著性差异，$t(21)=0.95$，$p=0.35$，$d=0$。详见表 3-1。

表 3-1　两组赛前情绪、反向眼跳和按键反应的比较（$M\pm SD$）

变量	竞赛特质焦虑低分组	竞赛特质焦虑高分组	t	p	d
赛前情绪量表得分/分	22.05 ± 2.06	31.42 ± 3.00	6.43	<0.001	2.59
首次眼跳方向错误率	0.06 ± 0.05	0.22 ± 0.22	2.36	0.028	1.00
首次正确方向眼跳潜伏期/ms	251 ± 29	279 ± 34	2.13	0.045	0.89
校正眼跳潜伏期/ms	257± 26	298± 32	3.40	0.003	1.41
按键反应时/ms	335± 37	377± 49	2.33	0.03	0.97
按键反应正确率	0.98 ± 0.01	0.98 ± 0.02	0.95	0.35	0

① 孙国晓等:《竞赛特质焦虑干扰抑制功能:对注意控制理论的检验》,《心理科学》2015 年第 2 期。

（三）讨论

根据注意控制理论，焦虑降低了中央执行功能的信息处理效率。[①] 本研究将注意控制理论引入竞技领域，探讨了竞赛特质焦虑与注意控制的关系。[②] 本研究借助反向眼跳范式[③]测量中央执行功能（自上而下的注意控制），对不同竞赛特质焦虑水平的运动员在反向眼跳的加工效能指标和操作成绩指标上的差异进行了统计学比较。研究发现，竞赛特质焦虑提高了首次眼跳方向错误的比率，延长了首次正确方向眼跳潜伏期和校正眼跳潜伏期，并延长了按键反应时，但没有对按键反应的正确率产生影响。

本实验发现，竞赛特质焦虑较高的运动员表现出更长的首次正确方向眼跳潜伏期及校正眼跳潜伏期，这与本研究的假设一致。这一结果也得到了德拉克山（Derakshan）等人对于特质焦虑与注意控制关系的研究的支持。[④] 本研究的结果说明，与特质焦虑相似，竞赛特质焦虑也导致自上而下的注意控制的加工效能下降。

本实验发现，竞赛特质焦虑高分组表现出更高的首次眼跳方向错误率，这一结果支持了本实验的假设。本研究在首次眼跳方向错误率上的结果与威泽（Wieser）等人发现的高社交焦虑者表现出更高的眼跳错误率的结果相似[⑤]；但与德拉克山等人的结果有不一致之处，德拉克山等人将首次眼跳方向正确率视为操作成绩的指标[⑥]。但是，笔者认为，研究参与者做出错误的眼跳，即研究参与者没有执行自上而下的注意控制，而是被突然出现的“线索”吸引，做出自发性的朝向眼跳。这反映了竞赛特质焦虑高分组参与者注意系统的变化（由自上而下变为自下而上），符合注意控制理论的假设。研究参与者在做出错误眼跳之后都会有一个校对过程，那必然也会导致加工效率的下降，这与注意控制理论也是相符的。所以，无

---

① Eysenck, M. W. et al., 2007: "Anxiety and cognitive performance: Attentional control theory", *Emotion*, June.

② 孙国晓等:《加工效能理论到注意控制理论:焦虑运动表现的新诠释》,《心理科学进展》2013年第10期。

③ 孙国晓:《竞赛特质焦虑与反应抑制:对注意控制理论的检验》,北京,北京体育大学硕士学位论文,2013,第12～13页。

④ Derakshan, N. et al., 2009: "Anxiety, processing efficiency, and cognitive performance: New developments from attentional control theory", *European Psychologist*, January.

⑤ Wieser, M. J. et al., 2009: "Probing the attentional control theory in social anxiety: An emotional saccade task", *Cognitive, Affective & Behavioral Neuroscience*, September.

⑥ Derakshan, N. et al., 2009: "Anxiety, processing efficiency, and cognitive performance: New developments from attentional control theory", *European Psychologist*, January.

论从哪个角度分析，首次正确方向眼跳正确率（或错误率）都更应该作为加工效能的指标。本研究也建议，焦虑研究应采用多指标测量中央执行系统的加工效能，以得到更为稳健的结果。①

本实验发现，按键反应时受竞赛特质焦虑影响，竞赛特质焦虑高分组的按键反应时显著长于竞赛特质焦虑低分组。关于按键反应时指标，不同学者有不同观点。有人将其视为加工效能指标②，有人认为它反映了操作成绩的好坏③。本研究也很难确定操作反应时应该是加工效能的指标还是绩效指标。按键反应时可能与眼跳潜伏期相关联。

按键反应正确率是典型的操作成绩指标，实验过程中研究参与者最关心的就是他们的按键反应是否正确。本研究发现，竞赛特质焦虑的高低与按键正确率不相关联。这一结果，结合德拉克山等人的研究结果，支持了注意控制理论的假设，即操作成绩对焦虑不敏感。本研究发现的竞赛特质焦虑没有导致操作成绩下降的结论与焦虑方向强度理论④和挑战-威胁认知评估理论⑤有相通之处，或许将来理论研究的一个重要方向便是将注意控制理论与这两个经典的焦虑-运动表现关系理论相整合。

本研究的理论意义在于将注意控制理论引入竞技运动领域，使用竞赛特质焦虑对其进行直接检验，从而将注意控制理论的解释范围扩展到竞技运动领域。注意控制对运动员来说具有重要意义。竞赛特质焦虑较低的运动员能够将注意有效地维持在任务相关的信息上，在比赛中有更稳定的发挥；而高竞赛特质焦虑的运动员则容易被比赛中与当前任务无关的刺激干扰，导致比赛发挥不稳定。

本研究也具有一些局限。第一，本研究使用量表测量竞赛特质焦虑，因为缺少常模，不能将运动员定性为高或低特质焦虑者，也因此不能判定高或低特质焦虑运动员的注意控制特征。

第二，本研究是横断面研究，仅仅横向比较了竞赛特质焦虑高分组和竞赛特质焦虑低分组之间的自上而下的注意控制，不能将变量之间的关系进行因果推论。或许将来需要通过压力实验操控焦虑水平，进一步检验竞

① 李京城等:《体育运动心理领域的眼动研究综述》,《首都体育学院学报》2006 年第 3 期。

② Eysenck, M. W. et al., 2007: "Anxiety and cognitive performance: Attentional control theory", *Emotion*, June.

③ Derakshan, N. et al., 2009: "Anxiety, inhibition, efficiency, and effectiveness: An investigation using the antisaccade task", *Experimental Psychology*, January.

④ Jones, G. et al., 1992: "Intensity and direction dimensions competitive state anxiety and relationships with competitiveness", *Perceptual and Motor Skill*, April.

⑤ 李洋等:《挑战-威胁状态理论与运动员竞赛中的自我控制》,《心理科学进展》2013 年第 9 期。

赛焦虑与自上而下的注意控制之间的关系。焦虑和抑制控制受损之间的关系已得到验证，然而，这种抑制性控制的降低是特质焦虑升高的一个稳定特征，还是由状态焦虑的升高所驱动的，抑或是特质焦虑和状态焦虑共同作用的结果还未知。迈尔斯（Myles）等人的研究试图探究这一问题。[①]他们通过让高特质焦虑和低特质焦虑的参与者完成一项反向眼跳任务，然后使用基于视频的状态焦虑诱导程序来控制状态焦虑水平。迈尔斯等人发现，抑制性控制受损是由特质焦虑和状态焦虑交互决定的。这一结果具有重要意义，因为这提示，在高焦虑状态下，对高特质焦虑个体进行抑制性控制训练可能使其收获更大益处。具体来说，在高特质焦虑的参与者中，状态焦虑的加剧会削弱抑制性控制。未来研究可以创设压力情境，检验特质焦虑与状态焦虑对自上而下的注意控制的交互影响。[②]

本研究的第三个局限是，使用的反向眼跳任务为计算机任务，与运动员的真实比赛情境相差甚远。本实验进行了一些改进，将线索改为纸币图片，尝试提高研究的生态学效度。但笔者认为，将来研究还应该进行更大的改进，使用运动任务作为测量任务。静眼是运动中一种特殊的眼动追踪特征。[③] 静眼对视觉主导类的运动项目，如投篮、射击、高尔夫推杆等，具有重要意义。[④] 有学者指出，静眼（quiet eye）反映了一种自上而下的注意控制。[⑤] 运动中的静眼研究是注意控制研究的重要方向，或许将来应该在运动情境中对焦虑与静眼之间的关系进行探索。

本研究的第四个局限是，招募的运动员参与者的运动水平不高，尤其高水平运动员比例较低，将来研究还应该在高水平运动员群体中进行重复验证。除此之外，本研究是在非竞赛情境中比较高竞赛特质焦虑与低竞赛特质焦虑运动员的注意控制特点，笔者建议，将来研究还应该考虑增加竞赛情境，检验竞赛压力引发的状态焦虑与自上而下的注意控制之间的关系。

---

① Myles, O. et al., 2020: "Anxiety & inhibition: Dissociating the involvement of state and trait anxiety in inhibitory control deficits observed on the anti-saccade task", *Cognition & Emotion*, November.

② 艾丽欣等:《焦虑对注意网络功能的影响：认知负荷的调节作用》,《天津体育学院学报》2017年第1期。

③ 孙国晓:《静眼训练对移动目标任务运动表现的影响》,北京,北京体育大学博士学位论文,2017,第4页。

④ Vickers, J. N. et al., 2007: *Perception, cognition and decision training: The quiet eye in action*, Champaign, IL, Human Kinetics, pp.84-89; Wilson, M. R. et al., 2015: *Aiming for excellence: The quiet eye as a characteristic of expertise*, London, Routledge, pp.22-37.

⑤ 孙国晓等:《运动目标的视觉追踪:静眼研究进展与前瞻》,《成都体育学院学报》2018年第6期。

总之，本研究探索了竞赛特质焦虑对抑制控制的影响。本研究发现，竞赛特质焦虑水平较高的运动员的抑制加工效能较低，而竞赛特质焦虑水平与抑制表现绩效之间没有相关性。从自上而下的注意控制角度出发，注意控制理论为解释竞赛焦虑与运动成绩之间的关系提供了新的视角和思路。

二、竞赛特质焦虑影响注意控制的神经电生理证据

焦虑与操作表现的关系问题是绩效心理学（performance psychology）的核心研究问题。[①] 注意控制理论从中央执行功能的角度解释了焦虑对操作表现的影响，认为焦虑会干扰中央执行系统的抑制和转换功能。[②]

德拉克山（Derakshan）等人曾以特质焦虑为自变量，在运动心理学领域对注意控制理论进行了检验。[③] 本章第一部分的实验从行为学层面介绍了注意控制理论在运动领域的实证检验，检验了竞赛特质焦虑对自上而下的注意控制的影响；本部分的实验将进而从神经科学角度检验竞赛特质焦虑对注意控制的影响。已有研究表明，焦虑影响抑制功能具有电生理证据。例如，奥辛斯基亚（Osinskya）等人通过分析与冲突处理和注意分配相关的行为和神经生理学指标的变化，研究了焦虑和认知控制之间的联系。[④] 具体而言，该研究主要探讨了焦虑与注意分散和任务无关信息敏感性之间的潜在关系，以及在高焦虑个体中认知控制的潜在反应如何影响注意的动态调整。研究招募了 31 名参与者（18 名女性，13 名男性）进行实验，并测量其特质焦虑水平。实验过程中，参与者需要完成斯特鲁普面孔-字词（Stroop face-word）不一致任务，并在任务完成后，对先前任务中的唯单词（only-word）条件下的字词进行再次加工。在进行以上任务

① 孙国晓等:《加工效能理论到注意控制理论:焦虑运动表现的新诠释》,《心理科学进展》2013 年第 10 期;孙国晓等:《竞赛特质焦虑干扰抑制功能:对注意控制理论的检验》,《心理科学》2015 年第 2 期。

② Baddeley, A. D., 2001: "Is working memory still working?", *American Psychologist*, November; Eysenck, M. W. et al., 2011: "New perspectives in attentional control theory", *Personality and Individual Differences*, May; Eysenck, M. W. et al., 2007: "Anxiety and cognitive performance: Attentional control theory", *Emotion*, June; Sarason, I. G. et al., 1984: "Stress, anxiety, and cognitive interference: Reactions to tests", *Journal of Personality & Social Psychology*, April.

③ Derakshan, N. et al., 2009: "Anxiety, processing efficiency, and cognitive performance: New developments from attentional control theory", *European Psychologist*, January.

④ Osinskya, R. et al., 2012: "Trait anxiety and the dynamics of attentional control", *Biological Psychology*, January.

时，同步采集了参与者的神经电生理信号。研究结果表明，与低焦虑组相比，高焦虑组表现出了更大的 N400 成分（一种潜伏期约 400 ms 的与语义加工密切相关的脑电负成分），说明高焦虑的个体与低焦虑的个体相比，对于不一致任务中的“干扰物”进行了更多认知加工，并在抑制控制方面投入了更多认知资源。

塞尔迈耶（Sehlmeyer）等人使用 Go/NoGo 范式对 54 名不同焦虑水平的大学生进行了实验研究。① 在此项研究中，作者使用特质焦虑量表对参与者的特质焦虑进行测量。而在 Go/NoGo 范式的任务中，计算机屏幕上将以随机的顺序出现两个单词，参与者则需要通过用右手或左手拇指，根据不同的刺激按压按钮做出反应，即在出现按压刺激（Go）时按下按钮做出反应，在出现停止刺激（NoGo）时抑制反应。该任务由两个模块组成，每个模块 100 个试次，每个试次显示 300 ms。整个实验耗时 15 分钟，参与者完成任务时的脑电数据被同步采集。最终研究结果表明，与低特质焦虑组的参与者相比，高特质焦虑组参与者进行 NoGo 任务时的 N2 成分（一种刺激出现后 200 ms 左右产生的负向波）和 P3 成分（一种潜伏期为 300 ms 左右的与注意等认知功能相关的脑电成分）波幅显著较大，这也说明，高特质焦虑组参与者比低特质焦虑组参与者投入了更多的认知资源进行抑制控制。

优势反应抑制是抑制系统的重要成分，如果能够抑制不良的优势反应（如错误习惯动作），那么这也是运动训练中教练员和运动员经常需要解决的问题。② 反向眼跳范式被认为可用来对优势反应抑制进行研究。③ 近年来，学者基于注意控制理论借助反向眼跳范式探讨了一般特质焦虑、社交焦虑等变量与优势反应抑制的关系，并发现，焦虑会干扰优势反应抑制过程，导致其加工效能下降。④

例如，安萨里（Ansari）和德拉克山（Derakshan）比较了高特质焦虑组和低特质焦虑组参与者在混合反向眼跳任务上的表现，并分析了任务

① Sehlmeyer, C. et al., 2010: “ERP indices for response inhibition are related to anxiety-related personality traits”, *Neuropsychologia*, June.

② 孙国晓等:《竞赛特质焦虑干扰优势反应抑制的神经准备过程:ERP 的证据》,《天津体育学院学报》2015 年第 4 期; Ansari, T. L. et al., 2011: “The neural correlates of impaired inhibitory control in anxiety”, *Neuropsychologia*, April.

③ 孙国晓:《竞赛特质焦虑与反应抑制:对注意控制理论的检验》,北京,北京体育大学硕士学位论文,2013,第 34 页。

④ Berggren, N. et al., 2012: “Attentional control deficits in trait anxiety: Why you see them and why you don't”, *Biological Psychology*, March.

执行过程中的脑电成分变化。[①] 研究操控了线索与目标之间的时间间隔，并发现，在中等时间间隔时，高特质焦虑组参与者在前额区域诱发出更大的关联负波（contingent negative variation activity，CNV）。这说明，高特质焦虑者为完成目标任务投入了更多注意资源，这与注意控制理论的假设是一致的。在另外一项研究中，安萨里（Ansari）和德拉克山（Derakshan）使用标准反向眼跳范式比较了高特质焦虑组和低特质焦虑组参与者的表现，并记录和分析了反应抑制相关电位。[②] 结果发现，高焦虑者表现出更多的反应抑制相关皮层电位成分，反映了高焦虑者在抑制任务中投入更多的注意资源，这也支持了注意控制理论的假设。

本章第一部分的研究发现，竞赛特质焦虑导致优势反应抑制表现变差。[③] 笔者思考，除了行为学证据，竞赛特质焦虑对优势反应抑制产生干扰效应有哪些神经科学依据呢？

要回答以上问题，需要从任务、作用脑区和阶段三个角度进行探讨。[④] 从任务来看，能够有效反映优势反应抑制的反向眼跳任务是比较合适的实验任务。[⑤] 学者们进行的因子分析发现，反向眼跳任务属于抑制功能公因子，它对抑制功能公因子的载荷高于其他具有抑制性质的任务（如Go/NoGo[⑥]）。有研究者认为，如欲探讨注意控制理论的神经机制，研究范式需满足一个条件：有抑制任务（需要较多注意控制资源参与）和参照任务（需要较少注意控制资源参与）两种任务。[⑦] 反向眼跳范式能够满足上述条件：反向眼跳任务是主任务（抑制任务），因其需要克服优势反应，抑制功能参与较多；而朝向眼跳任务为参照任务，当环境中出现刺激物时，朝向刺激的眼跳是人类的习惯性（优势性）反应，朝向眼跳过程不需

---

① Ansari, T. L. et al., 2011: "The neural correlates of cognitive effort in anxiety: Effects on processing efficiency", *Biological Psychology*, March.

② Ansari, T. L. et al., 2011: "The neural correlates of impaired inhibitory control in anxiety", *Neuropsychologia*, April.

③ 孙国晓等:《竞赛特质焦虑干扰抑制功能:对注意控制理论的检验》,《心理科学》2015 年第 2 期。

④ 孙国晓等:《加工效能理论到注意控制理论:焦虑运动表现的新诠释》,《心理科学进展》2013 年第 10 期。

⑤ 孙国晓:《竞赛特质焦虑与反应抑制:对注意控制理论的检验》,北京,北京体育大学硕士学位论文,2013,第 12 页。

⑥ Miyake, A. et al., 2000: "The unity and diversity of executive functions and their contributions to complex 'frontal lobe' tasks: A latent variable analysis", *Cognitive Psychology*, August.

⑦ Eysenck, M. W. et al., 2011: "New perspectives in attentional control theory", *Personality and Individual Differences*, May.

要或较少需要抑制功能参与。① 如此看来，反向眼跳范式可用来探讨焦虑干扰抑制功能的神经机制。②

从作用脑区分析，前脑区域是主管执行功能的重要脑区，值得重点探讨。如毕晓普（Bishop）在一项功能磁共振的研究中发现，特质焦虑与前额注意控制相关，特质焦虑可削弱前额区域对干扰刺激的抑制能力。③ 因此，我们可以继续探讨竞赛特质焦虑是否与前脑区域（额区和中央区）的反应抑制有关。

在作用阶段方面，相比来看，更有研究价值的是准备阶段。④ 福特（Ford）等人曾经招募了 10 位参与者（7 名男性，3 名女性）进行一项实验研究。⑤ 在该研究中，参与者需要在完成刺激反应不相容任务期间，同步进行 5～7 次、每次扫描时间为 302 s 的事件相关功能磁共振成像扫描，以此对参与者在完成刺激反应不相容任务期间的大脑激活情况进行测量。研究发现，在准备期（后期），与进行朝向眼跳时相比，个体在进行反向眼跳时，在背外侧前额叶皮层、前眼区和前扣带回区域诱发出了更大的功能性激活。完成反向眼跳任务时，干扰刺激（或线索）出现前的准备期代表自上而下的目标导向注意。根据注意控制理论，焦虑破坏自上而下的注意系统。⑥ 因此，注意抑制准备阶段可能是对焦虑反应最敏感的阶段。⑦ 综上所述，反向眼跳任务准备期在前脑区域（额区和中央区）的神经激活值得探讨。⑧

（一）研究目的

注意控制理论从自上而下的注意控制的视角解释焦虑如何影响操作表

---

① 孙国晓:《竞赛特质焦虑与反应抑制:对注意控制理论的检验》,北京,北京体育大学硕士学位论文,2013,第 12 页。

② 孙国晓等:《竞赛特质焦虑干扰优势反应抑制的神经准备过程:ERP 的证据》,《天津体育学院学报》2015 年第 4 期。

③ Bishop, S. J. , 2009: "Trait anxiety and impoverished prefrontal control of attention", *Nature Neuroscience*, January.

④ 孙国晓等:《加工效能理论到注意控制理论:焦虑运动表现的新诠释》,《心理科学进展》2013 年第 10 期。

⑤ Ford, K. A. et al. , 2005: "Neural processes associated with antisaccade task performance investigated with event-related fMRI", *Journal of Neurophysiology*, August.

⑥ 孙国晓等:《竞赛特质焦虑干扰抑制功能:对注意控制理论的检验》,《心理科学》2015 年第 2 期。

⑦ Ansari, T. L. et al. , 2011: "The neural correlates of impaired inhibitory control in anxiety", *Neuropsychologia*, April.

⑧ Bishop, S. J. , 2009: "Trait anxiety and impoverished prefrontal control of attention", *Nature Neuroscience*, January.

现，已有实证研究利用代表优势反应抑制功能的反向眼跳任务，从行为学方面探究了注意控制理论对于竞技运动领域焦虑与注意控制关系问题进行解释的适用性，发现竞赛特质焦虑对抑制功能具有负性影响。① 本研究将借助事件相关电位（event related potentials，ERP）技术记录和分析优势反应抑制的准备内的神经生理反应，考察竞赛特质焦虑影响优势反应抑制功能可能的神经基础。② 本研究假设，竞赛特质焦虑降低前脑区域的优势反应抑制准备电位。

（二）研究方法

1. 实验设计

本实验采用两因素混合设计。组别（竞赛特质焦虑高、低分组）为被试间变量，反应抑制任务类型（朝向眼跳、反向眼跳）为被试内变量。因变量包括两类：一类是通过眼电测量和分析的眼跳指标，即首次正确方向眼跳潜伏期和首次眼跳方向错误率；另一类是反应抑制准备电位，具体为－100～0 ms 时间窗（epoch）内的皮层电位负成分的波峰值。③

2. 研究参与者

选取 26 名男子武术套路运动员为实验参与者，他们的训练年限为 10.08 年（$SD=4.09$）。参与者的平均年龄为 20.10 岁（$SD=2.74$）。

使用《赛前情绪量表》（PES-T）测量竞赛特质焦虑④，考虑到第一部分研究中 PES-T 16 × 4 简表信度不佳，本研究使用 PES-T 32 × 6 全量表。该量表保留了认知焦虑、躯体焦虑、社会期待焦虑和自信心所有四个维度。本研究中 PES-T 32 × 6 总量表的信度系数为 0.82。竞赛特质焦虑＝认知焦虑 ＋ 躯体焦虑 ＋ 社会期待焦虑－自信心。⑤ 本研究通过二分法筛选了竞赛特质焦虑高分组 12 人，其 PES-T 32 × 6 得分为 46.63 分（$SD=16.48$）；竞赛特质焦虑低分组 14 人，其 PES-T 32 × 6 得分为 8.64 分（$SD=10.27$）。独立样本 t 检验发现，竞赛特质焦虑低分组运动

① 孙国晓：《竞赛特质焦虑与反应抑制：对注意控制理论的检验》，北京，北京体育大学硕士学位论文，2013，第 46～55 页。

② Richards, J. E. et al., 2003: "Cortical sources of event-related potentials in the prosaccade and antisaccade task", *Psychophysiology*, November.

③ 孙国晓等：《竞赛特质焦虑干扰优势反应抑制的神经准备过程：ERP 的证据》，《天津体育学院学报》2015 年第 4 期。

④ 张力为：《赛前情绪的因素结构、自陈评定及注意特征》，北京，北京体育大学出版社，2001，第 73 页。

⑤ 孙国晓：《竞赛特质焦虑与反应抑制：对注意控制理论的检验》，北京，北京体育大学硕士学位论文，2013，第 19 页。

员的赛前焦虑情绪显著低于竞赛特质焦虑高分组，$t(24)=7.17$，$p<0.001$，$d=2.88$。

3. 实验材料和仪器

使用 E-Prime① 软件编制本实验中的任务。图 3-2 显示了朝向和反向眼跳两类任务的流程。首先，屏幕中央显现注视点“+”（时间为 1800～2200 ms），然后是一个 200 ms 的空白屏幕，随后屏幕一侧（左侧或右侧）呈现一个刺激物作为线索（在反向眼跳任务中可视为“干扰物”），共呈现 600 ms，椭圆图像的水平视角是 10.76°。其中，朝向眼跳任务要求研究参与者迅速将眼睛转向图片；反向眼跳任务要求不要看图片，而是尽快看向屏幕上图片位置的相反位置。②

借助 NeuroScan③ 32 导脑电记录系统［康迪（Compumedics），美国（USA），Inc.］采集和分析眼电和脑电信号。④

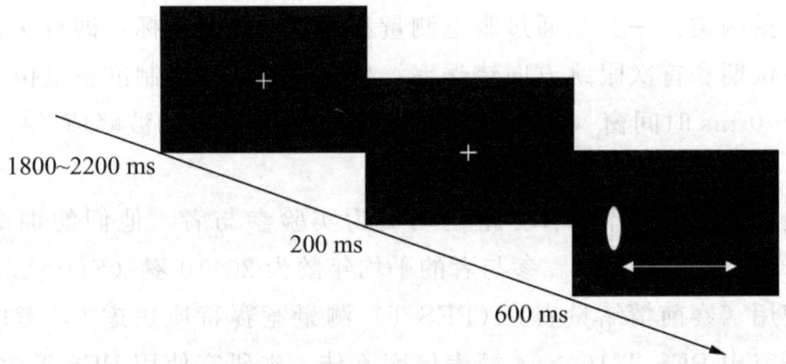

图 3-2　朝向及反向眼跳任务程序

说明：水平方向箭头代表眼跳的方向（实验过程中横向箭头不显现）。朝向眼跳任务中要求参与者眼睛迅速转向（左边的）图片；反向眼跳任务中要求研究参与者不要看图片，而要尽快转向屏幕中图片所在位置的对侧位置，视线方向向右。

4. 实验程序

第一步，研究参与者进入实验室，填写同意书，并穿戴脑电图仪。

第二步，研究参与者完成共两组，每组各 12 次的朝向和反向眼跳任务（见图 3-2）作为练习。

① E-Prime 为软件名称，暂无正式中文译名。
② 杨青等：《面孔识别的眼动模式研究述评》，《心理与行为研究》2013 年第 3 期。
③ NeuroScan 为系统名称，暂无正式中文译名。
④ 孙国晓：《竞赛特质焦虑与反应抑制：对注意控制理论的检验》，北京，北京体育大学硕士学位论文，2013，第 35 页。

第三步，研究参与者完成一项正式的眼跳任务，包括 4 组，每组 80 个试次。在正式实验中，朝向和反向眼跳两种任务之间的切换采用分组块设计（block design），每个组块 20 试次，通过 ABBA 法平衡两种任务的呈现顺序。4 组之间也通过 ABBA 设计平衡刺激呈现的顺序效应。①

第四步，释疑和发放实验报酬。

5. 数据采集与处理

利用国际 10-20 体系的 32 导电极帽记录脑电图，其中接地电极位于前额 FPz 和 Fz 电极点之间，头皮电阻降至 5 kΩ 以下，右侧乳突作为参考在线采集数据，两眼角外侧贴放电极记录水平眼电，左眼上下贴放电极记录垂直眼电，采用带通 0.05～100 Hz 的 AC 采集模式，使用 Scan② 4.3 软件（Compumedics，USA，Inc.）以 1000 Hz 采样率连续采样。实验中，刺激呈现计算机显示器分辨率为 1024 Hz × 768 Hz，研究参与者距离刺激呈现计算机显示器屏幕 65 cm，视角为 32.19° × 24.25°。③

使用 Scan 4.3 软件在离线状态下分析数据。首先进行脑电预览，对错误眼跳试次进行剔除。然后，转换参考为双侧乳突参考，参照空屏前 100 ms（－300～－200 ms）进行基线校正。继而，去除垂直和水平眼电导致的伪迹，并充分排除其他肌肉动作等导致的伪迹。最后，根据总平均图并参考前人研究④，确定时间窗－100～0 ms，并进行叠加。确定待分析的 3 个脑区（额区、中央区、顶区）的 9 个电极点（F3、FZ、F4、C3、CZ、C4、P3、PZ、P4）⑤，对两类任务分类叠加，并分别获取两组执行两类任务的总平均图。

首次眼跳错误率和首次正确方向眼跳潜伏期两个指标通过分析眼电数据获得。通过眼电方波的正负性判断眼跳方向正确与否，计算眼跳错误率。眼电幅值大于 50 μV 可认为产生了有效眼跳，对有效眼电首次达到 50 μV处进行标记，导出其潜伏期，即眼跳潜伏期。⑥

---

① 孙国晓等:《竞赛特质焦虑干扰优势反应抑制的神经准备过程:ERP 的证据》,《天津体育学院学报》2015 年第 4 期。

② Scan 为软件名称,暂无正式中文译名。

③ 孙国晓:《竞赛特质焦虑与反应抑制:对注意控制理论的检验》,北京,北京体育大学硕士学位论文,2013,第 36 页。

④ Ansari, T. L. et al., 2011: "The neural correlates of impaired inhibitory control in anxiety", *Neuropsychologia*, April.

⑤ 王品:《表征动量的时间一致效应及神经机制》,广州,华南师范大学硕士学位论文,2012,第 32 页。

⑥ 孙国晓等:《竞赛特质焦虑干扰优势反应抑制的神经准备过程:ERP 的证据》,《天津体育学院学报》2015 年第 4 期。

使用 SPSS 24.0 进行统计分析。采用 2（组别）× 2（任务类型）重复测量方差分析比较两个组操作完成任务时的首次眼跳错误率和首次正确眼跳潜伏期；采用 2（组别）× 2（任务类型）× 3（脑区）重复测量方差分析比较两个组完成两类任务时 3 个脑区的 ERP 成分波幅大小。

（三）研究结果

1. 行为结果：操作成绩和加工效能

两组在两类任务上的首次眼跳方向错误率和首次正确方向眼跳潜伏期的平均值和标准差见表 3-2。

表 3-2　两组朝向和反向眼跳任务行为结果（$M \pm SD$）

指标	分组	朝向眼跳任务	反向眼跳任务
首次眼跳错误率	低分组（$n=14$）	0.04 ± 0.03	0.10 ± 0.07
	高分组（$n=12$）	0.06 ± 0.02	0.12 ± 0.06
首次正确方向眼跳潜伏期/ms	低分组（$n=14$）	138.61 ± 16.80	197.21 ± 15.76
	高分组（$n=12$）	134.46 ± 18.23	190.00 ± 23.06

首次眼跳方向错误率上的结果发现，两类任务之间的差异达到显著性水平，反向眼跳任务的首次眼跳方向错误率显著高于朝向眼跳任务，$F(1, 24)=33.32$，$p<0.001$，偏 $\eta^2=0.58$；两组之间的差异未达到统计学显著性水平，$F(1, 24)=1.51$，$p=0.23$，偏 $\eta^2=0.06$；任务类型和组别的交互作用也未达到统计学显著性水平，$F(1, 24)=0.04$，$p=0.85$，偏 $\eta^2=0.001$。组别与任务类型影响首次眼跳方向错误率的方差分析结果见表 3-3。

表 3-3　组别与任务类型影响首次眼跳方向错误率的方差分析结果

变异来源	SS	df	MS	F	p	偏 η^2
组别	0.005	1	0.005	1.51	0.23	0.06
任务类型	0.05	1	0.05	33.32	< 0.001	0.58
组别× 任务类型	0.00	1	<0.001	0.04	0.85	0.001
组间误差项	0.09	24	0.004	—	—	—
组内误差项	0.03	24	0.001	—	—	—

首次正确方向眼跳潜伏期上的方差分析结果（见表 3-4）发现，两类任务之间的差异达到显著性水平，反向眼跳任务的首次正确方向眼跳潜伏期显著长于朝向眼跳任务，$F(1, 24) = 242.17$，$p < 0.001$，偏 $\eta^2 = 0.91$；两组之间的差异未达到统计学显著性水平，$F(1, 24) = 0.82$，$p = 0.38$，偏 $\eta^2 = 0.03$；任务类型和组别的交互作用也未达到统计学显著性水平，$F(1, 24) = 0.18$，$p = 0.68$，偏 $\eta^2 = 0.01$，说明两组进行两类任务的眼跳潜伏期均不存在差异。

表 3-4　组别与任务类型影响首次正确方向眼跳潜伏期的方差分析结果

变异来源	SS	df	MS	F	p	偏 η^2
组别	417.16	1	417.16	0.82	0.38	0.03
任务类型	42096.76	1	42096.76	242.17	< 0.001	0.91
组别× 任务类型	30.36	1	30.36	0.18	0.68	0.01
组间误差项	12229.77	24	509.57	—	—	—
组内误差项	4171.91	24	173.83	—	—	—

2. ERP 成分

本研究首先分析了额区、中央区和顶区中线位点（Fz、Cz 和 Pz）的反应抑制准备电位成分，继而对各区域左半球和右半球（F3/F4、C3/C4、P3/P4）进行了比较分析。两组在额区、中央区和顶区 9 个位点的脑电负成分波幅峰值的均值和标准差见表 3-5。

表 3-5　两组朝向和反向眼跳任务中（−100～0 ms 时间窗）9 个位点的反应抑制皮层电位负成分波幅（$M \pm SD$）　　单位：μV

任务	电极位点	低分组（n=14）	高分组（n=12）	任务	电极位点	低分组（n=14）	高分组（n=12）
朝向眼跳	Fz	−1.90 ± 1.02	−1.83 ± 1.11	反向眼跳	Fz	−2.76 ± 1.21	−2.05 ± 1.11
	F3	−1.33 ± 0.66	−1.62 ± 0.88		F3	−2.10 ± 0.81	−1.60 ± 1.05
	F4	−1.74 ± 0.81	−1.92 ± 0.89		F4	−2.81 ± 0.93	−1.71 ± 0.84
	Cz	−2.19 ± 1.17	−1.69 ± 1.60		Cz	−3.26 ± 1.59	−1.58 ± 1.50
	C3	−1.76 ± 0.76	−1.49 ± 1.37		C3	−2.24 ± 0.98	−1.48 ± 1.19
	C4	−2.03 ± 0.93	−1.64 ± 1.33		C4	−2.79 ± 1.09	−1.76 ± 1.57
	Pz	−1.23 ± 0.87	−1.35 ± 1.22		Pz	−1.94 ± 1.02	−1.25 ± 1.30
	P3	−1.88 ± 1.02	−1.82 ± 1.35		P3	−2.31 ± 0.87	−1.82 ± 1.24
	P4	−1.62 ± 0.92	−1.68 ± 0.95		P4	−2.39 ± 1.18	−1.96 ± 1.30

对两个组进行两种任务时3个脑区的反应抑制准备电位进行比较，结果发现，两组之间不存在显著差异，$F(1, 24)=2.68$，$p=0.12$，偏 $\eta^2=0.10$。两类任务之间存在显著差异，$F(1, 24)=8.62$，$p=0.007$，偏 $\eta^2=0.26$，反向眼跳任务诱发出更大的皮层电位成分。脑区主效应显著，$F(2, 48)=41.10$，$p<0.001$，偏 $\eta^2=0.63$，额区和中央区两个前脑区域之间的差异未达到统计学显著性水平（$p=0.33$），但都显著大于顶区，$p<0.001$。组别和任务类型之间的交互作用未达到统计学显著性水平，$F(1, 24)=1.45$，$p=0.24$，偏 $\eta^2=0.06$。组别和脑区之间的交互作用达到显著性水平，$F(2, 48)=3.89$，$p=0.027$，偏 $\eta^2=0.14$。任务类型和脑区的交互作用未达到统计学显著性水平，$F(2, 48)=0.78$，$p=0.46$，偏 $\eta^2=0.03$。组别、任务类型和脑区的三重交互作用也未达到统计学显著性水平，$F(2, 48)=0.83$，$p=0.44$，偏 $\eta^2=0.03$。组别、任务类型、脑区影响反应抑制准备阶段脑电负成分的方差分析结果见表3-6。

表3-6 组别、任务类型、脑区影响准备阶段脑电负成分的方差分析结果

变异来源	*SS*	*df*	*MS*	*F*	*p*	偏 η^2
组别	30.65	1	30.65	2.68	0.12	0.10
任务类型	22.62	1	22.62	8.62	0.007	0.26
脑区	90.35	2	45.17	41.10	<0.001	0.63
组别×任务类型	3.85	1	3.85	1.45	0.24	0.06
组别×脑区	8.55	2	4.27	3.89	0.027	0.14
任务类型×脑区	0.54	2	0.27	0.78	0.46	0.03
组别×任务类型×脑区	0.57	2	0.28	0.83	0.44	0.03

分别采用2（组别）×2（任务类型）重复测量方差分析比较两个组完成两类任务时在Fz、Cz和Pz点诱发的脑电成分大小。在Fz点的结果发现，任务类型的主效应达到显著性水平，反向眼跳任务诱发出的脑电成分显著大于朝向眼跳任务，$F(1, 24)=4.57$，$p=0.04$，偏 $\eta^2=0.16$；组别主效应边缘显著，竞赛特质焦虑高分组的ERP成分小于竞赛特质焦虑低分组，两组差异虽未达到统计学上的显著水平，但具有较大的效果量，$F(1, 24)=3.86$，$p=0.06$，偏 $\eta^2=0.14$；任务类型和组别之间的交互作用未达到统计学显著性水平，$F(1, 24)=0.20$，$p=0.66$，偏

$\eta^2=0.01$。组别和任务类型影响额区反应抑制准备阶段脑电负成分的方差分析结果见表 3-7。

表 3-7 组别和任务类型影响额区反应抑制准备阶段脑电负成分的方差分析结果

变异来源	SS	df	MS	F	p	偏 η^2
组别	12.68	1	12.68	3.86	0.06	0.14
任务类型	6.22	1	6.22	4.57	0.04	0.16
组别× 任务类型	0.27	1	0.27	0.20	0.66	0.01
组间误差项	78.92	24	3.29	—	—	—
组内误差项	32.72	24	1.36	—	—	—

比较两个组完成两类任务时在 Cz 位点诱发的脑电成分大小，结果发现，两类任务之间存在显著性差异，反向眼跳任务诱发的 ERP 成分显著大于朝向眼跳任务，$F(1, 24)=7.73$，$p=0.01$，偏 $\eta^2=0.24$。两组之间的差异达到显著性水平，竞赛特质焦虑高分组中诱发的皮层电位成分显著小于竞赛特质焦虑低分组，$F(1, 24)=4.09$，$p=0.05$，偏 $\eta^2=0.15$。任务类型和组别之间的交互作用未达到统计学显著性水平，$F(1, 24)=1.45$，$p=0.24$，偏 $\eta^2=0.06$。组别和任务类型影响中央区反应抑制准备阶段脑电负成分的方差分析结果见表 3-8。

表 3-8 组别和任务类型影响中央区反应抑制准备阶段脑电负成分的方差分析结果

变异来源	SS	df	MS	F	p	偏 η^2
组别	25.57	1	25.57	4.09	0.05	0.15
任务类型	11.16	1	11.16	7.73	0.01	0.24
组别× 任务类型	2.09	1	2.09	1.45	0.24	0.06
组间误差项	150.06	24	150.06	—	—	—
组内误差项	34.69	24	34.69	—	—	—

比较两个组完成两类任务时在 Pz 点诱发的脑电成分大小，结果发现，两类任务之间存在显著性差异，反向眼跳任务诱发的 ERP 成分显著大于朝向眼跳任务，$F(1, 24)=11.51$，$p=0.002$，偏 $\eta^2=0.32$；两个组之间的差异未达到统计学显著性水平，$F(1, 24)=0.23$，$p=0.64$，偏 $\eta^2=0.01$，这与 Fz 和 Cz 位点结果不同；任务类型和组别之间的交互作

用未达到统计学显著性水平，$F(1, 24)=4.10$，$p=0.054$，偏 $\eta^2=0.15$。组别和任务类型影响顶区反应抑制准备阶段脑电负成分的方差分析结果见表 3-9。图 3-3 展示了两组进行两类任务时在 Fz、Cz 及 Pz 位点诱发的反应抑制准备电位。①

表 3-9　组别和任务类型影响顶区反应抑制准备阶段脑电负成分的方差分析结果

变异来源	*SS*	*df*	*MS*	*F*	*p*	偏 η^2
组别	0.94	1	0.94	0.23	0.64	0.01
任务类型	5.77	1	5.77	11.51	0.002	0.32
组别× 任务类型	2.06	1	2.06	4.10	0.054	0.15
组间误差项	98.22	24	4.09	—	—	—
组内误差项	12.03	24	0.50	—	—	—

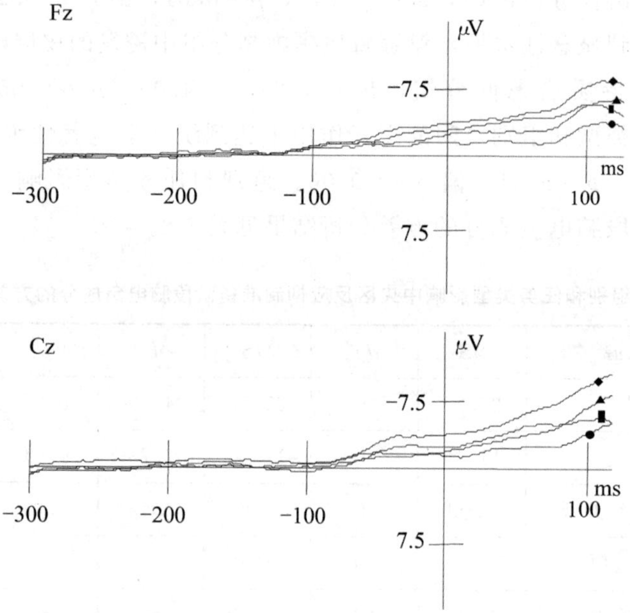

① 孙国晓等:《竞赛特质焦虑干扰优势反应抑制的神经准备过程:ERP 的证据》,《天津体育学院学报》2015 年第 4 期。

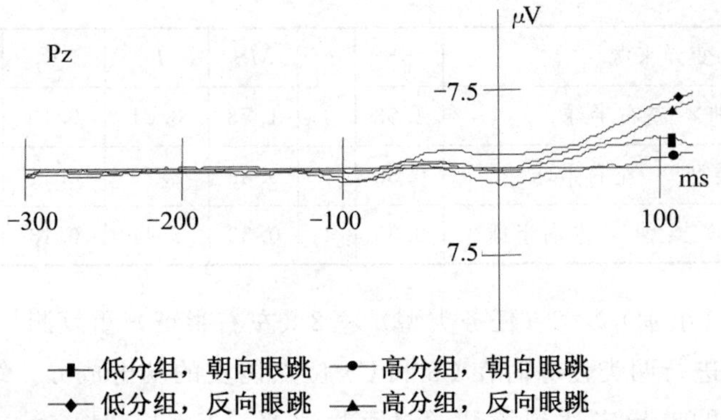

图 3-3 两组中朝向和反向眼跳任务诱发的 Fz、Cz 及 Pz 位点准备期内的脑电负成分

本研究还探索了大脑左、右半球之间的差异。在额区，使用 2（组别）× 2（任务类型）× 2（左右半球）重复测量方差分析比较两个组进行两类任务时在 F3 和 F4 位点诱发的脑电成分。结果发现，两个组之间的差异未达到统计学显著性水平，F（1，24）＝2.36，p＝0.14，偏 η^2＝0.09。两类任务之间的差异达到显著性水平，反向眼跳任务比朝向眼跳任务诱发出更大的波幅，F（1，24）＝4.73，p＝0.04，偏 η^2＝0.17。左右半球之间的差异也达到显著性水平，F4 显著大于 F3，F（1，24）＝15.59，p＝0.001，偏 η^2＝0.39。组别和任务类型之间的交互作用未达到统计学显著性水平，F（1，24）＝1.71，p＝0.20，偏 η^2＝0.07。组别和左右半球之间的交互作用未达到统计学显著性水平，F（1，24）＝3.01，p＝0.10，偏 η^2＝0.11。任务类型和左右半球之间的交互作用未达到统计学显著性水平，F（1，24）＝2.79，p＝0.11，偏 η^2＝0.10。任务类型、左右半球和组别之间的交互作用也未达到统计学显著性水平，F（1，24）＝2.41，p＝0.13，偏 η^2＝0.09。组别、任务类型、额区左右脑半球影响反应抑制准备阶段脑电负成分的方差分析结果见表 3-10。

表 3-10 组别、任务类型、额区左右脑半球影响反应抑制准备阶段脑电负成分的方差分析结果

变异来源	SS	df	MS	F	p	偏 η^2
组别	7.91	1	7.91	2.36	0.14	0.09
任务类型	5.24	1	5.24	4.73	0.04	0.17
左右半球	7.90	1	7.90	15.59	0.001	0.39
组别× 任务类型	1.89	1	1.89	1.71	0.20	0.07

续表

变异来源	SS	df	MS	F	p	偏 η^2
组别× 左右半球	1.53	1	1.53	3.01	0.10	0.11
任务类型 × 左右半球	0.38	1	0.38	2.79	0.11	0.10
组别× 任务类型 × 左右半球	0.33	1	0.33	2.41	0.13	0.09

使用 2（组别）× 2（任务类型）× 2（左右半球）重复测量方差分析比较两个组进行两类任务时在 C3 和 C4 位点诱发的脑电成分。结果发现，两个组之间的差异未达到统计学显著性水平，F（1，24）＝2.66，p＝0.12，偏 η^2 ＝ 0.10。两类任务之间的差异达到显著性水平，F（1，24）＝7.69，p＝0.01，偏 η^2＝ 0.24，反向眼跳任务比朝向眼跳任务诱发出更大的波幅。左右半球之间的差异未达到统计学显著性水平，F（1,24）＝3.62，p＝0.07，偏 η^2＝ 0.13。组别和任务类型之间的交互作用未达到统计学显著性水平，F（1，24）＝0.92，p＝0.35，偏 η^2＝0.04。组别和左右半球之间的交互作用未达到统计学显著性水平，F（1，24）＝0.16，p＝0.70，偏 η^2＝ 0.006。任务类型和左右半球之间的交互作用未达到统计学显著性水平，F（1，24）＝0.43，p＝0.84，偏 η^2＝0.002。任务类型、左右半球和组别之间的交互作用也未达到统计学显著性水平，F（1，24）＝1.21，p＝0.28，偏 η^2＝ 0.05。组别、任务类型、中央区左右脑半球影响反应抑制准备阶段脑电负成分的方差分析结果见表 3-11。

表 3-11　组别、任务类型、中央区左右脑半球影响反应抑制准备阶段脑电负成分的方差分析结果

变异来源	SS	df	MS	F	p	偏 η^2
组别	19.63	1	19.63	2.66	0.12	0.10
任务类型	12.03	1	12.03	7.69	0.01	0.24
左右半球	2.95	1	2.95	3.62	0.07	0.13
组别× 任务类型	1.43	1	1.43	0.92	0.35	0.04
组别× 左右半球	0.13	1	0.13	0.16	0.70	0.006
任务类型 × 左右半球	0.01	1	0.01	0.43	0.84	0.002
组别× 任务类型 × 左右半球	0.21	1	0.21	1.21	0.28	0.05

使用 2（组别）× 2（任务类型）× 2（左右半球）重复测量方差分析

比较两个组进行两类任务时在P3和P4位点诱发的脑电成分。结果发现，两个组之间的差异未达到统计学显著性水平，$F(1, 24) = 0.35$，$p = 0.56$，偏 $\eta^2 = 0.01$。两类任务之间的差异达到显著性水平，$F(1,24) = 17.87$，$p < 0.001$，偏 $\eta^2 = 0.43$，反向眼跳任务比朝向眼跳任务诱发了更大的皮层电位成分波幅。左右半球之间的差异未达到统计学显著性水平，$F(1, 24) = 0.001$，$p = 0.97$，偏 $\eta^2 < 0.001$。组别和任务类型之间的交互作用未达到统计学显著性水平，$F(1, 24) = 0.98$，$p = 0.33$，偏 $\eta^2 = 0.04$。组别和左右半球之间的交互作用未达到统计学显著性水平，$F(1, 24) = 0.61$，$p = 0.44$，偏 $\eta^2 = 0.03$。任务类型和左右半球之间的交互作用达到了显著性水平，$F(1, 24) = 10.02$，$p = 0.004$，偏 $\eta^2 = 0.30$。任务类型、左右半球和组别之间的交互作用未达到统计学显著性水平，$F(1, 24) = 0.43$，$p = 0.52$，偏 $\eta^2 = 0.02$。组别、任务类型、顶区左右脑半球影响反应抑制准备阶段脑电负成分的方差分析结果见表3-12。

表3-12　组别、任务类型、顶区左右脑半球影响反应抑制准备阶段脑电负成分的方差分析结果

变异来源	SS	df	MS	F	p	偏 η^2
组别	2.70	1	2.70	0.35	0.56	0.01
任务类型	12.06	1	12.06	17.87	<0.001	0.43
左右半球	0.001	1	0.001	0.001	0.97	<0.001
组别× 任务类型	0.66	1	0.66	0.98	0.33	0.04
组别× 左右半球	0.37	1	0.37	0.61	0.44	0.03
任务类型 × 左右半球	1.67	1	1.67	10.02	0.004	0.30
组别× 任务类型 × 左右半球	0.07	1	0.07	0.43	0.52	0.02

（四）讨论

近年来运动心理学研究者对抑制功能的探讨较多，但往往集中于抑制功能的抑制无关刺激这一方面，对优势反应抑制的探讨相对欠缺，而后者却又是竞技场上运动员时时需要面对的问题。① 本实验基于注意控制理论，使用了具有较好代表性的反向眼跳范式，并借助了神经电生理技术

① 孙国晓等：《竞赛特质焦虑干扰优势反应抑制的神经准备过程：ERP的证据》，《天津体育学院学报》2015年第4期；Ansari, T. L. et al., 2011: "The neural correlates of impaired inhibitory control in anxiety", *Neuropsychologia*, April.

（事件相关电位），检验了竞赛特质焦虑与优势反应抑制之间的关系，并着重考察了其神经生理基础。① 本研究假设，代表优势反应抑制功能的反向眼跳能够在前脑区域诱发准备电位，竞赛特质焦虑干扰这一准备电位的诱发（焦虑水平越高，幅度越小）。

孙国晓和张力为②曾在行为学研究中发现，竞赛特质焦虑干扰优势反应抑制，竞赛特质焦虑导致反向眼跳潜伏期变长，错误率提高（正确率下降）。然而，从本研究的行为学结果来看，只有朝向眼跳和反向眼跳两类任务的眼跳错误率和潜伏期有差异，竞赛特质焦虑高分组和低分组之间没有差异，两个变量之间也没有交互作用，这与本研究的假设以及孙国晓和张力为的研究结果不一致。分析其可能原因，第一，本实验使用眼电测量和分析眼动行为，根据眼电方向和幅值大小判断参与者是否进行了眼跳，以及进行了哪一方向的眼跳，这具有一定的模糊性，建议将来研究进行技术创新，将眼动追踪系统与脑电采集系统进行有效整合，更直观地测量和分析眼跳行为。第二，本实验的任务简单，且试次较多，可能导致天花板效应。③ 首先，孙国晓和张力为的实验中要求研究参与者同时进行眼跳反应和按键操作，而本研究中，研究参与者只要求进行眼跳反应而不要求按键。④ 其次，为了获取有效的脑电成分而设计多试次的做法可能会降低评价指标的敏感性。

反向眼跳比朝向眼跳诱发出更大的负电位，说明反向眼跳需要更多的心理资源。⑤ 这与假设一致，也与前人研究结果相符合，说明反向眼跳任务可用于竞赛焦虑与优势反应抑制之间关系的研究。⑥

与预期不一致的是，无论朝向眼跳任务还是反向眼跳任务，相比于竞赛特质焦虑低分组，竞赛特质焦虑高分组中均诱发出更小的准备电位。这

① Eysenck, M. W. et al., 2007: "Anxiety and cognitive performance: Attentional control theory", *Emotion*, June.

② 孙国晓等:《竞赛特质焦虑干扰抑制功能:对注意控制理论的检验》,《心理科学》2015 年第 2 期。

③ 王婷:《工作记忆负荷对无意注意的影响》,重庆,西南大学硕士学位论文,2010,第 11 页;夏琼:《变化觉察中的"拓扑结构"变化与明度变化》,杭州,浙江大学硕士学位论文,2005,第23 页;王明阳:《数字偏好在分类任务中的启动效应》,沈阳,辽宁师范大学硕士学位论文,2018,第17 页。

④ 孙国晓:《竞赛特质焦虑干扰抑制功能:对注意控制理论的检验》,北京,北京体育大学硕士学位论文,2013,第 45 页。

⑤ 孙国晓等:《竞赛特质焦虑干扰优势反应抑制的神经准备过程:ERP 的证据》,《天津体育学院学报》2015 年第 4 期。

⑥ Ford, K. A. et al., 2005: "Neural processes associated with antisaccade task performance investigated with event-related fMRI", *Journal of Neurophysiology*, August.

说明竞赛特质焦虑高分组在两类任务上投入的心理准备资源均少于竞赛特质焦虑低分组，竞赛特质焦虑高分组不仅对抑制任务准备不足，对非抑制任务的准备也不充分。对这一意料之外结果的可能解释为，朝向眼跳任务虽然可以作为反向眼跳任务的参照任务，但两种任务只是存在相对差异，朝向眼跳并非不需要心理资源的参与。

对这一结果的另外一种解释是，在两种任务的转换过程中可能需要注意转换（shifting）功能的参与，而注意转换功能也是中央执行系统的功能，且受到焦虑影响（参见注意控制理论[①]）。笔者建议，后续研究可以由此切入，对竞赛焦虑与注意转换功能进行更系统的探讨。

此外，本研究以左、右半球中线内侧的电极点（F3/F4、C3/C4 及 P3/P4）为左、右半球代表，比较两半球差异，结果发现无论朝向眼跳还是反向眼跳任务，在额区，右侧半球比左侧半球诱发出更大的 ERP 负成分。这可能与本研究使用的任务有关，反向眼跳任务涉及空间知觉，而这与大脑右半球更为相关。[②]

本研究的局限提示了今后在该领域继续进行探索的方向。本研究采用二分法区分竞赛特质焦虑高分组和竞赛特质焦虑低分组，样本可能存在偏差并影响研究结果。本研究对竞赛特质焦虑高分组与低分组进行了定量比较，那么，不同特质焦虑水平的运动员抑制功能的特点是什么，是值得进一步研究的方向。另外，本研究是在武术套路专项大学生运动员群体中开展的，样本来源较为单一，这可能会影响结果的推广性，将来研究可以考虑在高水平运动员群体中检验竞赛特质焦虑与优势反应抑制之间的关系。

为了探究神经电生理指标的变化是否会伴随相应眼动行为的变化，本研究将脑电和眼电进行了结合分析。笔者认为，利用该技术手段探讨抑制行为的神经电生理机制仍是一个有价值的研究方向。如果使用眼动仪分析眼动行为，可能会得到更为精确的眼动行为结果，但是眼动仪记录的眼动轨迹视频与脑电图仪记录的脑电信号在进行整合时存在技术难题，而通过眼电分析眼动行为就可以规避这一问题。本研究唯一的遗憾是，对眼电的分析没有得到预期结果。笔者建议，未来研究中采用更加敏感的指标对行为和神经电生理反应进行监测。

本研究借助神经电生理技术考察了注意控制理论对于解释竞赛特质焦

---

① Eysenck, M. W. et al., 2007: "Anxiety and cognitive performance: Attentional control theory", *Emotion*, June.

② 孙国晓:《竞赛特质焦虑干扰抑制功能:对注意控制理论的检验》,北京,北京体育大学硕士学位论文,2013,第 44 页。

虑与优势反应抑制之间关系的适用性。尽管眼电结果未支持竞赛特质焦虑干扰优势反应抑制的假设，但脑电分析结果却发现竞赛特质焦虑降低了前脑区域优势反应抑制的准备电位。本研究的结果支持了安萨里（Ansari）和德拉克山（Derakshan）的研究发现——高特质焦虑损害了反应抑制准备电位的产生。[①] 安萨里和德拉克山的研究中自变量是特质焦虑，采用斯皮尔伯格（Spielberger）等人编制的适用于普通人群的状态特质焦虑量表[②]测得；而本研究中的自变量是竞赛特质焦虑，采用张力为编制的赛前情绪量表[③]测得。两项研究的结果相似，说明与一般性的特质焦虑相比，竞赛特质焦虑对反应抑制的影响没有特异性。[④] 综上，本研究的结果说明，竞赛特质焦虑减弱了优势反应抑制准备电位。本研究从神经电生理角度为注意控制理论在竞赛特质焦虑领域提供了支持性证据。

① Ansari, T. L. et al., 2011: "The neural correlates of impaired inhibitory control in anxiety", *Neuropsychologia*, April.

② Spielberger, C. D. et al., 1983: *Manual for the State-Trait Anxiety Inventory*, Palo Alto, CA, Consulting Psychologists Press, p.577.

③ 张力为:《赛前情绪的因素结构、自陈评定及注意特征》,北京,北京体育大学出版社,2001,第73页。

④ 孙国晓:《竞赛特质焦虑干扰抑制功能:对注意控制理论的检验》,北京,北京体育大学硕士学位论文,2013,第44页。

第四章　状态焦虑对注意控制理论的拓展检验

第三章介绍了竞赛特质焦虑与自上而下的目标导向的注意控制之间的关系，为注意控制理论在体育运动中的应用提供了实证依据。但是，运动情境往往是瞬息万变的。因此，在运动领域，对于随情境变化而时刻变化的状态焦虑的探讨似乎更有意义。那么，状态焦虑与注意控制之间有什么关系呢？

在非运动领域，曾有一些实证研究对于由压力情境诱发的状态焦虑与注意控制和操作表现之间的关系进行了探讨。例如，在航空航天领域，阿尔索普（Allsop）和格雷（Gray）探究了个体在能见度低的仪器气象条件下执行模拟航空着陆任务时，焦虑是如何影响注意控制和操作表现的。[①] 该研究招募了 25 名惯用右手、视力正常或经过校正达到正常标准、没有真实或模拟飞行经验的大学生，其中男生 20 名，女生 5 名，平均年龄为 20.2 岁（$SD=1.99$）。将参与者随机分配到经历多种维度焦虑操控的实验组（$n=14$）和对照组（$n=11$）。研究采用头戴式眼动追踪系统记录参与者的眼动（精度小于 0.5°），并以此来测量参与者的注意分配。在该实验中，注意分配体现在停留时间和扫描行为（数据显示为扫描熵）上，操作表现则体现在飞行性能上。飞行性能是通过计算飞机从滑翔机的理想着陆飞行路径垂直偏差的均方根误差来体现的。

实验中参与者被要求以 3°滑坡进行飞行，并保证飞行路线始终沿着一条延伸的跑道中心线。实验分为三个阶段：首先是练习阶段，此阶段的主要目的是提高参与者的能力，使参与者即使在低能见度的驾驶舱仪器气象条件（instrument meteorological conditions，IMC，能见度为 0.7 km）下也可沿着理想的 3°滑坡进行飞行。其次是预先测试阶段，该实验阶段的目的是建立每个参与者在 IMC 中执行飞行任务的基线水平。在此阶段，参与者需要填写焦虑量表，并完成在 IMC 中的飞行。最后是焦虑状态下

① Allsop, J. et al., 2014: "Flying under pressure: Effects of anxiety on attention and gaze behavior in aviation", *Journal of Applied Research in Memory and Cognition*, June.

的测试阶段，在此阶段，参与者在填写焦虑问卷后，需完成另一次 IMC 飞行。对于对照组而言，这次飞行似乎只是预先测试阶段的第二次飞行；但是，实验组的参与者在完成飞行之前要进行多维度的焦虑操控，以此激发实验组参与者的焦虑状态。

研究结果表明，在焦虑的情况下，实验组的表现水平与控制组相当。但相比于预先测试阶段，实验组在焦虑状态下的测试阶段中，对外部世界的注视停留时间百分比明显更高，而在仪器上的注视停留时间百分比明显更低。在对照组中则没有发现两个阶段的显著差异。而且，实验组从预先测试阶段到焦虑状态下的测试阶段扫描熵显著增加，而对照组没有发现显著变化。此外研究结果还表明，认知焦虑与扫描熵呈显著相关，滑行误差与扫描熵也呈显著相关，这表明扫描熵大幅度增加的参与者在焦虑状态下的表现也更差。阿尔索普和格雷的这一研究探讨了焦虑对航空任务中注视行为和表现的影响，发现焦虑与自上而下注意控制的下降有关，这导致了个体对外界的注视停留次数增加，且对仪器扫描更加随机，继而又影响了操作表现。这项研究的结果表明，状态焦虑的增加会影响注意控制和操作表现。

戈塔迪（Gotardi）等人则通过对 27 名司机（16 名经验丰富、11 名经验不足）进行的模拟驾驶任务的实验研究，探讨了状态焦虑对注意控制和操作表现的影响。[①] 研究过程中，参与者需要在低压力情境（安静环境）和高压力情境（自我威胁指令、性能评估、外部摄像机和交通噪声）两种条件下，完成将车速保持在 100～120 km/h，并避免违反交通规则（例如，超车时没有使用转向灯，碰撞）的驾驶任务。该研究的模拟驾驶任务由城市汽车驾驶模拟器（forward development）执行，并使用头戴式眼球跟踪器以 60 Hz 的采样率记录驾驶员的眼动行为。此外，通过葡萄牙语版的短式状态-特质焦虑量表中的状态焦虑分量表这一心理指标和心率这一生理指标来确定参与者的焦虑水平。研究结果发现，在任务过程中，无论是经验丰富的司机还是经验不足的司机，状态焦虑的增加都降低了其对于驾驶速度的控制，并导致了更多碰撞的发生。同时，参与者都在水平较窄的区域对车道的注视较少，持续时间较长。研究还发现，在眼动行为方面，驾驶经验不足的司机和经验丰富的司机存在一定的差异，经验不足的司机主要增加了对汽车的短暂注视停留的次数，而经验丰富的司机则增加了对汽车表盘的短暂注视停留的次数。这一结果表明，尽管焦虑对于驾

① Gotardi, G. C. et al., 2019: "Adverse effects of anxiety on attentional control differ as a function of experience: A simulated driving study", *Applied Ergonomics*, January.

驶经验丰富和驾驶经验不足的两组参与者的注意控制、处理效率和操作表现均存在影响，但对于注意的影响却因经验的不同而不同。经验不足的司机倾向于将注意力转移到威胁性刺激上，而经验丰富的司机则更有可能有意识地监控任务目标。但无论拥有何种程度的操作经验，状态焦虑对个体的注意控制均会产生干扰作用。

也有一些研究的发现与上述研究的观点不同，认为状态焦虑并没有导致自上而下的注意控制受损。例如，布斯（Booth）和沙尔曼（Sharma）发现，压力或许可以降低斯特鲁普（Stroop）效应。① 他们招募了 63 名参与者进行实验。研究采用了 84 dB 的恒定白噪声对参与者的压力进行诱发，以此创设高压力情境。低压力情境中使用的恒定白噪声数值则为不会对参与者带来压力的 65 dB。研究还通过记忆广度任务对参与者的工作记忆进行了测量，并根据得分将参与者分为了高工作记忆广度和低工作记忆广度两组。此外，当出现许多一致性试次时，斯特鲁普干扰会增加。因此，在实验过程中，为评估参与者对于不相关单词信息的注意，斯特鲁普任务还被分为了一致性试次占比为 0.25％和 50％这 3 种情况。采用 2（工作记忆广度：高、低）× 3（一致性试次占比：0、25％、50％）× 2（高压力、低压力）重复测量方差分析，结果发现，在高压力条件下，中高工作记忆广度的参与者中，斯特鲁普效应会减弱，这表明压力会减少参与者对于无关信息的关注。研究还发现，可能由于低工作记忆广度参与者其注意控制本就较差，因此在低工作记忆广度参与者中未发现压力降低斯特鲁普效应的情况。布斯和沙尔曼也指出，以上结果支持了“伊斯特布鲁克（Easterbrook）假说”② 所认为的压力会减少个体对无关信息的关注的观点，并与注意控制理论的假设存在一定矛盾。

瓦尔肯霍斯特（Walkenhorst）和克罗（Crow）对 60 名成人参与者（40 名女性和 20 名男性）进行实验研究，探讨了特质焦虑和状态焦虑对工作记忆系统的交互影响。③ 该研究首先请参与者完成了韦氏成人阅读测验（the Wechsler test of adult reading，WTAR），以评估其智力功能水平，继而使用状态-特质焦虑量表中的特质焦虑分量表对参与者的特质焦虑水平进行测量，并将得分大于 40 分的参与者分配至高特质焦虑组，将

① Booth, R. et al., 2009: “Stress reduces attention to irrelevant information: Evidence from the Stroop task”, *Motivation & Emotion*, December.

② Easterbrook, J. A., 1959: “The effect of emotion on cue utilization and the organization of behavior”, *Psychological Review*, May.

③ Walkenhorst, E. et al., 2009: “The effect of state worry and trait anxiety on working memory processes in a normal sample”, *Anxiety, Stress & Coping*, March.

得分小于40分的参与者分配至低特质焦虑组。之后，再将高特质焦虑组和低特质焦虑组的参与者随机分配到高状态焦虑条件或低状态焦虑条件下，并请参与者在相应焦虑条件下完成工作记忆任务，即形成2（高、低特质焦虑）×2（高、低状态焦虑）的被试间设计。结果发现，在低特质焦虑组的参与者中，状态焦虑并没有导致言语工作记忆任务的表现下降，反而意外地提高了参与者视觉任务的表现。该研究还发现，在言语和空间工作记忆任务方面，处于低特质焦虑/高状态焦虑、高特质焦虑/低状态焦虑以及高特质焦虑/高状态焦虑的参与者，都表现出了比低特质焦虑/低状态焦虑的参与者更短的反应时。这与注意控制理论关于焦虑导致（反应时代表的）加工效能下降的观点存在一定矛盾。

此外，莫泽（Moser）等人发现压力（或担忧）并不影响注意。[①] 莫泽等人指出，注意控制理论认为焦虑与刺激引起的注意分散相关，而压力（或称担心）则被认为是焦虑削弱注意控制的一种机制，但这些假设仍然缺乏直接的证据。因此，他们招募了51名女大学生进行了一项实验研究。研究采用状态-特质焦虑量表中的特质焦虑分量表测量参与者的特质焦虑，采用宾夕法尼亚州立大学焦虑问卷（The Penn State Worry Questionnaire，PSWQ）对参与者的压力（或称担心）进行测量。在实验过程中，参与者需要完成一项搜索（注意捕捉）任务，并在完成全部试次后，填写特质焦虑量表和PSWQ的计算机测试版本。最终研究结果表明，焦虑与自下而上的注意控制更加相关，并且，注意分散（注意捕捉）与特质焦虑密切相关，而与状态焦虑并无显著关联。

以上研究得到了不一致的结果，这提示，压力引发的状态焦虑与自上而下的注意控制之间的关系可能比较复杂，还需要更多研究针对这一问题进行探讨。基于此，本章节研究探讨压力诱发的状态焦虑与自上而下的注意控制的关系。具体而言，第一部分的研究探讨压力诱发的状态焦虑与中央执行系统的抑制功能的关系，第二部分分析状态焦虑与中央执行系统的转换功能的关系。

一、状态焦虑对抑制功能的影响

注意控制理论假设，焦虑影响中央执行系统的抑制和转换功能，致其

① Moser, J. S. et al., 2012: "Enhanced attentional capture in trait anxiety", *Emotion*, April.

加工效能下降。[①] 前人已对其进行检验。例如，维苏-佩特拉（Visu-Petra）等人在一项对于年轻人群体进行的研究中，研究了状态和特质焦虑与执行功能的关系。[②] 该研究采用了言语和空间工作记忆、抗干扰性、负启动及任务转换测试来评估执行功能的三个维度——更新、抑制和转换，根据焦虑多维交互模型对状态焦虑（认知焦虑和自主情绪）和特质焦虑（与社会评价、身体危险、模糊情境和日常生活相关）进行了评估。结果表明，转换和抑制（负启动）功能的加工效能与状态焦虑（认知焦虑）和特质焦虑（与社会评价相关）呈显著负相关，这与注意控制理论的观点一致。

廖（Liao）和科拉斯克（Craske）检验了状态焦虑与抑制性学习的关系。[③] 在该研究中，参与者被诱导进入高焦虑状态（$n=21$）或低焦虑状态（$n=24$）。抑制性学习的界定是，与单独呈现危险提示相比，在出现安全提示（预测没有威胁的提示），并同时出现一个危险提示（预测威胁存在的提示）时，威胁预期减少。研究发现，高状态焦虑的诱发会干扰抑制性学习，这项研究也首次证明了状态焦虑与恐惧抑制具有直接的因果关系。

巴萨诺维奇（Basanovic）等人则在大学生群体中检验了状态焦虑对注意抑制控制的影响。[④] 该研究在 917 名西澳大利亚大学（University of Western Australia）的本科生中进行筛选，最终招募了 80 名参与者进行实验。为了控制特质焦虑的潜在影响，其中 40 名参与者的特质焦虑得分为本科生群体中的前三分之一，另外 40 名参与者的特质焦虑得分为本科生群体中的后三分之一。研究需要参与者以随机交替的顺序完成两个模块的注意偏差评估任务和注意控制评估任务，之后通过请参与者回答预先录制的“招聘小组”提出的问题来进行模拟工作面试，同时告知参与者其面试表现会被录制，且其他学生稍后会对这一段视频进行评价，以此诱发参与者的状态焦虑。在诱发参与者状态焦虑后，再次请参与者完成上述注意偏差评估任务和注意控制评估任务。在整个实验过程中，研究使用状态焦

---

① 孙国晓等:《加工效能理论到注意控制理论:焦虑运动表现的新诠释》,《心理科学进展》2013 年第 10 期; Eysenck, M. W. et al., 2007: “Anxiety and cognitive performance: Attentional control theory”, *Emotion*, June.

② Visu-Petra, L. et al., 2013: “Individual differences in anxiety and executive functioning: A multidimensional view”, *International Journal of Psychology*, August.

③ Liao, B. et al., 2013: “The impact of state anxiety on fear inhibition”, *Journal of Experimental Psychology*, January.

④ Basanovic, J. et al., 2020: “Change in attentional control predicts change in attentional bias to negative information in response to elevated state anxiety”, *Cognitive Therapy and Research*, November.

虑评估量表的简表对参与者的状态焦虑进行测量。研究结果观察到，随着状态焦虑的增加，个体对负面信息的注意偏向增加，而抑制控制减少。这项研究也再一次证明了状态焦虑对于注意控制的消极影响作用。

本研究在前人研究的基础上，进一步探究压力诱发的状态焦虑与自上而下注意控制之间的关系。借鉴前人研究及本书第三章研究，本研究拟使用反向眼跳任务作为注意控制理论的检验任务。[①] 本研究旨在探讨压力诱发的状态焦虑[②]与中央执行系统的抑制功能的关系。研究提出两个假设：第一，高压力情境会导致更高的状态焦虑。具体而言，研究参与者的心理准备李克特量表得分（状态焦虑得分）在高压力下显著高于低压力下；同时，在高压和低压情况下，心率和皮肤导电性等生理参数有显著差异。第二，状态焦虑削弱自上而下的注意控制。具体而言，状态焦虑下的参与者表现出更长的首次反向眼跳潜伏期和更高的首次眼跳错误率。

（一）方法

1. 研究参与者

招募12名普通大学生作为参与者，剔除2名眼动数据有效率不足60%的参与者，最终纳入10名参与者（女性6人）的数据。参与者平均年龄为23.20岁（$SD=2.15$）。

2. 研究设计

采用单因素被试内设计，自变量为压力情境（高、低），因变量包括状态焦虑（包括心理准备李克特量表的总分及认知焦虑、躯体焦虑和自信心得分）、心率、皮肤导电性以及反映注意控制的首次正确方向眼跳潜伏期和首次眼跳方向错误率。

3. 实验仪器

参与者的眼跳行为通过拓比（Tobii）T120眼动追踪系统［Tobii T120，瑞典（Sweden），Inc.］获得，该设备的采样率为120 Hz。心率和皮肤导电性通过精神生理学生物反馈仪［NEXUS-10，荷兰（Nertherland），心智媒体（Mind Media B. V.）］测量。

4. 实验材料

使用心理准备李克特量表（mental readiness form-3，MRF-3）作为

---

① Kane, M. J. et al., 2001: "A controlled-attention view of working-memory capacity", *Journal of Experimental Psychology: General*, June.

② 朱小青等：《状态焦虑干扰抑制与转换功能：自我损耗的调节作用》，《天津体育学院学报》2016年第5期。

压力情境的操控检查工具，评估参与者的状态焦虑。该量表包括三个题目，包括认知焦虑、躯体焦虑、自信心三个方面，采用 11 级李克特计量。① 对自信心进行反向计分，状态焦虑得分为三个题目的总和。② 前人研究表明，MRF-3 具有良好的信效度。③ 本研究中，该量表的克隆巴赫 α 系数在低压力情境下为 0.90，在高压力情境下为 0.73，信度均较好。④

5. 实验任务

同上一章介绍的实验，本实验使用反向眼跳任务测量自上而下的目标导向的注意控制。⑤ 实验过程中，随机在屏幕一侧呈现一个线索（干扰物），要求研究参与者不看线索，而将视线转向线索所在位置的对侧，判断对侧出现的箭头的方向，并又快又准地做出按键反应（见图 4-1）。⑥ 根据孙国晓和张力为的做法界定成功和失败试次，并确定剔除标准。⑦

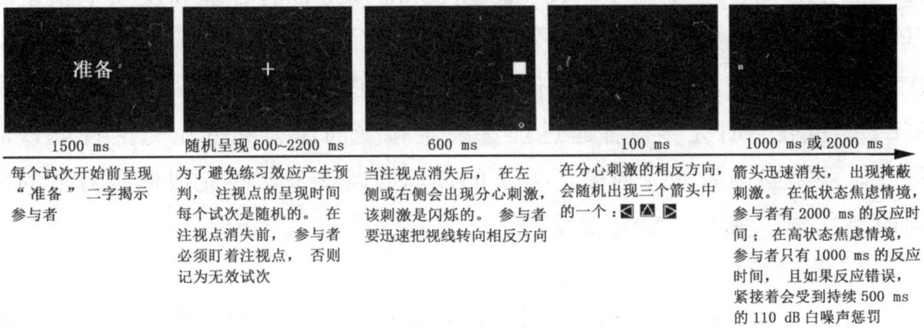

图 4-1　反向眼跳任务流程

① Krane, V., 1994: "The mental readiness form as a measure of competitive state anxiety", *The Sport Psychologist*, June; 罗霄骁:《压力下工作记忆对注意控制的影响》,北京,北京体育大学硕士学位论文,2016,第 27 页。

② 孙国晓等:《竞赛特质焦虑干扰抑制功能:对注意控制理论的检验》,《心理科学》2015 年第 2 期。

③ Wood, G. et al., 2010: "A moving goalkeeper distracts penalty takers and impairs shooting accuracy", *Journal of Sports Sciences*, July.

④ 罗霄骁:《压力下工作记忆对注意控制的影响》,北京,北京体育大学硕士学位论文,2016,第 27 页。

⑤ Hallett, P. E., 1978: "Primary and secondary saccades to goals defined by instructions", *Vision Research*, February; Hutton, S. B. et al., 2006: "The antisaccade task as a research tool in psychopathology: A critical review", *Psychophysiology*, May; Unsworth, N. et al., 2004: "Working memory capacity and the antisaccade task: Individual differences in voluntary saccade control", *Journal of Experimental Psychology: Learning, Memory, and Cognition*, November.

⑥ 罗霄骁:《压力下工作记忆对注意控制的影响》,北京,北京体育大学硕士学位论文,2016,第 27 页。

⑦ 孙国晓等:《竞赛特质焦虑干扰抑制功能:对注意控制理论的检验》,《心理科学》2015 年第 2 期。

6. 压力情境设置

通过错误惩罚（出现错误时进行噪声惩罚）、时间压力和旁观的方式诱发高压力情境，使用音乐编辑器（Cool Edit Pro V2.1）产生白噪声音频，用于高压力情境下的错误惩罚。白噪声强度为 110 dB，持续 500 ms，实验中的实际强度为 95.73 dB（$SD=2.55$），但研究参与者被告知是 110 dB。①

7. 实验流程

每位参与者都被单独测试。参与者进入实验室后，佩戴生物反馈仪，练习反向眼跳任务 12 次；佩戴眼动仪，完成定标后再练习 12 次。全程记录心率和皮肤导电反应。然后，参与者被要求在高压或低压情境下进行 36 次正式的反向眼跳任务，并在线记录他们的心率和皮肤导电反应，在完成任务后，参与者填写 MRF-3 量表。待参与者的心理和皮肤电恢复到基线状态后进入下一个流程。参与者被要求在低压或高压条件下进行 36 次反向眼跳任务，并在线记录他们的心率和皮肤导电反应，然后再次完成 MRF-3 量表。研究参与者通过抽签决定接受高压力和低压力两种处理的顺序，一半参与者先完成高压力下的反向眼跳任务，再完成低压力下的反向眼跳任务，另一半参与者反之。②

8. 测试指标

测试指标包括两部分：一部分是状态焦虑操控检查指标，如上文所述的认知焦虑得分、躯体焦虑得分、自信心得分、MRF-3 总分、心率、皮肤电等。另一部分是注意控制指标，包括上一章及前人研究中使用的首次正确方向眼跳潜伏期和首次眼跳方向错误率。③

9. 统计分析

使用 SPSS 16.0 进行统计分析。使用重复测量方差分析，比较高压力和低压力情境下的认知焦虑得分、躯体焦虑得分、自信心得分、MRF-3 总分、心率、皮肤电、首次正确方向眼跳潜伏期和首次眼跳方向错误率的差异。

---

① 罗霄骁：《压力下工作记忆对注意控制的影响》，北京，北京体育大学硕士学位论文，2016，第 28 页。

② 罗霄骁：《压力下工作记忆对注意控制的影响》，北京，北京体育大学硕士学位论文，2016，第 29 页。

③ 孙国晓：《竞赛特质焦虑干扰抑制功能：对注意控制理论的检验》，北京，北京体育大学硕士学位论文，2013，第 20～21 页。

（二）结果

1. 高、低压力情境下的状态焦虑、心率和皮肤导电性比较

高压力条件下的认知焦虑水平显著高于低压力条件，$F(1, 9)=27.56$，$p=0.001$，偏 $\eta^2=0.75$；高压力条件下的躯体焦虑水平也显著高于低压力条件，$F(1, 9)=18.22$，$p=0.002$，偏 $\eta^2=0.67$；但高压力和低压力下的自信心的差异未达到显著性水平，$p=0.47$。研究还发现，高压力条件下的 MRF-3 总分显著高于低压力条件，$F(1, 9)=16.06$，$p=0.003$，偏 $\eta^2=0.64$。这说明，本实验设置的高压力情境成功诱发出了更高的状态焦虑水平。

从生理指标来看，高压力条件下的心率显著高于低压力条件，$F(1, 9)=14.22$，$p=0.004$，偏 $\eta^2=0.61$；但高、低压力下的皮肤导电性并无显著差异，$p=0.18$。高压力和低压力下的认知焦虑得分、躯体焦虑得分、自信心得分、MRF-3 总分、心率、皮肤电均值和标准差以及不同压力下的方差分析结果见表 4-1。

表 4-1　高、低压力情境下的状态焦虑、心率和皮肤导电性比较

变量	高压力情境	低压力情境	SS	MS	df	F	p	偏 η^2
	$M \pm SD$	$M \pm SD$						
认知焦虑得分/分	7.40 ± 2.80	3.30 ± 2.11	84.05	84.05	1	27.56	0.001	0.75
误差项	—	—	27.45	3.05	9	—	—	—
躯体焦虑得分/分	7.30 ± 3.40	3.80 ± 1.62	61.25	61.25	1	18.22	0.002	0.67
误差项	—	—	30.25	3.36	9	—	—	—
自信心得分/分	4.50 ± 2.37	3.80 ± 2.25	2.45	2.45	1	0.58	0.47	0.06
误差项	—	—	38.05	4.23	9	—	—	—
MRF-3 总分/分	19.20±6.97	10.90±5.51	344.45	344.45	1	16.06	0.003	0.64
误差项	—	—	193.05	21.45	9	—	—	—
心率/（次/分）	82.15±14.75	74.71±12.98	276.47	276.47	1	14.22	0.004	0.61

续表

变量	高压力情境	低压力情境	SS	MS	df	F	p	偏 η^2
	$M \pm SD$	$M \pm SD$						
误差项	—	—	174.94	19.48	9	—	—	—
皮肤电/μS	5.45±1.90	5.03±2.46	0.88	0.88	1	2.10	0.18	0.19
误差项	—	—	3.76	0.42	9	—	—	—

2. 高、低压力下的注意控制

参与者高压力和低压力条件下表现出的首次正确方向眼跳潜伏期并无统计学上的显著性差异，$p=0.89$；高、低压力下的首次眼跳方向错误率也无显著性差异，$p=0.56$（见表 4-2）。

表 4-2　高、低压力下的首次正确方向眼跳潜伏期和首次眼跳方向错误率比较

变量	高压力	低压力	SS	MS	df	F	p	偏 η^2
	$M \pm SD$	$M \pm SD$						
首次正确方向眼跳潜伏期/ms	402.74±66.09	400.61±61.17	22.71	22.71	1	0.02	0.89	0.002
误差项	—	—	9230.48	1025.61	9	—	—	—
首次眼跳方向错误率	0.08±0.09	0.10±0.06	0.01	0.01	1	0.36	0.56	0.039
误差项	—	—	0.031	0.003	9	—	—	—

（三）讨论与小结

本研究旨在探讨压力诱发的状态焦虑是否干扰自上而下的目标导向注意控制。本实验设置的高压力情境诱发了更高的躯体焦虑和认知焦虑，更高的状态焦虑总分，导致更快的心率。但是，高、低压力下的注意控制并没有表现出差异。

研究发现，高压力比低压力环境导致更高的认知和躯体焦虑和更高的心率水平。这些结果与本研究的假设一致，表明本研究的实验设置成功地引发了状态焦虑。

本研究发现，高压力和低压力条件下，首次眼跳潜伏期和眼跳错误率没有差异。这些结果与笔者在第三章发现的竞赛特质焦虑延长首次眼跳潜伏期、降低眼跳正确率的结果不相一致，与前人研究发现也不一致。① 可能有如下几点原因：第一，注意控制理论对于特质型焦虑更为适用，状态焦虑与注意控制的关系可能不如特质焦虑更为紧密；第二，本研究的压力诱发是在实验室进行的，与运动员大赛情境相差甚远，虽然相比于低压力情境，高压力情境诱发出了更高的状态焦虑，但这种状态焦虑的变化还不至于导致注意控制发生质的变化。②

研究结果与预期不一致可能与压力的创设有关。安德烈什（Endres）等人在三项研究中比较了不同类型的压力诱发方式对反应抑制的影响。③ 在研究一中，125 名参与者被分到时间压力、绩效奖励压力或控制条件下；研究二将 124 名参与者分到时间压力或控制条件下；在研究三中，参与者（$n=149$）被分配到外部监控压力条件或控制条件下，外部监控组参与者完成任务过程中被录视频。所有实验参与者都完成了一个 Go/NoGo 任务来评估反应抑制。结果发现，研究一和研究二中的压力降低了抑制任务的操作表现，但研究三中的压力未能影响抑制任务的操作表现。这说明，时间压力、奖励压力会影响抑制控制，而外部监控诱发的压力则不能影响抑制控制。

国内也有学者对奖惩所诱发的压力对注意开展的影响进行了比较。罗霄骁、曹立智、李星和张力为比较了惩罚或奖励诱发压力的效果及对注意控制的影响。④ 该研究招募了 40 名大学生，将其随机分配到奖励组、惩罚组、奖惩并用组和控制组，使用金钱作为奖励手段，使用噪声作为错误惩罚手段（如本实验中的操控方法），使用九孔仪评估注意控制能力。结果发现，相比于控制组，金钱奖励和噪声惩罚都导致九孔仪任务错误次数增加，而奖惩并用组与控制组之间并无差异。这提示，不同压力诱发方式

① 孙国晓等:《竞赛特质焦虑干扰抑制功能:对注意控制理论的检验》,《心理科学》2015 年第 2 期;Liao,B. et al. ,2013:"The impact of state anxiety on fear inhibition", *Journal of Experimental Psychology*,January;Visu-Petra,L. et al. ,2013:"Individual differences in anxiety and executive functioning: A multidimensional view", *International Journal of Psychology*,August.

② 罗霄骁:《压力下工作记忆对注意控制的影响》,北京,北京体育大学硕士学位论文,2016,第 29 页。

③ Endres,D. N. et al. ,2020:"Stop the clock because I can't stop: Time pressure, but not monitoring pressure, impairs response inhibition performance", *Journal of Cognitive Psychology*,August.

④ 罗霄骁等:《奖惩压力对精细动作自我控制影响的差异》,《武汉体育学院学报》2015 年第 12 期。

的影响效果是有区别的，将来在探讨状态焦虑与注意控制关系的研究中应该考虑这一因素的可能影响。①

总而言之，本实验研究在前人特质焦虑与注意控制关系研究的基础上，进一步探讨了随情境变化而时刻变化的状态焦虑与自上而下的目标导向注意控制的关系。这是对以往特质焦虑与注意控制关系研究的重要补充，也是注意控制理论的重要拓展。本研究未发现压力诱发状态焦虑对注意控制有显著影响，这可能是由于状态焦虑对注意控制的影响不如特质焦虑更为稳健。但这个论点还有待检验，将来还应该考虑在更高水平的运动员中进行研究，借助虚拟现实等技术创设与真实比赛更为接近的压力情境，继续探讨高竞赛压力诱发的状态焦虑与注意控制之间的关系。

二、状态焦虑对转换功能的影响

注意控制理论的另一个核心假设是，焦虑会干扰转换功能。② 根据注意控制理论，焦虑对自上而下的注意控制产生负面影响，进而影响任务绩效。③ 在这些假设的基础上，安萨里（Ansari）等人探究了焦虑对中央执行系统的转换功能的影响。④ 研究选取了 59 名参与者，根据状态特质焦虑量表得分将其分为低焦虑组和高焦虑组，并采用混合反向眼跳任务检验了焦虑对任务转换成本的影响。该实验比较了单任务和混合任务的反向眼跳表现。在单任务块中，参与者以分组块的形式执行两种任务；而在混合任务块中，参与者随机地在两种任务之间切换。⑤ 研究发现，低焦虑个体在眼跳潜伏期指标上表现出预期的转换成本，而高焦虑个体并没有出现转换成本。这说明，高焦虑个体更难以根据新的任务需求，运用自上而下的注意控制来有效地进行注意转换。综上，安萨里等人的研究表明，焦虑降

---

① 罗霄骁等：《奖惩压力对精细动作自我控制影响的差异》，《武汉体育学院学报》2015 年第 12 期。

② 彭凡：《状态焦虑和奖惩刺激对注意转换功能的影响》，北京，北京体育大学硕士学位论文，2016，第 7 页。

③ Eysenck，M. W. et al.，2007："Anxiety and cognitive performance：Attentional control theory"，*Emotion*，June.

④ Ansari，T. L. et al.，2008："Effects of anxiety on task switching：Evidence from the mixed antisaccade task"，*Cognitive*，*Affective* & *Behavioral Neuroscience*，September.

⑤ 朱小青等：《状态焦虑干扰抑制与转换功能：自我损耗的调节作用》，《天津体育学院学报》2016 年第 5 期。

低了个体在正确反向眼跳潜伏期中常见的转换成本。① 这说明，在进行任务转换时，高焦虑个体无法去实施以目标为导向的自上而下的注意控制，从而将注意资源有效分配到当前任务需求中，即焦虑影响了个体在工作记忆中的转换功能。

犹大（Judah）等人的研究检验了社交焦虑个体是否会在神经和行为层面表现出加工效能受损，以及这种现象是否因自我关注而加剧。② 研究招募了 32 名受试者（16 名社交焦虑者，16 名非紧张型对照），完成一项混合反向眼跳任务，在任务过程中参与者偶然得到线索提示。为了操控自我关注，参与者被告知出现线索表明心率升高。研究发现，与对照组相比，社交焦虑组的眼跳潜伏期较长，但错误率较低。并且，与对照组相比，社交焦虑组的 P3b 脑电成分（一种由奇异刺激诱发的 P300 脑电成分）波幅也较低，这表明社交焦虑组参与者辨别线索的可用资源减少。自我关注试次中该成分的潜伏期较晚，则提示社交焦虑组参与者线索分类更为延后。此外，与对照组相比，社交焦虑组具有更大的 CNV 成分，这表明社交焦虑组参与者在反应准备方面付出了更大的努力，而且这种效应在自我关注试次中减少了，说明自我关注占用了执行资源。总而言之，该研究结果说明，社交焦虑导致了神经和行为功能受损，这支持了注意控制理论的假设。

莱因霍尔特-邓恩（Reinholdt-Dunne）等人通过两项研究评估了注意控制的集中功能、转换功能与注意控制的行为指标之间的具体关系，并再次验证了前人对集中和转换这两个注意控制因素与焦虑之间关系的研究发现。③ 研究一选取了 18～30 岁的 165 名参与者（46 名男性和 119 名女性）进行实验。在该研究中，参与者需要在实验室填写注意控制量表④、状态-特质焦虑量表⑤，并完成注意网络任务。研究一发现，注意控制的集中功能与注意控制的行为指标呈显著相关，而与注意转换功能无显著关。

---

① Ansari, T. L. et al., 2008: "Effects of anxiety on task switching: Evidence from the mixed antisaccade task", *Cognitive, Affective & Behavioral Neuroscience*, September.

② Judah, M. R. et al., 2013: "The neural correlates of impaired attentional control in social anxiety: An ERP study of inhibition and shifting", *Emotion*, December.

③ Reinholdt-Dunne, M. et al., 2013: "Attention control: Relationships between self-report and behavioural measures, and symptoms of anxiety and depression", *Cognition and Emotion*, April.

④ Derryberry, D. et al., 2002: "Anxiety-related attentional biases and their regulation by attentional control", *Journal of Abnormal Psychology*, May.

⑤ Spielberger, C. D. et al., 1983: *Manual for the State-Trait Anxiety Inventory*, Palo Alto, CA, Consulting Psychologists Press, p.577.

此外，研究还发现，注意集中、转换功能都与状态焦虑呈负相关。研究二的参与者是193名大学生，他们在线完成了注意控制量表、情绪和焦虑症状问卷（焦虑唤起和无快感抑郁分量表）。结果依然表明，注意集中和转换功能与焦虑呈负相关。综合两项研究可以发现，注意控制的聚焦能力（而不是转换能力）与注意控制的行为指标显著相关。注意控制的主观和客观指标之间的相关性很小，这可能是因为注意控制问卷中，集中功能这一指标评估自我报告的注意集中和避免分心的能力，而注意网络任务中注意控制指数是通过任务无关的信息评估抑制分心的能力。但是，研究所发现的集中注意和抵抗注意分散的能力与焦虑水平相关这一结果，支持了注意控制理论的假设。

有研究表明，工作记忆容量或许能够缓和注意控制理论所指出的特质焦虑与情境压力相结合会降低需要快速转换注意的任务的执行效率的现象。① 因此，爱德华（Edward）等人在对抑郁进行统计控制（因为焦虑往往和抑郁存在相关关系）的条件下，检验了工作记忆容量是否能够缓冲特质焦虑和情境压力对注意转换的影响。② 研究邀请了70名大学生参与者，并使用抑郁-焦虑-压力量表、状态-特质焦虑量表、唤醒等级问卷对于参与者的抑郁、状态焦虑、特质焦虑和任务中的压力水平进行测量。在研究过程中，情境压力通过压力计数任务进行操控，工作记忆容量基于自动化操作跨度任务（automated operation span task，AOSPAN）的表现进行测评。转换任务则包括一个修改版本的斯坦伯格范式（Sternberg paradigm）作为主要任务和一个欧德堡声调识别任务（Oddball tone-discrimination task）作为次要任务，其中次要任务的绩效有效性（准确性）和处理效率（准确性除以响应时间）作为因变量指标。结果发现，焦虑、压力和工作记忆容量三者对操作绩效均没有独立的显著性影响，而在加工效能方面则观察到了显著的三重交互作用。也即，在高工作记忆容量群体中，特质焦虑和情境压力与加工效能无关。而与之相反，在低工作记忆容量群体中，较高的特质焦虑与较低的加工效能相关，但这一现象仅存在于那些报告有较高情境压力的参与者中；对于那些报告情境压力较低的

① Luo, X. et al., 2017: "The benefits of working memory capacity on attentional control under pressure", *Frontiers in Psychology*, July.

② Edward, M. S. et al., 2015: "Effects of trait anxiety and situational stress on attentional shifting are buffered by working memory capacity", *Anxiety, Stress and Coping*, January.

参与者来说，更高的特质焦虑预示着更高的效率。[①] 爱德华等人的研究结果也支持了注意控制理论的观点。

还有几项研究围绕状态焦虑与注意转换之间的关系开展。斯帕达（Spada）等人招募了142名大学生作为研究参与者，在学期末使用注意控制量表测量了他们的注意集中和注意转换能力[②]，使用状态-特质焦虑量表中的状态焦虑分量表测量了其状态焦虑水平。结果表明，状态焦虑与注意集中和转换能力呈负相关。德拉克山（Derakshan）等人的研究则选取了59名自愿参与实验的本科生，实验前测量参与者的状态焦虑水平，并根据状态焦虑的得分情况，将参与者划分为高状态焦虑组（大于16分，23名参与者）和低状态焦虑组（小于13分，24名参与者）。[③] 低焦虑组和高焦虑组的参与者被要求在任务切换或非切换条件下执行算术任务。研究操控了这些任务的复杂性高低，并对每个试次的任务进行了控制（要么有明确提示，要么无提示）。该研究假设，任务切换条件下的注意控制需求高于非任务切换条件，且高复杂度任务的注意控制需求高于低复杂度任务，无线索提示下的注意控制需求比有线索提示下的注意控制需求更高。此外，该研究还假设，焦虑会削弱注意在任务内和任务间的转换这一注意控制过程。最终结果发现，相比于非任务切换条件，高状态焦虑对任务切换条件下的操作表现产生了更大的影响。这表明在这项研究中，状态焦虑与注意转换有关。

国内还有研究者尝试探究实验室中诱发的状态焦虑与中央执行系统的转换功能的关系。为探究状态焦虑是否会对个体注意控制能力中的转换功能产生干扰，以及自我损耗是否可以调节焦虑状态对转换功能的影响，朱小青和张力为在33名视力正常或矫正视力正常的普通大学生中，进行了一项混合反向眼跳任务。[④] 他们将参与者随机分为自我损耗组与非自我损耗组，让所有参与者佩戴眼动仪进行12试次的混合反向眼跳任务练习，并根据提示标志完成朝向眼跳和反向眼跳任务。用生物反馈仪器记录参与

---

① 刘含君兰：《特质焦虑对注意控制的影响：工作记忆容量的调节作用》，贵州，贵州师范大学硕士学位论文，2018，第28页。

② Spada, M. et al., 2010: "The relationship among metacognitions, attentional control, and state anxiety", *Cognitive Behaviour Therapy*, March.

③ Derakshan, N. et al., 2009: "Effects of state anxiety on performance using a task-switching paradigm: An investigation of attentional control theory", *Psychonomic Bulletin and Review*, December.

④ 朱小青等：《状态焦虑干扰抑制与转换功能：自我损耗的调节作用》，《天津体育学院学报》2016年第5期。

者练习过程中的心率和皮肤导电反应以建立基线值。在正式实验中，参与者在高压力和低压力下完成混合的反向眼跳任务。低压力情境的设置为，要求参与者对于每次刺激在 2 s 内进行反应，且错误次数不可超出三次；高压力情境的设置为，要求参与者在 1 s 内进行反应，且错误次数不可超出一次，并且当参与者出错时，会遭受 6 V 电压的电击以及持续500 ms、110 dB 的白噪声的惩罚。结果表明，压力情境的设置成功诱发了参与者的高、低状态焦虑，参与者在高焦虑状态下表现出了更大的转换成本。在自我损耗条件下，高、低状态焦虑对转换成本的影响差异显著；而在非自我损耗条件下，高、低状态焦虑的影响差异不显著。此研究结果支持了状态焦虑对于转换功能具有干扰作用以及自我损耗可以调节状态焦虑对转换功能的影响的假设。①

彭凡和张力为使用多项欧德堡转换（More-Oddball shifting）任务，设计了三个平行实验，检验了状态焦虑对转换功能的影响。② 实验一选取 80 名大学生和 80 名运动员作为研究对象，设计 2（状态焦虑高、低）×2（运动员、大学生）交互实验。该实验任务为可预测性转换功能任务，状态焦虑通过模拟比赛进行诱发。参与者的状态焦虑使用心理准备李克特量表进行评估，心率和皮肤导电性使用生物反馈设备进行测量，努力程度使用心理努力评价量表进行测量。结果发现，在心理准备李克特量表得分、皮肤电和心率指标上，压力情境下参与者均有更高的状态焦虑水平。实验一没有在转换任务的操作成绩指标上发现状态焦虑的主效应、群体的主效应以及他们之间的交互作用。但是，在转换任务的加工效能指标（转换成本）方面，发现了状态焦虑的主效应、群体的主效应及二者的交互作用。而在加工效能的另外一个指标——主观努力程度上，却仅发现了状态焦虑的主效应，未发现群体的主效应及二者的交互作用。总而言之，研究在两个加工效能指标上，均发现了状态焦虑的主效应，压力诱发的状态焦虑导致转换任务的加工效能下降，并导致参与者付出更多努力，这与注意控制理论的假设是一致的。

实验二的设计与实验一相同，但使用了被动不可预测性转换任务作为实验任务。实验二依然没有在转换任务的操作成绩上发现状态焦虑的主效应、群体的主效应及二者的交互作用。但是，在转换成本上发现了不同状

① 朱小青等:《状态焦虑干扰抑制与转换功能：自我损耗的调节作用》,《天津体育学院学报》2016 年第 5 期。

② 彭凡等:《状态焦虑与转换功能：注意控制理论在运动员群体中适用性的检验》,《心理科学》2018 年第 5 期。

态焦虑之间的差异、不同群体之间的差异以及两个变量之间的交互作用。在主观努力程度上，仅发现了高、低状态焦虑之间的差异，而未发现不同群体之间的差异及两变量的交互作用。实验二的结果与实验一十分相似，两个实验在加工效能指标方面，均发现了状态焦虑的主效应。压力诱发的状态焦虑导致转换任务的加工效能下降，并导致参与者付出更多努力，实验二的结果同样支持了注意控制理论的假设。

实验三的设计与前两个实验相同，只是实验任务更换为主动性转换任务。在该实验中，任务条件出现的顺序由参与者自己决定，但要求两类任务的数量尽量保持一致。实验三同样发现，状态焦虑对两个加工效能指标有影响，而不影响绩效表现。

以上三项使用不同转换任务的实验都支持注意控制理论，它们均发现，状态焦虑降低转换功能的加工效能。①

① 彭凡等：《状态焦虑与转换功能：注意控制理论在运动员群体中适用性的检验》，《心理科学》2018 年第 5 期。

第五章　静眼对自上而下注意控制的反映

篮球运动员在关键时刻为何罚篮不中，痛失良机？高尔夫球手在近距离推杆时居然会失误？原因可能与高压力下的视觉注意控制有关。注意控制是运动心理学中的一个重要问题，运动中的视觉注意控制是影响技能获得和压力下运动表现的关键因素。

静眼属于视觉注意控制范畴，代表一种自上而下的目标导向的视觉注意控制。[①] 静眼研究是运动心理学领域的一个重要研究课题。[②] 本章将讨论静眼的定义、静眼与运动表现之间的相关性和因果关系、压力对静眼的影响以及静眼训练对注意控制和压力下运动表现的影响。

一、静眼的界定

静眼现象最早由加拿大运动心理学家维克斯（Vickers）于 20 世纪 90 年代提出。[③] 1996 年，维克斯在其文章中将静眼界定为关键动作前对目标的最后注视。2007 年，维克斯出版了一本著作《感知、认知和决策训练：动作中的静眼》（*Perception，Cognition and Decision Training：The Quiet Eye in Action*），在其中对静眼进行了新的界定：始于关键动作前，在目标区域 1°或 3°视角范围内的，持续 100 ms 及以上的最后注视或追踪。[④] 目前，大多数静眼研究中都使用这一界定。维克斯认为，静眼是一种认知过程，在静眼期内，运动参加者对所要执行的动作的方向、力量、

① Wilson，M.，2008："From processing efficiency to attentional control：A mechanistic account of the anxiety performance relationship"，*International Review of Sport and Exercise Psychology*，September.

② 迟立忠等：《当代运动心理学进展：竞技心理》，《北京体育大学学报》2013 年第 9 期。

③ Vickers，J. N. et al.，1992："Gaze control in putting"，*Perception*，February.

④ Vickers，J. N. et al.，2007：*Perception，cognition and decision training：The quiet eye in action*，Champaign，IL，Human Kinetics，p.234.

速度等特征进行预测、计划、编程等认知加工，确保关键动作顺利完成。研究人员还从注意控制理论的角度研究静眼，认为静眼反映了一种自上而下的目标导向注意控制。①

关于“quiet eye”一词的翻译，国内学者有的翻译为“静止眼动”②（如杨勇涛、于淋、孙延林），有的翻译为“静眼”③（如兰顺领、戴清华，于淋、黄志剑）。作者更倾向于后者，这是因为这里的“静”意为“安静”，而非“静止”。“安静”既指眼睛的安静，又指安静的注意力，体现了对注意力的控制。

大多数静眼研究都是实验研究。在实验操作过程中，研究者往往借助眼动追踪仪器对被测试者的眼动行为进行在线采集，然后进行离线分析。视觉-动作整合范式（vision-in-action paradigm）经常被用来测量静眼行为。④ 具体操作为，研究参与者佩戴眼动追踪设备完成特定的运动任务（如定点投篮、投飞镖、高尔夫推杆等），眼动仪的场景摄像机（world camera）以第一人称视角录制运动场景视频，眼动仪的眼睛摄像机（eye camera）采集眼动轨迹。⑤ 两个视频可通过特定软件整合为带有眼动轨迹的场景视频。除此之外，实验过程中，还将使用独立摄像机录制参与者的动作视频。以上为在线采集环节。

对数据的离线分析是用维克斯团队开发的静眼解决方案（quiet eye solutions）软件进行的。具体操作为，将带有眼动轨迹的场景视频和动作视频同时导入该软件中，进行同步化处理，然后逐帧分析，记录关键动作时间节点，并根据关键动作确定在兴趣区内的最后注视点，记录最后注视点的开始和结束时间。最后注视点的起始点为静眼开始时间，结束时刻为静眼结束时间，二者之间为静眼期（quiet eye period），其持续时间为静

① Corbetta, M. et al., 2002: "Control of goal-directed and stimulus-driven attention in the brain", *Nature Reviews Neuroscience*, March; Eysenck, M. W. et al., 2016: *An introduction to applied cognitive psychology*, London, Routledge, pp.329-350.

② 杨勇涛等:《静止眼动和动作表现关系的心理学机制》,《天津体育学院学报》2016 年第 3 期。

③ 兰顺领等:《静眼训练在篮球罚篮技术教学中的实验研究》,《军事体育进修学院学报》2010 年第 4 期；于淋等:《静眼现象及其在运动心理学中的应用》,第十六届全国心理学学术会议论文,南京,2013,第 1915～1916 页。

④ 孙国晓等:《运动目标的视觉追踪:静眼研究进展与前瞻》,《成都体育学院学报》2018 年第 6 期。

⑤ Wood, G. et al., 2010: "A moving goalkeeper distracts penalty takers and impairs shooting accuracy", *Journal of Sports Sciences*, July.

眼持续时间（也称静眼时间或静眼时长，quiet eye duration）。①

二、静眼与运动表现的关系

静眼持续时间被认为与运动表现呈正相关。② 学者们首先采用了专家-新手范式③对静眼与运动表现之间的关系进行研究。研究发现，运动专家具有更长的静眼持续时间，且运动员在成功（击中）时具有更长的静眼期。④

曼恩（Mann）等人开展了一项元分析研究，对静眼与运动表现之间的关系进行综合分析，试图确定视觉注意线索对运动表现的总体影响，同时评估视觉搜索策略与技能水平之间的关系，以及专家和新手差异在多大程度上受研究范式和参与者特征的影响。⑤ 经过文献检索，共有 42 篇文献符合纳入标准，在 1288 名参与者参与的研究中产生了 388 个效应量，45.65%（n=588）的参与者被划分为运动专家，54.35%（n=700）的参与者被划分为新手。使用点二列相关法计算一系列指标（反应准确度、反应时间、视觉注视次数、视觉注视持续时间和静眼期）的效果量。反应准确度和反应时间的测量结果显示，运动专家在知觉线索的提取上优于新手。视觉搜索行为也有系统性差异，与新手相比，专家使用的注视次数更少，注视持续时间更长，其中包括更长的静眼时间，静眼时长可以解释专家和新手差异 62%的方差（点二列相关的平均效果量为 0.62，95% 置信区间为 0.40～0.82）。此外，运动类型、研究范式、刺激呈现方式等多个因素显著调节专业技能水平与知觉认知技能之间的关系。上述研究结果表明，运动专家的反应通常更准确、更迅速；同时，静眼时长是运动专家区别于新手的重要特征，运动专家注视次数通常更少，注视持续时间更长。

---

① 孙国晓:《静眼训练对移动目标任务运动表现的影响》,北京,北京体育大学博士学位论文,2017,第 5 页。

② Vickers, J. N. et al., 1992:"Gaze control in putting", *Perception*, February.

③ 廖彦罡等:《射击运动员的反向眼跳研究》,《天津体育学院学报》2015 年第 4 期;廖彦罡等:《排球运动员观察运动情境图片的眼动分析》,《天津体育学院学报》2009 年第 2 期。

④ Wilson, M. R. et al., 2015: *Aiming for excellence: The quiet eye as a characteristic of expertise*, London, Routledge, pp.22-37.

⑤ Mann, D. T. Y. et al., 2007:"Perceptual-cognitive expertise in sport: A meta-analysis", *Journal of Sport & Exercise Psychology*, June.

最近有研究者提出通过眼电这种客观的电生理指标测量静眼的方法。[①] 这种方法可以在线同步采集眼电信号和脑电信号，避免了后期离线分析时不同类信号间进行同步化而引起的误差。通过更客观的电生理指标测得的静眼时长是否与运动表现相关，尚待检验。本部分拟在专栏5-1中介绍一项实验研究，使用高尔夫推杆任务作为实验任务，检验通过眼电测得的静眼持续时间与推杆表现之间的相关性。

专栏5-1 静眼与运动表现的关系：神经电生理的证据

静眼为何与运动表现相关，即静眼的机制是什么，仍然是有争议的问题。目前讨论最多、争议最大的是动作预编程和在线控制两种机制，二者均得到一些支持。动作预编程（preprogramming）机制认为静眼发挥动作预编程作用，静眼期是认知加工的关键期，静眼期内对关键动作的力量、方向、速度等参数进行了计划和准备，以保证动作的顺利执行。[②] 动作预编程机制得到了前人若干研究的支持。[③] 在线控制（online control）机制认为对动作的实时监控比计划和准备更重要。[④] 在线控制机制也得到

---

① Gallicchio, G. et al., 2018: "Assessing ocular activity during performance of motor skills using electrooculography", *Psychophysiology*, February; Gallicchio, G. et al., 2020: "The quiet eye effect: A test of the visual and postural-kinematic hypotheses", *Sport, Exercise, and Performance Psychology*, February; Mann, D. T. Y. et al., 2011: "Quiet eye and the Bereitschaftspotential: Visuomotor mechanisms of expert motor performance", *Cognitive Processing*, August.

② Vickers, J. N. et al., 1996: "Visual control when aiming at a far target", *Journal of Experimental Psychology: Human Perception and Performance*, April.

③ Williams, A. M. et al., 2002: "Quiet eye duration, expertise, and task complexity in near and far aiming tasks", *Journal of Motor Behavior*, June; Klostermann, A. et al., 2013: "The 'Quiet Eye' and motor performance: Task demands matter", *Journal of Experimental Psychology: Human Perception and Performance*, October; Goh, W. X. et al., 2018: "Pre-movement and during-movement visual search behaviours vary depending on expertise and anxiety levels in ten-pin bowling", *Journal of Sports sciences*, February; Miles, C. A. L. et al., 2017: "Quiet eye training aids the long-term learning of throwing and catching in children: Preliminary evidence for a predictive control strategy", *European Journal of Sport Science*, February; Walters-Symons, R. et al., 2017: "Examining the response programming function of the quiet eye: Do tougher shots need a quieter eye?", *Cognitive Processing*, February.

④ Vine, S. J. et al., 2014: "Quiet eye training: The acquisition, refinement and resilient performance of targeting skills", *European Journal of Sport Science*, January.

了若干研究的支持。① 但是，以往研究都是通过眼动追踪系统测量静眼行为，本研究旨在通过眼电更客观地测量静眼，并考察静眼持续时间与技能表现之间的相关性。

本实验招募了 21 名男性高尔夫新手，平均年龄为 21.71 岁（*SD*＝1.95），均为右利手，视力正常。实验采用被试内设计，自变量为成绩（击中、未击中），因变量为静眼期、静眼前期和静眼后期时长。使用 NeuroScan 64 通道脑电采集与分析系统（Compumedics USA，Inc.）采集眼电（EOG）和肌电（EMG）信号。实验任务为高尔夫推杆。实验过程中，研究参与者站在距球洞中心点 2 m 处将球推向直径 5 cm 的球洞，球洞外画三个直径分别为 10 cm、15 cm、20 cm 的同心圆。为平衡击中与未击中试次数量，球进洞记为击中，球落在最外圆之外记为未击中。本实验中，击中比例为 24.86％（*SD*＝6.33％），未击中比例为 44.64％（*SD*＝ 11.26％）。

实验过程中，每个参与者都被单独测试。参与者进入实验室后，首先签署知情同意书，然后由主试为其佩戴国际 10-20 系统的 64 导银/氯化银（Ag/AgCl）电极帽（Compumedics USA，Inc.），同第三章第二部分实验所介绍的方法对眼电电极进行贴放。右前臂处贴放一对电极采集肌电信号，左侧乳突贴放参考电极（分析时转换为全头平均作为参考）。使用 CURRY② 7.0 采集软件（Compumedics USA，Inc.）在线采集数据。参与者进行 20 次推杆练习，然后进行 100 次正式测试，其中 50 次推杆后休息 5 min。每个试次前有两个蜂鸣声提示，通过刺激电脑上的 E-Prime 程序设置，第一声提示准备，间隔 5 s 后第二声提示开始推杆，之后 15 s 进入下一个试次，每个试次共持续 20 s。刺激计算机与采集脑电计算机连接，在采集数据中打标记。另一名实验员记录推杆成绩。

使用 CURRY 7.0 软件（Compumedics USA，Inc.）分析数据。按以下步骤离线分析：①预览；②设定参考；③基线校正；④去伪迹；⑤根据肌电确定关键动作（推杆后摆）起始点（Mann et al.，2011）；⑥根据水平眼电确定静眼开始和结束时间（Gallicchio et al.，2018）。编号前两名

① Oudejans, R. R. D. et al., 2002: "Aiming at a far target under different viewing conditions: Visual control in basketball jump shooting", *Human Movement Science*, October; Vine, S. J. et al., 2013: "Quiet eye and choking: Online control breaks down at the point of performance failure", *Medicine and Science in Sports and Exercise*, October; Vine, S. J. et al., 2017: "An occlusion paradigm to assess the importance of the timing of the quiet eye fixation", *European Journal of Sport Science*, February.

② CURRY 为软件名称，暂无正式中文译名。

的研究参与者未能测得有效眼电数据，因此眼电数据有 19 个。使用 19 人的静眼前期和后期平均值确定这两名研究参与者的静眼期。

分析的指标包括静眼期、静眼前期和静眼后期的持续时间。静眼是高尔夫推杆后摆前对球 3°视角内持续 100 ms 的最后注视点。静眼开始到结束之间为静眼期，其持续时间为静眼时间；静眼开始到推杆后摆起始点为静眼前期；推杆后摆起始点到静眼结束为静眼后期。使用 SPSS 21.0 软件进行数据统计分析，使用配对样本 t 检验比较击中与未击中时的静眼期、静眼前期和静眼后期时长。

研究结果发现，在静眼时间上，击中和未击中之间具有显著差异，击中试次（$M=678$ ms，$SD=387$）显著长于未击中试次（$M=545$ ms，$SD=316$），t（18）$=3.14$，$p=0.006$，$d=0.72$。在静眼前期上，击中和未击中之间具有显著差异，击中试次（$M=386$ ms，$SD=256$）显著长于未击中试次（$M=305$ ms，$SD=195$），t（18）$=2.22$，$p=0.039$，$d=0.51$。在静眼后期上，击中和未击中之间具有显著差异，击中试次（$M=292$ ms，$SD=159$）显著长于未击中试次（$M=240$ ms，$SD=132$），t（18）$=3.49$，$p=0.003$，$d=0.80$。

对以上结果进行分析。本实验借助神经电生理手段，通过记录和分析眼电测量静眼，同时检验静眼的动作预编程和在线控制机制。首先，成功（进洞）时静眼的持续时间更长。这一结果支持了前人使用眼动仪进行的行为研究中静眼与运动表现呈正相关的发现。① 关于静眼的动作预编程和在线控制机制是一直存在的争议问题，瓦恩（Vine）等人②的行为实验结果发现，发生于关键动作执行过程中的静眼后期对运动表现更为重要，因此支持静眼的在线控制机制。本实验发现，击中试次比未击中试次有更长的静眼后期，这支持了瓦恩等人的发现。同时也说明了静眼在高尔夫推杆中的在线控制的重要作用。然而，本实验还发现，击中比未击中试次也有更长的静眼前期。这表明，静眼可以起到动作预编程和在线控制的作用。本实验结果提示，无论是关键动作前的静眼前期，还是关键动作执行过程

① Lebeau, J-C. et al., 2016: "Quiet eye and performance in sport: A meta-analysis", *Journal of Sport & Exercise Psychology*, October; Mann, D. T. Y. et al., 2007: "Perceptual-cognitive expertise in sport: A meta-analysis", *Journal of Sport & Exercise Psychology*, June.

② Vine, S. J. et al., 2013: "Quiet eye and choking: Online control breaks down at the point of performance failure", *Medicine and Science in Sports and Exercise*, October; Vine, S. J. et al., 2017: "An occlusion paradigm to assess the importance of the timing of the quiet eye fixation", *European Journal of Sport Science*, February.

中的静眼后期，对高尔夫推杆运动表现都是重要的，静眼可以起到动作预编程和在线控制的作用。

关于静眼与运动表现的关系，目前的研究还存在一定的局限。大多数研究只对专家与新手，或只对成功与失败试次进行了横向比较，这只能说明静眼与运动表现之间存在相关关系，不能说明静眼与运动表现之间存在因果关系。将来研究还应该设计实验，通过对静眼期实施操控，尤其是对静眼前期和后期成分进行实验操控，以进一步检验静眼与运动表现之间的因果关系，并检验静眼的动作预编程和在线控制机制。

三、静眼如何支持运动表现

目前，学术界对静眼支持运动表现的机制存在争议。一些研究支持静眼的动作预编程解释，认为动作是在静眼期内进行预编程的，从而确保动作的顺利进行。例如，威廉姆斯（Williams）等人在台球瞄准任务中考察了静眼持续时间、专业技能和任务复杂度之间的关系。① 24 名男性台球运动员参与了该研究的两个实验，根据他们的台球经验和初始测试分为技能熟练组（$n=12$）和技能不熟练组（$n=12$），技能熟练组的平均年龄为 23.17 岁（$SD=3.01$），技能不熟练组的平均年龄为 21.83 岁（$SD=1.85$）。在实验一中，参与者佩戴眼动追踪设备完成三种不同难度（简单、中等和困难）的击球任务。他们进行连续击球，直到每种难度情况下获得 10 次成功和 10 次失败结果。在记录了 10 次成功和 10 次失败的尝试后，参与者得到了 3 分钟的休息，并重新校准了他们的眼动追踪设备。然后参与者进行一系列不同复杂程度的台球击球任务。实验一结果显示，技能熟练运动员在动作准备阶段对目标的注视时间（静眼时长）比技能不熟练的运动员长，静眼的持续时间随击球任务难度的提高而延长，两组中成功试次的静眼时间比失败试次的更长。威廉姆斯（Williams）等人进行了进一步的研究，在实验二中，参与者在三种不同的时间限制条件下进行击球任务，其中静眼时长被操控。结果表明，无论参与者的运动技能水平如何，较短的静眼时长都会导致较差的运动表现。因此，通过上述两个实验，作者认为静眼持续时间代表着瞄准反应中动作计划的一个关键时期。

---

① Williams, A. M. et al. , 2002: "Quiet eye duration, expertise, and task complexity in near and far aiming tasks", *Journal of Motor Behavior*, June.

霍恩（Horn）等人通过比较在随机练习（random practice）和组块练习（blocked practice）条件下进行飞镖投掷任务时的静眼持续时间来探究静眼时长是否可以用来衡量动作参数。① 该研究共招募了 24 名本科生参与，包括 14 名男生和 10 名女生，平均年龄为 22.7 岁（$SD=3.8$）。所有的参与者都是新手。根据测试前的准确度得分将参与者分为两组（每组 7 名男性和 5 名女性），接受组块式或随机式练习。参与者佩戴眼动仪进行正式测试，向一个轴线的目标投掷 30 次，短暂休息后，再向另一个轴线的目标投掷 30 次。每个试次开始之前，参与者被要求手持飞镖准备好并且注视他们面前的提示卡，然后主试慢慢放下提示卡，但要求参与者保持专注于提示卡。一旦参与者把注意力集中在放低的提示卡上，主试就在必要时通知他们投掷目标，并让他们在准备好的时候开始投掷。组块练习组在每一试次开始时就被告知投掷目标，随机练习组在注视降低的提示卡之后再被告知投掷目标，目标顺序是随机的。结果发现，随机练习和垂直轴上的目标变化比组块练习和水平轴上的目标变化表现出更长的静眼持续时间。结果表明，静眼不仅是任务完成准确性的中介因素，而且对任务预编程有重要影响。

克劳斯特曼（Klostermann）等人在静眼领域引入了一种新的研究范式，通过操控动作开始前的静眼时间来检验静眼在运动表现中的作用以及静眼现象背后的潜在机制。② 克劳斯特曼等人进行了两项实验。实验一招募了 22 名体育专业学生，包括 13 名男性（平均年龄为 21.3 岁，$SD=0.8$）和 9 名女性（平均年龄为 22.2 岁，$SD=1.9$）。所有人视力正常，且不知道研究目的。参与者佩戴眼动仪，站在与显示刺激的大屏幕（宽 3.6 m，高 2.4 m）相距 3.2 m 的地方向目标投掷，被要求尽可能击中靶盘（直径 0.4 m）中心。投掷动作由外部节奏操控，并与目标靶盘在其最终位置呈现的时刻一致。此外，目标靶盘在大屏幕上的持续显示时间被实验操纵，使其在屏幕最终位置上呈现的时间长短不一。结果显示，参与者在目标长呈现（long presentation）条件下的静眼时间明显长于短呈现（short presentation）条件，而长呈现条件下的投掷表现明显好于短呈现条件。实验一表明，静眼不仅仅是卓越表现的伴随物，而是在促进运动表

① Horn, R. R. et al., 2012: "Quiet eye duration is responsive to variability of practice and to the axis of target changes", *Research Quarterly for Exercise and Sport*, January.

② Klostermann, A. et al., 2013: "The 'Quiet Eye' and motor performance: Task demands matter", *Journal of Experimental Psychology: Human Perception and Performance*, October.

现中起到了重要作用。克劳斯特曼等人在实验二中进一步探究了在静眼期内要处理的信息量是否会影响静眼促进运动表现的效果。22 名未参加实验一的体育专业学生参加了实验二，其中包括 13 名男性（平均年龄为 22.4 岁，*SD*＝2.9）和 9 名女性（平均年龄为 22.2 岁，*SD*＝1.7）。在实验二中，除了静眼时长之外，静眼期内要处理的信息量还通过改变最终目标位置的可预测性来控制。结果显示，静眼期与任务需求之间有着显著的交互作用，当且仅当静眼期间要处理的信息量很高时，较长的静眼持续时间才有利于投掷表现。

克劳斯特曼（Klostermann）等人进而探究了不同视觉信息处理条件下静眼促进运动表现的效果。[①] 20 名参与者参加了该研究，研究为期两天，第一天训练，第二天测试。实验任务是在虚拟目标靶盘上尽可能精确地投球。使用 VICON-T20 系统测量表现数据，并使用移动眼动仪记录凝视行为。参与者的静眼时长是通过使用音频控制运动阶段和静眼开始时间来操控的。此外，通过实验操纵视觉处理需求，在不同的静眼期内，目标靶盘要么立即呈现，要么在闪烁提示的位置延迟呈现。该研究计算了静眼开始和偏移的平均值以及径向误差，并用重复测量方差分析和配对样本 *t* 检验进行分析。结果显示，只有在缩短视觉信息处理时间的情况下，更长的静眼持续时间才会促进运动表现。此外，将静眼时间延长到与任务相关的临界值之上并不能提升其作用效果。上述研究为预编程解释提供了实证支持。

还有学者认为，静眼的晚期成分比早期成分更为重要，可起到在线控制的作用。乌德扬斯（Oudejans）等人采用视觉遮蔽范式（occlusion paradigm）探究晚期视觉是否会对篮球跳投动态任务产生一定影响。[②] 该研究共招募了 10 名经验丰富的男子篮球运动员参与，年龄 17～38 岁，篮球经历 9～24 年，参与者均为右利手。每位参与者在四种视觉处理条件下进行跳投，每种条件包含 5 次练习和 25 次正式试验，一共完成 100 次正式试验。四种条件分别是：早期视觉条件（球释放前最后 350 ms 视觉被遮挡），晚期视觉条件（倒数 350 ms 之前的视觉被遮挡），全视觉条件和无视觉条件。结果发现，晚期视觉条件下的投篮表现与全视觉条件相当，

① Klostermann, A. et al., 2014: "The quiet eye without a target: The primacy of visual information processing", *Journal of Experimental Psychology: Human Perception and Performance*, December.

② Oudejans, R. R. D. et al., 2002: "Aiming at a far target under different viewing conditions: Visual control in basketball jump shooting", *Human Movement Science*, October.

而早期视觉条件下的投篮表现却明显更差。结果表明，最后的投篮动作是由投球前的视觉信息控制的，最后 350 ms 的视觉信息对投篮成绩起着更重要的作用。尽管乌德扬斯等人的研究不是一项围绕静眼开展的研究，但却间接地支持了静眼的在线控制机制。

静眼是高度熟练的知觉和运动表现的一个特征，已经被证明对焦虑的增加很敏感。瓦恩（Vine）等人第一次研究了在表现失败时焦虑增加对静眼的影响。[①] 50 名专业高尔夫球手自愿参与了本项研究，他们的平均年龄为 29.34 岁（$SD=14.00$），均为右利手。参与者佩戴眼动仪进行推杆。参与者首先在 3 m 的距离内进行 20 次连续的高尔夫推杆练习，练习结束之后，使用心理准备李克特量表对焦虑水平进行基线测量。然后，参与者进行高尔夫推杆正式试验，即在 1.5 m 处尽可能多地将球推入洞中而不漏球。参与者连续成功推杆的次数 3～237 次不等（$M=23.06$，$SD=35.04$）。如果参与者第一次或第二次连续推杆失败，他们将有机会在短暂休息后再次参加，一共有三次机会。为了激励参与者并增加其所承受的压力水平，连续推杆次数最多的人将获得 50 英镑奖金。此外，参与者收到了他们 20 次推杆练习的自我威胁反馈，并被告知，自己在 20 次推杆练习中的表现在已经参加的选手中排名倒数 30%。最后，参与者被告知他们的分数将在所有参与研究的参与者中分享。一旦连续进球中断，参与者就需填写心理准备李克特量表，在推杆开始和结束时取其得分的平均值，得出整个推杆过程中焦虑的总水平，并与基线测量值进行比较。比较压力情境下第一次、倒数第二次以及最后一次推杆的静眼持续时间。为了更具体地探讨焦虑的影响，该研究同时检验了在推杆运动前、进行中和之后静眼持续时间的差异，比较了不同焦虑水平下静眼前期、静眼在线期和静眼驻留期的差别。结果显示，与第一次和倒数第二次推杆相比，最后一次推杆的总静眼持续时间显著缩短。在静眼前期上，三次推杆之间无明显差异；但在静眼在线期和驻留期上，最后一杆（也即失误的那一杆）显著短于其他推杆。这些发现支持了注意控制理论的预测，并提示静眼可能具有在线控制功能，在运动执行过程中提供感知觉信息。

瓦恩等人在另一项高尔夫推杆研究中探讨了静眼的“时间”的意义，以及晚期（在线控制）或早期（预先编程）视觉信息对推杆准确性的相对

① Vine, S. J. et al., 2013: “Quiet eye and choking: Online control breaks down at the point of performance failure”, *Medicine and Science in Sports and Exercise*, October.

重要性。[①] 27 名专业高尔夫球手自愿参与了本项研究，他们的平均年龄为 24.53 岁（$SD=8.57$），均为右利手。参与者单独进行测试，20 次推杆练习之后，分别在早期视觉遮掩、晚期视觉遮掩和无遮掩三种条件下进行高尔夫推杆正式试验。研究测量了推杆表现、静眼特征以及与推杆相关的动力学变量。结果显示，与控制条件（无遮挡）相比，仅提供早期视觉信息（遮挡晚期视觉信息）对运动表现有显著的不利影响。相反，仅提供晚期视觉信息（遮挡早期视觉信息）对运动表现没有明显的不利影响，其结果与控制条件下的结果相似。这些研究结果表明，在击球时，在动作执行过程中提取的视觉信息（静眼晚期）是至关重要的。这些结果挑战了一种主流观点，即静眼只具备一种预先编程的功能。瓦恩等人认为，静眼更可能被用于在线控制高尔夫推杆动作。

静眼持续时间并不是越长越好。有时注意需要在不同线索之间切换（switching），如果对某个点注视过长，就有可能无法及时获取其他更重要的信息。[②] 奇亚（Chia）等人探索了专业保龄球手和保龄球新手在成功和失败及不同难度条件下的静眼特征。[③] 研究共有 12 人参与，包括 6 名（4 男 2 女，平均年龄为 18.0 岁，$SD=1.55$）专业保龄球手和 6 名（2 男 4 女，平均年龄为 23.0 岁，$SD=1.67$）没有任何比赛经验的保龄球新手。每个参与者单独测试，佩戴眼动仪在简单和困难两种条件下各完成了 20 次试验。参与者手持球，在每次试验前看向场记板进行校准检查，这也确保了所有参与者同时开始瞄准过程。场记板用于提示每次测试的开始，球的释放表示本次测试的结束。在每次试验之前，参与者对他们感知到的任务难度和自信心进行评分。参与者被允许在必要时休息，以尽量减少疲劳对表现的影响。结果发现，在这两种情况下，专业保龄球手的静眼持续时间都比保龄球新手的静眼持续时间长得多。然而，击中与未击中时的静眼时长并无差异，静眼时长和任务难度之间也无相关关系。进一步的详细分析揭示了个体之间静眼特征的显著差异，奇亚等人认为静眼时长与运动表现之间的关系依任务类型和个体动作特征而异，而仅仅使用静眼时长一个单一变量来预测运动表现是有局限性的。

---

① Vine, S. J. et al., 2017: "An occlusion paradigm to assess the importance of the timing of the quiet eye fixation", *European Journal of Sport Science*, February.

② Vickers, J. N. et al., 2011: "Mind over muscle: The role of gaze control, spatial cognition, and the quiet eye in motor expertise", *Cognitive Processing*, August.

③ Chia, S. J. et al., 2016: "Focus of attention influences quiet-eye behavior: An exploratory analysis of variations in quiet eye duration within and between levels of expertise", *International Journal of Sport and Exercise Psychology*, January.

静眼持续时间可能并非越长越好，皮拉斯（Piras）和维克斯（Vickers）的研究也说明了这一问题。[①] 皮拉斯和维克斯探讨了足球罚点球中踢球的方式（脚背/内侧）是否会导致注视分配方式的差异以及注视转移和静眼持续时间对扑救和进球的影响。该研究招募了7名男性守门员和7名男性踢球者。踢球者和守门员都有较高水平的俱乐部或大学校队足球经验，所有参与者的视力正常。在测试之前，守门员进行20分钟的拉伸和热身，然后佩戴眼动仪并进行校准。经过校准后，守门员对5次踢球做出反应，以适应眼动仪。准备好之后，踢球者在球后至少4 m处开始助跑。踢球方式是随机的，每个踢球者进行相同数量的脚背踢和内侧脚踢。参与者被要求尽可能多地进球，并全速踢腿。每次踢球之前，在守门员不知情的情况下，将踢球的方式告知踢球者。守门员面对连续15次射门，然后休息5 min，最后又面对射门15次。采用便携式眼动仪和外置摄像机采集守门员的注视和运动行为以及罚点球运动员的运动行为和球的飞行情况。结果发现，当守门员对球的最后注视（final fixation，即静眼）过长时，会导致对射手身体动作的注意不足，从而增加失败的可能性。

这些研究也提示，静眼的时长（duration）本身可能未必如人们所想象的那么重要，可能并非静眼的任一阶段都很重要。[②] 近几年的研究倾向于将静眼期分段，分析不同阶段的静眼对绩效的不同影响。为了探讨静眼与运动成绩之间的因果关系以及静眼期不同阶段的作用，笔者拟在以下四个专栏中为读者呈现四项实验研究，以移动目标投掷任务（拦截任务）为实验任务，通过视觉遮蔽、视觉干扰和第二任务阻断法等方式操纵静眼的起止时间，以操纵静眼持续时间，观察投掷成绩发生的变化。

专栏5-2 早期视觉遮蔽对运动表现的影响

本实验目的是在拦截类任务中操纵静眼的发生，并研究其对静眼期持续时间和后续技能表现的影响。具体而言，借助视觉遮蔽法延迟视觉跟踪目标的开始时间，从而缩短静眼期。[③] 实验假设，遮蔽目标轨迹的早期部

---

① Piras, A. et al., 2011: "The effect of fixation transitions on quiet eye duration and performance in the soccer penalty kick: Instep versus inside kicks", *Cognitive Processing*, August.

② Vine, S. J. et al., 2017: "An occlusion paradigm to assess the importance of the timing of the quiet eye fixation", *European Journal of Sport Science*, February.

③ Klostermann, A. et al., 2014: "The quiet eye without a target: The primacy of visual information processing", *Journal of Experimental Psychology: Human Perception and Performance*, December; Williams, A. M. et al., 2002: "Quiet eye duration, expertise, and task complexity in near and far aiming tasks", *Journal of Motor Behavior*, June.

分会导致静眼的开始延迟，静眼期变短，并导致技能表现变差；且遮蔽越多，静眼的开始越晚，静眼期越短（尤其是在运动开始之前），技能表现受损的程度也会越大。

这项研究招募了平均年龄 20.76 岁（$SD=1.58$）的 22 名参与者（13 名女性）。使用一台 ASL 眼动仪（ASL，Bedford，MA）以 30 Hz 的频率来监测注视点；使用一台 GoPro Hero 3 + silver[①]（GoPro，Inc.，California，USA）摄像机，以 30 Hz 的频率记录右手臂运动；使用一台索尼 SLT-A65V[②] 摄像机（Sony Corporation，Tokyo，Japan）记录投掷成绩。实验任务是将乒乓球抛向一个移动的圆形目标（直径 0.26 m）。实验条件包括三种：非遮蔽（对照）、小遮蔽和大遮蔽。在非遮蔽条件下，目标在 500 ms 的空白屏幕后出现在中心，在按下按钮后保持 500 ms 静止，然后开始向左或向右移动。从目标开始移动的那一刻起，不同大小的遮蔽就出现了，并永久地停留在屏幕的中央，从而遮挡了目标的早期轨迹。

参与者练习 36 次后进行了 48 次正式测试，包括三种测试条件。使用电子表格（Excel）生成随机序列，所有参与者都遵循相同的伪随机顺序，而不知道操作的顺序。[③] 测量的指标包括投掷成绩、静眼持续时间（quiet eye duration，QED）、静眼开始时间（quiet eye onset，QE onset）、静眼结束时间（quiet eye offset，QE offset）、静眼前期（QE-pre）、静眼在线期（QE-online）和静眼驻留期（QE-dwell）。前四个静眼指标不再赘述，静眼前期被定义为在手臂前伸开始之前发生的静眼的一部分，反映了预处理加工过程（运动开始前的视觉跟踪）。静眼在线期的定义是球向目标飞行过程中的静眼部分（手臂开始移动后，球离开手之前）。静眼驻留期被定义为球离开手后仍停留在目标上的静眼部分。由于眼动仪的校准问题，5 个数据被剔除。使用 SPSS 24.0 软件进行统计分析。对每个因变量指标进行重复测量方差分析，以检验三种条件之间差异的显著性。

研究发现，遮蔽显著影响了静眼开始时间（非遮蔽 274 ms，$SD=25$；小遮蔽 507 ms，$SD=28$；大遮蔽 649 ms，$SD=41$），F（2，15）$=1294.59$，$p<0.001$，偏 $\eta^2=0.97$。遮蔽显著影响了静眼结束时间（非遮蔽 982 ms，$SD=213$；小遮蔽 1027 ms，$SD=197$；大遮

① 此为摄像机的品牌名称和型号，暂无正式中文译名。

② 此为摄像机的型号，暂无正式中文译名。

③ 孙国晓：《静眼训练对移动目标任务运动表现的影响》，北京，北京体育大学博士学位论文，2017，第 23 页。

蔽 1080 ms，$SD=148$），F（2，15）$=7.14$，$p<0.01$，偏 $\eta^2=0.31$。遮蔽还显著影响了静眼持续时间（非遮蔽 708 ms，$SD=216$；小遮蔽 520 ms，$SD=199$；大遮蔽 431 ms，$SD=159$），F（2，15）$=52.65$，$p<0.001$，偏 $\eta^2=0.88$。

遮蔽显著影响了关键动作前的静眼前期（非遮蔽 77 ms，$SD=64$；小遮蔽 19 ms，$SD=63$；大遮蔽 -41 ms，$SD=67$），F（2，15）$=45.26$，$p<0.001$，偏 $\eta^2=0.74$。遮蔽显著影响了关键动作执行过程中的静眼在线期（非遮蔽 196 ms，$SD=34$；小遮蔽 169 ms，$SD=51$；大遮蔽 154 ms，$SD=37$），F（2，15）$=7.00$，$p=0.003$，偏 $\eta^2=0.30$。遮蔽显著影响了关键动作完成后的静眼驻留期（非遮蔽 433 ms，$SD=220$；小遮蔽 307 ms，$SD=210$；大遮蔽 269 ms，$SD=146$），F（2，15）$=20.52$，$p<0.001$，偏 $\eta^2=0.56$。遮蔽操控还显著影响了投掷成绩（非遮蔽 22.24 cm，$SD=5.54$；小遮蔽 26.01 cm，$SD=7.48$；大遮蔽 30.00 cm，$SD=6.61$），F（2，20）$=25.63$，$p<0.001$，偏 $\eta^2=0.55$。以上各变量中，三种条件彼此之间的差异均达到统计学显著性水平。

对以上结果进行分析，如实验所预期的，视觉遮蔽操作不同程度地延迟了静眼的发生，导致留下更少的时间来追踪目标（静眼持续时间缩短），并降低了操作任务的准确性。该研究结果补充了拦截任务中为数不多的静眼研究的观点。① 说明静眼不仅仅是成功表现的伴随品，而且在动作计划和控制中起着关键作用。② 具体来说，获得有关目标运动的早期信息对于成功预测目标在其轨迹中的稍后位置非常重要，有助于对精确的投掷动作进行计划和执行。③ 这是探究静眼持续时间对拦截任务效能影响的第一项研究，研究结果加深了我们对早期视觉信息对于精确计划和控制有时间限制的任务的重要性的理解。

---

① Causer, J. et al., 2010:"Quiet eye duration and gun motion in elite shotgun shooting", *Medicine & Science in Sports & Exercise*, August; Panchuk, D. et al., 2006:"Gaze behaviors of goaltenders under spatial-temporal constrains", *Human Movement Science*, December; Panchuk, D. et al., 2009:"Using spatial occlusion to explore the control strategies used in rapid interceptive actions: Predictive or prospective control", *Journal of Sports Sciences*, October; Piras, A. et al., 2011:"The effect of fixation transitions on quiet eye duration and performance in the soccer penalty kick: Instep versus inside kicks", *Cognitive Processing*, August.

② Klostermann, A. et al., 2013:"The 'Quiet Eye' and motor performance: Task demands matter", *Journal of Experimental Psychology: Human Perception and Performance*, October.

③ 孙国晓：《静眼训练对移动目标任务运动表现的影响》，北京，北京体育大学博士学位论文，2017，第 31～32 页。

专栏 5-3　早期视觉干扰对运动表现的影响

专栏 5-2 实验的一个局限是对目标的遮蔽导致早期信息不完整，因此，需要设计实验，使目标全部可见，但又能够操控静眼的开始时间，以探讨静眼早期阶段对运动表现的影响。本实验在目标移动轨迹的早期阶段引入视觉干扰刺激，以进一步探讨静眼早期信息对运动表现的影响。这一视觉干扰刺激会吸引研究参与者的注意力，同样能够延迟静眼开始时间，但是目标信息却能够全程可见。实验采用单因素被试内设计。自变量是条件，包括干扰条件和非干扰条件两种处理。因变量包括静眼持续时间、静眼开始时间、静眼结束时间和投掷成绩。

从校园内通过发放招募彩页招募了 15 名大学生运动员（9 名女性），平均年龄为 20.93 岁（$SD=1.71$）。实验任务为移动目标投掷任务。控制条件与上述实验中的非遮蔽条件一致，控制条件任务与 10 次干扰任务交替进行。蓝色卡通图片为干扰刺激。卡通图片从目标开始移动时出现，并开始移动，然后在目标移动后 500 ms 后消失，也就是说，在目标的早期阶段出现。

每个参与者都被单独测试。研究人员首先解释并演示了一次投掷任务，然后参与者练习 2 次。对眼动仪进行校准，然后每 6 次试验检查一次，以确保准确记录。参与者又进行了 36 次练习，以熟悉任务的操作（按下按钮、跟踪目标、投球），然后在每种测试条件下进行两次尝试。参与者共进行了 48 次正式试验，包括两种测试条件（干扰和非干扰）。为 48 个试验生成一个随机序列，所有参与者都遵循相同的伪随机顺序，但他们不知道操作顺序。研究人员统计了静眼指标和投掷成绩指标。

结果发现，干扰条件的设置显著影响了静眼开始时间（非干扰条件下为 310 ms，$SD=30$；干扰条件下为 417 ms，$SD=24$），影响了静眼持续时间（非干扰条件下为 728 ms，$SD=162$；干扰条件下为 629 ms，$SD=137$），但是未影响静眼结束时间（非干扰条件下为 1004 ms，$SD=170$；干扰条件下为 1013 ms，$SD=151$）。干扰条件的设置对投掷成绩也有显著影响（非干扰条件下为 17.42 cm，$SD=4.88$；干扰条件下为 23.36 cm，$SD=6.69$）。这些结果与预期一致。

本实验使用干扰图片操控静眼开始时间，结果发现，图片干扰导致静眼开始时间提前，而对静眼结束时间未产生影响。这表明，获取运动目标的早期视觉信息，有助于准确预测运动路径，准确规划运动，最终提高运动表现。这些结果进一步支持了克劳斯特曼（Klostermann）等人[①]和威廉姆斯（Williams）等人[②]的观点，即静眼在动作的预编程中起作用。

本实验研究首次采用实验方法在拦截类运动中操控静眼，以检验静眼持续时间与运动表现之间的因果关系，并进而探讨静眼的机制。前人许多研究支持延长静眼期对运动表现的积极作用[③]，本研究提供了更有力的佐证。然而，实验未操控移动目标的晚期信息，将来研究应该操控静眼结束时间，以更全面地了解静眼的机制问题，即静眼的晚期成分是否重要，静眼是否发挥在线控制作用。

专栏 5-4　晚期视觉遮蔽对运动表现的影响

专栏 5-2 和专栏 5-3 的实验仅仅操控了移动目标运动轨迹的早期部分，因而无法探讨静眼晚期阶段对于投掷成绩的作用，更无法探析静眼的在线控制作用。静眼的早期成分（early proportion）和晚期成分（late proportion）所起的作用并不冲突，二者可能都是必不可少的。那么，静眼早期与晚期成分哪个更为重要？本实验通过视觉遮蔽方法操控静眼晚期阶段，探讨静眼晚期信息的遮蔽对投掷成绩的可能影响。本实验旨在通过操控静眼的结束时间和静眼的持续时间，进一步探讨静眼与运动成绩之间的因果关系，并进一步探讨后期视觉信息在支持拦截任务绩效中的作用。

尽管大多数研究支持预先编程的解释，但瓦恩（Vine）等人发现[④]，在高尔夫推杆中遮挡晚期视觉信息对表现有显著的负面影响，而遮挡早期信息并不影响推杆的表现[⑤]。前两个实验的研究结果表明，对于拦截任务来说，早期信息是重要的，尽管遮蔽也会通过延迟投掷的启动来影响在线控制（影响静眼在线期和静眼驻留期）。在前两个实验中，由于不能对晚期信息的功能作用给出明确的结论，本实验同时操纵了早期和晚期视觉

---

① Klostermann, A. et al., 2014: "The quiet eye without a target: The primacy of visual information processing", *Journal of Experimental Psychology: Human Perception and Performance*, December.

② Williams, A. M. et al., 2002: "Quiet eye duration, expertise, and task complexity in near and far aiming tasks", *Journal of Motor Behavior*, June.

③ Klostermann, A. et al., 2013: "The 'Quiet Eye' and motor performance: Task demands matter", *Journal of Experimental Psychology: Human Perception and Performance*, October.

④ Vine, S. J. et al., 2015: "Individual reactions to stress predict performance during a critical aviation incident", *Anxiety, Stress & Coping*, July.

⑤ Oudejans, R. R. D. et al., 2002: "Aiming at a far target under different viewing conditions: Visual control in basketball jump shooting", *Human Movement Science*, October.

信息。

本研究招募了21名参与者（12名女性）。他们都是右利手，视力正常（或矫正正常），平均年龄24.38岁（$SD=2.58$），没有接触过实验任务。有四种实验条件：非遮蔽条件（控制条件）与上述实验相同，早期遮蔽条件遮住了轨道的前300 ms，晚期遮蔽条件遮住了轨道的后300 ms（从550 ms到850 ms），双重遮蔽条件同时采用了早期遮蔽和晚期遮蔽。参与者在展示四种遮蔽条件之前完成了练习（40次），并在每种条件下进行了两次试验。参与者随后完成了40个实验试次，包括在四种条件下各进行10次，这些试次以伪随机顺序呈现。眼动仪的校准是每5次检查一次，以确保注视点被准确记录。使用SPSS 24.0软件进行统计分析。采用重复测量方差分析比较各变量在不同条件下的差异。

使用SPSS 24.0软件进行统计分析发现，遮蔽操作导致静眼开始时间发生显著变化，$F(3, 18)=436.08$，$p<0.001$，偏$\eta^2=0.96$。早期遮蔽（$M=498$ ms，$SD=37$）和双重遮蔽（$M=481$ ms，$SD=40$）条件下静眼开始时间晚于非遮蔽（$M=276$ ms，$SD=51$）和晚期遮蔽（$M=268$ ms，$SD=37$）条件，$p<0.001$。非遮蔽和晚期遮蔽（$p=0.28$）、早期遮蔽和双重遮蔽（$p=0.08$）之间没有显著差异。遮蔽操作导致静眼结束时间发生显著变化，$F(3, 18)=55.85$，$p<0.001$，偏$\eta^2=0.74$，晚期遮蔽（$M=563$ ms，$SD=55$）和双重遮蔽（$M=625$ ms，$SD=33$）下明显早于非遮蔽（$M=983$ ms，$SD=169$）和早期遮蔽（$M=1022$ ms，$SD=164$），$p<0.001$。非遮蔽和早期遮蔽条件下有边缘显著差异（$p=0.054$），晚期遮蔽明显早于双遮蔽条件（$p<0.001$）。遮蔽操作导致静眼持续时间发生显著差异，$F(3, 18)=125.61$，$p<0.001$，偏$\eta^2=0.86$。非遮蔽（$M=707$ ms，$SD=195$）条件下静眼持续时间最长，其次是早期遮蔽（$M=524$ ms，$SD=185$），再次是晚期遮蔽（$M=295$ ms，$SD=68$），双重遮蔽条件（$M=143$ ms，$SD=22$）下静眼持续时间最短。

遮蔽操作对静眼前期也有显著影响，$F(3, 18)=10.11$，$p<0.001$，偏$\eta^2=0.34$。早期遮蔽再次导致静眼前期持续时间缩短；与非遮蔽（$M=195$ ms，$SD=65$）和晚期遮蔽（$M=183$ ms，$SD=82$）相比，早期遮蔽（$M=128$ ms，$SD=79$）和双重遮蔽（$M=113$ ms，$SD=80$）时显著缩短（$p<0.05$）。非遮蔽和晚期遮蔽（$p=0.45$）、早期遮蔽和双重遮蔽（$p=0.46$）之间没有显著差异。不同条件下静眼在线期持续时间也有显著差异，$F(3, 18)=32.74$，$p<0.001$，偏$\eta^2=0.62$。非遮蔽（$M=192$ ms，$SD=49$）和早期遮蔽（$M=191$ ms，$SD=74$）条件之间没

有差异（$p=0.956$），但这两种情况都明显长于晚期遮蔽（$M=101$ ms，$SD=100$）或双重遮蔽（$M=28$ ms，$SD=74$）条件。最后，与双重遮蔽条件相比，晚期遮蔽下的静眼持续时间更长（$p<0.001$）。不同条件下静眼驻留期持续时间也有显著差异（$p<0.001$），$F(3, 18)=108.16$，$p<0.001$，偏 $\eta^2=0.84$。非遮蔽（$M=311$ ms，$SD=187$）条件下，静眼停留时间最长，其次是早期遮蔽（$M=188$ ms，$SD=173$），再次是晚期遮蔽（$M=-86$ ms，$SD=116$），双重遮蔽（$M=-171$ ms，$SD=72$）时最短。

遮蔽操作对投掷成绩有显著影响，$F(3, 18)=23.78$，$p<0.001$，偏 $\eta^2=0.54$。与其他三种遮蔽条件相比，非遮蔽（$M=24.88$ cm，$SD=7.84$）条件下径向误差明显更小，$p<0.001$。早期遮蔽（$M=33.68$ cm，$SD=11.38$）和晚期遮蔽（$M=31.88$ cm，$SD=9.56$）下的径向误差无显著性差异（$p=0.26$）。双遮蔽（$M=37.83$ cm，$SD=14.54$）条件下的径向误差显著大于早期遮蔽（$p=0.006$）和晚期遮蔽（$p=0.003$）条件。

为了更好地理解静眼期的后半部分对拦截类任务表现具有多大作用，本实验遮挡了目标轨迹后半部分，并对早期遮蔽和晚期遮蔽的效果进行了比较。同预期一样，最差和最好的操作表现以及最短和最长的静眼持续时间，分别出现在双遮蔽和非遮蔽条件下。最有趣的比较是早期和晚期遮蔽条件。尽管处于晚期遮蔽状态的参与者总体静眼持续时间（约 300 ms）比早期遮蔽条件下（约 520 ms）更短，但他们的表现仍保持在相似水平。来自不同静眼阶段的数据显示，静眼前期在晚期遮蔽条件下明显长于早期遮蔽条件，而静眼在线期和驻留期则相反。综合这些结果，似乎说明，获得早期信息可以在一定程度上弥补由于后期视觉信息被遮挡而导致的总体静眼持续时间减少，因此支持静眼早期更为重要，也即静眼发挥预编程作用的结论。① 但是，考虑到晚期遮蔽条件下的投掷成绩差于控制条件，静眼晚期阶段对拦截任务技能表现的作用不能忽视。

专栏 5-5　晚期视觉阻断对运动表现的影响

本专栏介绍一项实验研究，通过设计使目标全部可见，但又能够操控静眼结束时间，进一步探讨静眼晚期阶段对运动表现的影响。本实验在目

① Panchuk, D. et al., 2009: "Using spatial occlusion to explore the control strategies used in rapid interceptive actions: Predictive or prospective control", *Journal of Sports Sciences*, October.

标移动轨迹的晚期阶段引入一项字母报告任务，使静眼结束时间提早结束，以进一步探讨静眼晚期信息对运动表现的影响。本实验假设：字母报告任务会使静眼结束时间提前，静眼时间变短，从而导致投掷成绩变差。

从校园中通过发放彩页的形式招募16名大学生运动员（5名男性，11名女性）。研究参与者均未曾参加过本实验中的移动目标投掷任务。该研究采用了被试内设计。自变量为条件，包括阻断和控制两种处理。因变量有操控检查指标（字母报告错误率）、静眼指标（包括静眼持续时间、静眼开始及结束时间）和运动表现（投掷成绩）。通过字母报告任务操控静眼结束时间，用圆圈将字母“b”或“d”圈住，要求研究参与者在字母出现时报告圆圈中的字母“b”或“d”。字母出现于目标开始移动后的550 ms或2000 ms，呈现时间为400 ms。2000 ms时目标已经移出屏幕，所以为控制条件。

请参与者首先完成40试次控制条件下的实验任务作为练习，然后完成20试次有字母报告任务（阻断条件）的投掷任务，其中阻断条件（字母于550 ms时出现）和控制条件（字母于2000 ms时出现）各10个试次，平衡两种条件的呈现顺序。测量字母报告错误率（letter identification errors），即字母报告任务中错误次数的比率，作为操控检查指标。使用ASL便携式眼动仪（ASL，Bedford，MA）测量静眼指标，包括静眼开始时间、静眼结束时间和静眼持续时间。利用索尼SLT-A65V摄像机（Sony Corporation，Tokyo，Japan）录制投掷成绩视频。使用SPSS 24.0软件进行数据统计分析，使用重复测量方差分析比较两种条件下的静眼开始时间、静眼结束时间、静眼持续时间和运动表现。

操控检查发现，阻断条件和控制条件下的字母报告错误率无显著差异（阻断条件为 $M=0.013$，$SD=0.03$；控制条件为 $M=0.006$，$SD=0.03$），$F(1, 15)=0.32$，$p=0.58$，偏 $\eta^2=0.71$。在所有试次中，仅有三个试次中研究参与者没有报告字母，其中两次是在阻断条件，一次是在控制条件。因此，本实验未将以上未报告字母的三个试次纳入统计分析。

结果发现，阻断条件（$M=306$ ms，$SD=34$）和控制条件（$M=307$ ms，$SD=56$）下的静眼开始时间无显著差异，$F(1, 15)=0.001$，$p=0.97$，偏 $\eta^2<0.001$。阻断条件（$M=617$ ms，$SD=125$）下的静眼结束时间显著早于控制条件（$M=909$ ms，$SD=200$），$F(1, 15)=41.91$，$p<0.001$，偏 $\eta^2=0.74$。阻断条件（$M=344$ ms，$SD=125$）下的静眼持续时间显著短于控制条件（$M=636$ ms，$SD=201$），

F（1，15）$=37.26$，$p<0.001$，偏 $\eta^2=0.71$。结果符合预期。阻断条件（$M=22.67$ cm，$SD=6.21$）下的投掷成绩显著差于控制条件（$M=16.51$ cm，$SD=4.87$），F（1，15）$=23.91$，$p<0.001$，偏 $\eta^2=0.61$，这与预期也是一致的。

分析以上结果，如研究所预期的，字母报告任务显著提前了静眼结束时间，说明实验操控是成功的。字母报告并未对静眼开始时间产生影响，但影响了静眼结束时间，导致静眼期缩短，并导致成绩变差。实验结果同时说明，静眼晚期阶段对运动表现也很重要，因而支持了静眼的在线控制解释。① 总而言之，通过实验操控提前阻断静眼期，可以缩短静眼持续时间，从而导致运动成绩变差。② 这说明，静眼与运动表现之间不仅仅是横向关联关系，还具有因前果后的关系。

四、竞赛压力对静眼的影响

研究表明，压力会缩短静眼期。如威尔逊（Wilson）等人在篮球罚篮的研究中发现，压力导致静眼期缩短。③ 威尔逊等人通过设置竞争条件创建了高压力情境，并使 10 名大学生男子篮球运动员在高压力情境和低压力情境下分别完成罚篮任务，同时对其在任务过程中的眼动行为进行了记录。研究结果表明，在高压力情境下，大学生运动员在完成任务过程中的静眼持续时间受到了显著的影响，其在罚篮瞄准阶段的静眼期显著缩短，同时其罚篮的准确率也有明显的下降。这说明，通过设置竞争条件而引起的压力造成了个体眼动行为，特别是静眼期持续时间的改变，并干扰了个体的任务表现。

威尔逊等人在足球射门的研究中则通过告知参与者在点球任务完成后会将所有参与者的任务得分和姓名发送给所有参与者，并给予在任务中得分最高的参与者 50 英镑的奖励而创设了高压力情境。④ 研究发现，与在

---

① Vine, S. J. et al., 2017: "An occlusion paradigm to assess the importance of the timing of the quiet eye fixation", *European Journal of Sport Science*, February.

② 孙国晓:《静眼训练对移动目标任务运动表现的影响》,北京,北京体育大学博士学位论文,2017,第 43～46 页。

③ Wilson, M. R. et al., 2009: "The influence of anxiety on visual attentional control in basketball free throw shooting", *Journal of Sport & Exercise Psychology*, April.

④ Wilson, M. R. et al., 2009: "Anxiety, attentional control, and performance impairment in penalty kicks", *Journal of Sport & Exercise Psychology*, December.

仅被要求尽自己最大努力完成点球任务即可的低压力情境下相比，参与者在高压力情境下进行的点球任务过程中表现出了更短的静眼时间，并且对于守门员的注视点数和时长也有显著增加。

考泽（Causer）等人在对双向飞碟（第二只碟）的研究中也发现，与通过设置训练场景而创设的低压力情境下相比，高水平双向飞碟射击运动员在通过设置竞赛场景而创设的高压力情境下，完成双向射击飞碟任务时的眼动行为会表现出显著的不同。① 在由竞争条件引起的压力情境下，高水平双向飞碟射击运动员的静眼持续时间显著低于其在低压力情境下的静眼时间。另外，在高压力下，运动员的运动成绩也有明显的下降。

或许可以从注意控制理论的角度对以上研究中发现的压力导致静眼时间缩短的现象进行解释。② 该理论认为，当一个人处于焦虑状态时，自上而下的目标导向注意系统和自下而上的刺激驱动注意系统之间的平衡会被打破。静眼反映了自上而下的注意控制。压力引发的状态焦虑导致静眼持续时间变短，也即自上而下的目标导向的注意系统在压力下被损害，取而代之的是自下而上的刺激驱动的注意系统。换言之，压力打破了两种注意系统的平衡。笔者将在下一章介绍三项实验研究，就压力对静眼的影响这一问题进行更为详细的阐述。

五、静眼训练对注意控制的影响

如前文所述，静眼与运动表现相关，由此推测，延长静眼期的静眼训练可能有助于提高运动表现。③ 哈勒（Harle）和维克斯（Vickers）的研究是最早发表的静眼训练研究，作者选取了三支相同水平的校篮球队，其中 A 队接受静眼训练，B 队和 C 队作为对照。④ 结果发现，在第一个赛季，从前测到后测，A 队的投篮命中率显著提高，但静眼训练的效果未能迁移到联赛中。而在第二个赛季结束时，A 队的投篮命中率从 22.62%提

① Causer, J. et al., 2011: "Anxiety, movement kinematics, and visual attention in elite-level performers", *Emotion*, June.

② Wilson, M., 2008: "From processing efficiency to attentional control: A mechanistic account of the anxiety performance relationship", *International Review of Sport and Exercise Psychology*, September.

③ Vickers, J. N. et al., 2009: "Advances in coupling perception and action the quiet eye as a bidirectional link between gaze, attention, and action", *Progress in Brain Research*, June.

④ Harle, S. K. et al., 2001: "Training quiet eye improves accuracy in the basketball free throw", *Sport Psychologist*, September.

升到76.66%，明显高于B队（66.18%）和C队（74.05%）。

威尔逊（Wilson）等人检验了静眼训练对腹腔镜检查技能的促进效果。① 他们选择了30名新手临床医生，将其随机分到静眼训练组、动作训练组和观察学习组，三个组给予不同的训练指导语。结果发现，静眼训练组掌握技能的速度快于动作训练组和观察学习组；此外，静眼训练组在多任务态迁移测试中表现更好。三个训练组还表现出了眼动轨迹上的差异，静眼训练组表现出更多的目标锁定注视行为。

除了技能学习，静眼训练还可以帮助个体应对高压力的负面影响。威尔逊团队的系列研究发现，静眼训练是提高高压力下注意控制，保持高压力下运动表现的一种有效方法。② 瓦恩（Vine）和威尔逊将14名高尔夫推杆新手随机分配到静眼训练组和技术训练组，两组接受不同的训练指导语，进行了为期一周的训练和测试。③ 在静眼时间指标上，两组在前测中无显著差异，但在后测和压力下的迁移测试中，静眼训练组的静眼时间显著长于技术训练组。在推杆成绩上，虽然静眼训练组与技术训练组在后测中未发现差异，但静眼训练组在压力下迁移测试中明显优于技术训练组。瓦恩和威尔逊的研究中使用的是新手运动员，伍德（Wood）和威尔逊在专家型运动员中的研究也发现，静眼训练提高了压力下的足球射门表现。④

也许我们可以用注意控制理论来解释这种效应。⑤ 根据这一理论，焦虑导致自上而下的目标导向注意系统中断。⑥ 静眼反映了自上而下的目标

① Wilson, M. R. et al., 2011: "Gaze training enhances laparoscopic technical skill acquisition and multi-tasking performance: A randomized, controlled study", *Surgical Endoscopy*, December.

② Vine, S. J. et al., 2014: "Quiet eye training: The acquisition, refinement and resilient performance of targeting skills", *European Journal of Sport Science*, January; Wilson, M. R. et al., 2015: *Aiming for excellence: The quiet eye as a characteristic of expertise*, London, Routledge, pp.22-37.

③ Vine, S. J. et al., 2010: "Quiet eye training: Effects on learning and performance under pressure", *Journal of Applied Sport Psychology*, November.

④ Wood, G. et al., 2011: "Quiet-eye training for soccer penalty kicks", *Cognitive Processing*, August.

⑤ Vine, S. J. et al., 2014: "Quiet eye training: The acquisition, refinement and resilient performance of targeting skills", *European Journal of Sport Science*, January.

⑥ 李驰等:《状态焦虑对持续性注意控制的影响:自我损耗程度的调节作用》,《天津体育学院学报》2017年第2期; Eysenck, M. W. et al., 2007: "Anxiety and cognitive performance: Attentional control theory", *Emotion*, June.

导向注意控制。[①] 如上所述，压力引起的焦虑导致静眼持续时间变短，说明，压力会扰乱自上而下的目标导向的注意控制。[②] 静眼训练则可能能够抵消压力对自上而下注意控制的负面影响。换言之，静眼训练延长静眼时间，也即提高自上而下的目标导向的注意控制能力，用以对抗高压力对注意系统的影响，进而保持或提高压力下的运动表现。笔者将在后续章节介绍具体的实验研究，就静眼训练对压力下注意控制的影响这一问题进行更为详细的阐述。

综上，本章节阐述了静眼的界定，静眼与运动表现之间的相关关系和因果关系，竞赛压力对静眼的影响，静眼训练对压力下注意控制和运动表现的影响，并阐述了注意控制理论对压力与静眼之间关系的解释。后面章节将介绍笔者开展的实证研究，以让读者更直观地了解竞赛压力、注意控制、静眼、运动表现之间的关系。

---

① Wilson, M., 2008: "From processing efficiency to attentional control: A mechanistic account of the anxiety performance relationship", *International Review of Sport and Exercise Psychology*, September.

② 朱小青等:《状态焦虑干扰抑制与转换功能:自我损耗的调节作用》,《天津体育学院学报》2016 年第 5 期。

第六章　竞赛压力影响注意控制的静眼证据

竞赛压力对运动成绩的影响是竞技体育中一个永恒的话题。影响运动员大赛表现的关键因素之一是注意控制，如何有效地将注意集中于任务相关信息是保证比赛稳定发挥的必要条件。① 注意控制理论侧重于从注意控制角度来解释焦虑是如何影响操作任务绩效的。② 它指出，焦虑损害了自上而下的目标导向注意系统，致使注意控制（主要包括抑制控制和转换控制）的加工效能下降。③ 本书第三章探讨了特质型的竞赛焦虑与自上而下注意控制的关系，第四章探讨了压力诱发状态型焦虑与自上而下注意控制的关系。但是，第三章和第四章的研究均使用反向眼跳指标作为因变量指标，而反向眼跳任务是计算机任务，而非运动任务。

目前，运动场景中的注意控制研究多围绕静眼（quiet eye，QE）开展。静眼现象最早由加拿大学者维克斯（Vickers）提出。④ 静眼是在动作开始前，对某区域的最后注视。静眼研究大多数是针对瞄准任务进行的，比如投篮、投飞镖、高尔夫推杆、双向飞碟射击等。以往研究表明，静眼和运动成绩呈正相关，静眼的持续时间越长，运动成绩越好。⑤ 林霍夫（Rienhoff）等人的研究发现，高水平篮球运动员在罚篮之前的静眼持续时间比低水平运动员的静眼持续时间长。⑥ 蒂米斯（Timmis）等人探讨

---

① 孙国晓等:《运动目标的视觉追踪:静眼研究进展与前瞻》,《成都体育学院学报》2018 年第 6 期。

② 孙国晓等:《加工效能理论到注意控制理论:焦虑运动表现的新诠释》,《心理科学进展》2013 年第 10 期。

③ Eysenck, M. W. et al., 2007: "Anxiety and cognitive performance: Attentional control theory", *Emotion*, June.

④ Vickers, J. N. et al., 1992: "Gaze control in putting", *Perception*, February; Vickers, J. N. et al., 1996: "Visual control when aiming at a far target", *Journal of Experimental Psychology: Human Perception and Performance*, April.

⑤ Wilson, M. R. et al., 2015: *Aiming for excellence: The quiet eye as a characteristic of expertise*, London, Routledge, pp.22-37.

⑥ Rienhoff, R. et al., 2013: "Transfer of motor and perceptual skills from basketball to darts", *Frontiers in Psychology*, September.

了足球运动员在罚球任务中的静眼时长与罚球得分的关系，发现罚球得分越高，静眼持续时间越长。[①] 沙阿（Shah）等人探讨了青年射击运动员在焦虑与控制情境下的射击表现，发现射击成绩越好，静眼持续时间越长，且运动员在高焦虑状态下的静眼持续时间更短。[②]

静眼反映自上而下的注意控制。[③] 因此，静眼持续时间越长，表示注意控制越好。静眼的持续时间越长，运动员获取的关键信息就越多，接触到外部混杂干扰的机会就越少。那么，如果竞赛压力诱发的状态焦虑导致静眼时间缩短，则能为注意控制理论提供支持，说明注意控制理论能够解释状态焦虑与运动表现之间的关系。而且，探究运动场景中压力引发的状态焦虑与静眼之间的关系还将有助于拓展注意控制理论的解释范畴。

一、计算机模拟静止目标任务中竞赛压力对静眼的影响

根据注意控制理论（ACT），焦虑影响自上而下的注意系统。[④] 近年来，学者以注意控制理论为基础，开展了若干关于状态焦虑与注意控制关系的研究。[⑤] 瓦特（Vater）等人在 24 名男子足球运动员中比较了高、低状态焦虑下视觉搜索任务的表现差异，发现高焦虑导致运动员的加工效率下降，眼动轨迹杂乱。[⑥] 布里梅尔（Brimmell）等人探讨了 42 名足球射手在射门时的眼动特征和运动表现，通过对资源评价与心血管反应功能指标的监控，发现在威胁情境下，射手注视守门员和球门的时间更长，对资源可得性的评价更低，心血管反应功能更慢。[⑦] 这些研究表明，高状态焦

① Timmis, M. A. et al., 2018: "Keep your eye on the ball; the impact of an anticipatory fixation during successful and unsuccessful soccer penalty kicks", *Frontiers in Psychology*, October.

② Shah, E. J. et al., 2020: "Anxiety on quiet eye and performance of youth pistol shooters", *Journal of Sport & Exercise Psychology*, July.

③ Wilson, M. R. et al., 2015: *Aiming for excellence: The quiet eye as a characteristic of expertise*, London, Routledge, pp.22-37.

④ Eysenck, M. W. et al., 2007: "Anxiety and cognitive performance: Attentional control theory", *Emotion*, June.

⑤ 罗霄骁:《压力下工作记忆对注意控制的影响》,北京,北京体育大学硕士学位论文,2016,第 6 页。

⑥ Vater, C. et al., 2016: "Effects of anxiety on anticipation and visual search in dynamic, time-constrained situations", *Sport, Exercise, and Performance Psychology*, August.

⑦ Brimmell, J. et al., 2019: "Challenge and threat states, performance, and attentional control during a pressurized soccer penalty task", *Sport, Exercise, and Performance Psychology*, February.

虑损害注意控制表现，注意控制理论得到了支持和验证。

静眼是注意控制理论的一个重要研究方向，反映了自上而下的注意控制。[①] 那么，压力引起的状态焦虑是否会干扰注意控制，也就是说，缩短静眼期呢？本部分拟设计一项实验研究（实验一），探讨压力对静眼的影响。考虑到与第三章和第四章的连贯性，本部分首先在一项计算机模拟的静止目标瞄准任务（“愤怒的小鸟”游戏）中，探讨竞赛压力诱发的状态焦虑对静眼持续时间和操作表现的影响，以检验注意控制理论对于解释状态焦虑与运动表现关系的适用性。本实验的假设是，竞赛压力诱发更高的状态焦虑，导致更短的静眼持续时间和更差的运动表现。

（一）研究方法

1. 研究参与者

招募13名田径、游泳、网球、艺术体操等专项的大学生运动员作为研究参与者，他们的平均年龄为20.76岁（$SD=3.49$）。

2. 实验设计

采用单因素被试内设计。自变量是竞赛压力，包括压力和非压力两种处理条件。因变量包括状态焦虑水平、静眼持续时间和击中率。

3. 实验仪器

使用ASL H6头盔式眼动仪（ASL，Bedford，MA）以120 Hz采样率采集眼动行为。刺激呈现计算机显示器大小为19英寸（48.26 cm），刷新率为85 Hz，分辨率为800×600像素。在实验过程中，参与者双眼距离刺激呈现计算机屏幕60 cm。

4. 实验任务

实验任务为一项静止目标瞄准任务，采用计算机模拟的弹弓游戏（“愤怒的小鸟”游戏）。实验过程中，研究参与者用鼠标操控弹弓，按下弹弓，调整角度，松开弹弓，射向鸟笼（目标）。一次射击成功或失败的标准为鸟笼是否被击中，计算击中率作为研究参与者的成绩。

5. 实验材料

同第四章研究，使用心理准备李克特量表（MRF-3）[②] 测量状态焦虑，对本实验创设的压力情境进行操控检查。该量表由测量认知焦虑、躯

---

① Wilson, M., 2008: “From processing efficiency to attentional control: A mechanistic account of the anxiety performance relationship”, *International Review of Sport and Exercise Psychology*, September.

② Krane, V., 1994: “The mental readiness form as a measure of competitive state anxiety”, *The Sport Psychologist*, June.

体焦虑和自信心的三个题目组成①，采取 11 点计分，其中自信心为反向计分，三个题目得分的总和为参与者的状态焦虑水平。

6. 实验流程

研究参与者到达实验室后首先签署知情同意书，然后由主试介绍实验任务，参与者以组为单位（每组 10 次）进行练习，并充分熟悉该任务，至 70%击中率（连续两组测试击中率均为 70%以上）时练习结束。随后分别在压力和非压力条件下完成任务。利用惩罚、比较和奖励来创设压力情境。实验中，首先请参与者在非压力下完成任务，继而在压力下完成任务，最后再一次在非压力下完成任务，即完成 A-B-A 的平衡设计。研究参与者在完成每种情况下的测试后，完成 MRF-3。实验完成后由主试对研究参与者答疑解惑，并发放小礼物作为实验报酬。

7. 测量指标

状态焦虑的测量指标为 MRF-3 总分。注意控制指标为静眼持续时间（也称静眼时间或静眼时长），根据维克斯（Vickers）② 及瓦尔（Vine）和威尔逊（Wilson）③ 对高尔夫推杆任务中静眼的界定，将本实验静止目标任务中的静眼界定为，始于弹弓弹出前（鼠标放开前），对弹弓 1°视角内的最后注视；静眼持续时间为最后注视的持续时间。操作成绩指标为击中率，界定为 10 次测试任务中击中目标的比率。

8. 统计方法

使用 SPSS 24.0 软件进行数据统计分析。将两次非压力条件下的测试指标得分进行平均，与压力条件下的得分进行比较，使用重复测量方差分析比较压力和非压力下的状态焦虑、静眼持续时间和击中率。

（二）结果及分析

1. 状态焦虑操控检查

压力条件下的 MRF-3 得分显著高于非压力条件，$F(1, 12)=39.87$，$p<0.001$，偏 $\eta^2=0.77$。这与本研究的假设相一致，表明本实验中对压力的操控是有效的。

---

① Martens, R. et al., 1979: "Sport competition anxiety test", *German Journal of Exercise and Sport Research*, March.

② Vickers, J. N., 2007: *Perception, cognition and decision training: The quiet eye in action*, Champaign, IL, Human Kinetics, p.77.

③ Vine, S. J. et al., 2010: "Quiet eye training: Effects on learning and performance under pressure", *Journal of Applied Sport Psychology*, November.

2. 静眼持续时间

由图 6-1 可见，压力条件下的静眼持续时间明显短于非压力条件，即竞赛压力导致静眼持续时间缩短。但是，二者的差异仅达到边缘性显著性水平，$F(1,12)=3.68$，$p=0.08$，偏 $\eta^2=0.24$。这一结果未能完全支持假设，只能认为，压力条件下存在静眼持续时间缩短，注意控制下降的趋势。

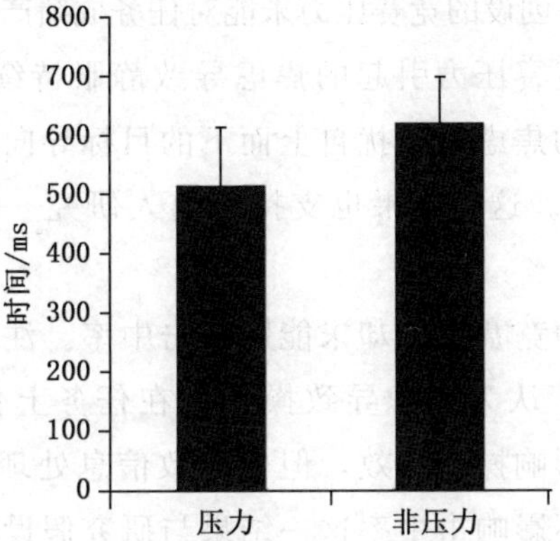

图 6-1　静止目标任务“愤怒的小鸟”中压力和非压力条件下的静眼持续时间

3. 击中率

由图 6-2 可见，压力条件下的击中率低于非压力条件，但是二者的差异未达到统计学显著性水平，即竞赛压力操控未能显著降低击中率，$F(1, 12)=2.25$，$p=0.16$，偏 $\eta^2=0.16$。

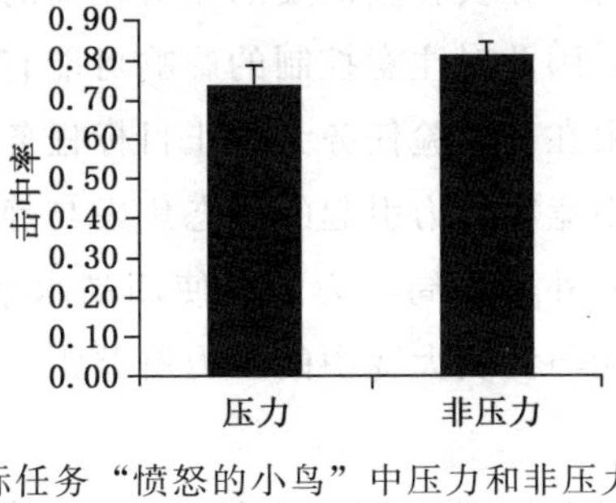

图 6-2　静止目标任务“愤怒的小鸟”中压力和非压力条件下的击中率

（三）小结

根据注意控制理论（ACT），焦虑影响自上而下的注意系统。[①] 静眼反

① Eysenck, M. W. et al., 2007: “Anxiety and cognitive performance: Attentional control theory”, *Emotion*, June.

映了自上而下的注意控制。① 实验一使用静止目标任务——“愤怒的小鸟”任务，比较了竞赛压力和非压力下的静眼持续时间和操作成绩的差异。本研究在实验室中创设了竞赛情境，并发现创设的压力情境成功诱发了更高的状态性的焦虑水平（导致了更高的心理准备量表得分）。研究还发现，压力引起的状态焦虑有缩短静眼持续时间的趋势（p 值小于 0.10，但大于 0.05）。但是，实验一创设的竞赛压力未能对任务成绩产生显著性的影响。

本研究发现，竞赛压力引起的焦虑导致静眼持续时间有缩短的趋势，表明竞赛压力引起的焦虑有干扰自上而下的目标导向注意控制的倾向，这与 ACT 的假定一致。这一结果也支持了前人研究——压力导致较短的静眼持续时间。②

然而，本实验中竞赛压力却未能影响击中率。注意控制理论继承了加工效能理论的观点，认为焦虑导致操作者在任务上付出更多的努力，因此，焦虑可能不会影响操作绩效，但会导致信息处理的效率下降。③ 虽然本实验发现的压力不影响击中率这一结果与研究假设不符，但与加工效能理论和注意控制理论的观点并不矛盾。

这项研究没有得到显著的结果，一方面，可能与样本大小有关，今后的研究应该继续补充样本，以获得更可靠的结果；另一方面，本研究的结果表明，状态焦虑和注意控制之间的关系可能不如特质焦虑稳健，将来应该继续探索压力诱发状态焦虑和注意控制之间的关系，得到一个更明确的结论。除此之外，本研究在实验室诱发的相对较高的状态焦虑并不能从性质上被判断为高焦虑，因此对注意控制的影响可能有限。

本研究的一个局限在于实验任务为静止目标任务，将来研究还应该继续探讨移动目标任务中竞赛压力引起的状态焦虑与静眼持续时间和运动表现的关系。本研究的另外一个局限为没有使用高水平运动员作为参与者，且设置的压力情境可能与真实大赛中的压力有差距。而且，实验中使用奖

---

① 孙国晓等:《运动目标的视觉追踪:静眼研究进展与前瞻》,《成都体育学院学报》2018 年第 6 期。

② Causer, J. et al., 2011: "Anxiety, movement kinematics, and visual attention in elite-level performers", *Emotion*, June; Vine, S. J. et al., 2010: "Quiet eye training: Effects on learning and performance under pressure", *Journal of Applied Sport Psychology*, November; Wilson, M. R. et al., 2009: "The influence of anxiety on visual attentional control in basketball free throw shooting", *Journal of Sport & Exercise Psychology*, April; Wilson, M. R. et al., 2009: "Anxiety, attentional control, and performance impairment in penalty kicks", *Journal of Sport & Exercise Psychology*, December.

③ 孙国晓等:《加工效能理论到注意控制理论:焦虑运动表现的新诠释》,《心理科学进展》2013 年第 10 期。

励、惩罚、比较等作为压力诱发的方式与运动员比赛行为动机并不一定完全吻合。

除了上述的局限，本研究也具有一定的价值。本研究以竞赛压力为自变量，探讨随情境变化而时刻变化的状态焦虑与注意控制的关系。以往关于注意控制的研究主要探讨了特质焦虑与注意控制之间的关系，因此本研究是对以往研究的重要补充，也是注意控制理论的重要拓展，本研究的结果将有助于提出一种新的注意控制的理论。

总而言之，本研究设置的竞赛压力能够成功诱发状态焦虑，且诱发的状态焦虑具有干扰注意控制的趋势，虽然未能影响操作表现。将来研究应该继续探讨竞赛压力引发的状态焦虑与注意控制和操作表现的关系。

二、计算机模拟移动目标任务中竞赛压力对静眼的影响

根据注意控制理论（ACT），焦虑对自上而下的注意系统产生负面影响。[①] 静眼反映自上而下的注意控制。[②] 那么，竞赛压力引起的状态焦虑是否会干扰静眼期呢？实验一使用静眼持续时间反映自上而下的目标导向注意控制，探讨了静止目标任务中竞赛压力引起的状态焦虑与注意控制和操作绩效之间的关系。

本部分在实验一的基础上进一步设计一项实验研究（实验二），在一项计算机模拟移动目标任务中，探讨竞赛压力诱发的状态焦虑与注意控制和操作成绩的关系。本实验继续使用静眼来反映注意控制，并检验如下假设：竞赛压力引发的高状态焦虑导致静眼持续时间变短，操作成绩下降。

（一）研究方法

1. 研究参与者

招募 25 名大学生运动员，平均年龄为 21.56 岁（$SD=2.16$）。参与

---

① 孙国晓等：《加工效能理论到注意控制理论：焦虑运动表现的新诠释》，《心理科学进展》2013 年第 10 期；Eysenck, M. W. et al., 2007: "Anxiety and cognitive performance: Attentional control theory", *Emotion*, June.

② Wilson, M., 2008: "From processing efficiency to attentional control: A mechanistic account of the anxiety performance relationship", *International Review of Sport and Exercise Psychology*, September.

者的视力或矫正视力正常，都是右利手，都是网球专项。

2. 实验设计

采用单因素组内设计。其中，自变量是条件，包括压力和非压力两种处理条件。因变量为静眼持续时间和操作绩效。

3. 实验仪器和材料

借助 ASL H6 头盔式眼动仪（ASL，Bedford，MA）以 120 Hz 采样率采集眼动轨迹。在采集过程中，参与者距离刺激呈现屏幕 60 cm。

实验材料同实验一，使用心理准备李克特量表[①]测量状态焦虑。

4. 实验任务

采用 C#编制的计算机模拟移动目标瞄准任务作为本实验任务。实验过程中，屏幕中上部会出现一个圆形目标，停留 3000 ms 后，目标开始向左或右（方向伪随机，不能连续三次同一方向）以恒定速度移动，直到移出屏幕（从靶开始移动到完全移出屏幕需 1200 ms）。研究参与者被要求控制鼠标，点击鼠标，并在目标移动时尽可能击中目标。

5. 实验流程

研究参与者到达实验室后，首先签署知情同意书，然后由主试介绍实验任务，研究参与者熟悉并练习该任务 50 试次，之后分别在压力和非压力条件下完成各 10 试次任务。使用惩罚、比较和奖励诱发压力，压力为组内自变量，两种处理条件采用 A-B-A 设计平衡顺序效应，即首先完成 10 次非压力条件下的测试，然后完成 10 次压力条件下的测试，最后再完成 10 次非压力条件下的测试。同实验一，研究参与者在完成每个条件下的测试后，填写 MRF-3 量表。

6. 测量指标

状态焦虑的测量同实验一，根据 MRF-3 量表测得，作为本实验创设的压力条件的操控检查工具。静眼持续时间，界定为在移动目标上 3°视角范围内的平滑眼动追踪的持续时间。[②] 操作成绩根据击中点与目标中心位置，由 C#程序自动计算并自动导出百分制分数，分数越高，成绩越差。

7. 数据分析

使用 SPSS 24.0 软件进行数据统计分析。将两次非压力条件下的测试指标得分进行平均，与压力条件下的得分进行比较，使用重复测量方差分

---

① Krane, V., 1994: "The mental readiness form as a measure of competitive state anxiety", *The Sport Psychologist*, June.

② Vickers, J. N., 2007: *Perception, cognition and decision training: The quiet eye in action*, Champaign, IL, Human Kinetics, p.77.

析比较压力和非压力条件下的状态焦虑、静眼持续时间和操作成绩。

（二）研究结果

1. 操控检查

压力下的 MRF-3 得分显著更高，$F(1, 24) = 35.85$，$p < 0.001$，偏 $\eta^2 = 0.60$。这说明实验对压力的设置是有效的。

2. 静眼时间

如图 6-3 所示，压力下的静眼持续时间短于非压力下。竞赛压力导致静眼持续时间显著缩短，$F(1, 24) = 5.61$，$p = 0.03$，偏 $\eta^2 = 0.19$。这一结果与假设一致。

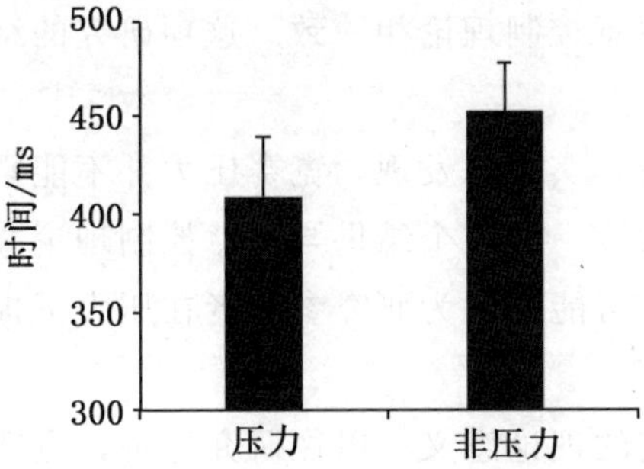

图 6-3　计算机模拟移动目标任务中压力和非压力条件下的静眼持续时间

3. 操作成绩

如图 6-4 所示，压力条件下的操作成绩略好于非压力条件。本实验创设的竞赛压力导致任务成绩略有下降，但差异未达到统计学上的显著性水平，$F(1, 24) = 1.90$，$p = 0.18$，偏 $\eta^2 = 0.07$。该结果与研究假设不相一致。

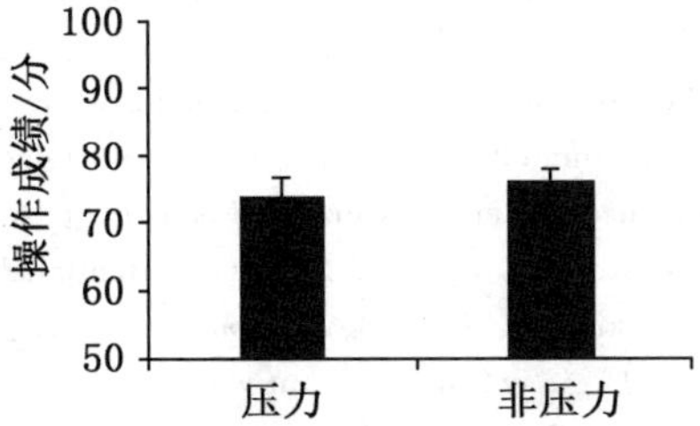

图 6-4　计算机模拟移动目标任务中压力和非压力条件下的操作成绩

（三）小结

根据注意控制理论（ACT），焦虑影响自上而下的注意系统。[①] 实验一考察了静止目标任务中竞赛压力对注意控制和操作任务绩效的影响，实验二进一步考察了移动目标任务中竞赛压力对注意控制和操作任务绩效的影响。实验二设计了一个计算机模拟的移动目标任务，探索了实验室创设的压力条件对反映注意控制的静眼[②]和操作任务绩效的影响。结果发现，竞赛压力引发了更高的状态焦虑水平，高状态焦虑还导致了静眼时间的缩短，但未对操作成绩产生显著影响。

静眼反映了自上而下的注意控制。[③] 实验二发现，压力引起的高焦虑状态导致静眼持续时间缩短，说明压力引起的焦虑损害了自上而下的注意控制，这一结果与注意控制理论相一致。这项研究的结果也支持前人的研究发现。[④]

与预期不符的是，实验二发现，竞赛压力并不能影响操作成绩。虽然这不支持实验二的假设，但这个结果与注意控制理论并不矛盾。压力没有导致操作成绩下降，可能是因为研究参与者在压力下提高了动机，在任务上投入了更多资源。[⑤]

本研究具有一定的理论意义。以往研究发现，竞赛特质焦虑干扰注意控制。[⑥] 本研究进而发现，随竞赛情境时刻变化的状态焦虑也能干扰（静

---

① 孙国晓等:《加工效能理论到注意控制理论:焦虑运动表现的新诠释》,《心理科学进展》2013 年第 10 期。

② Wilson, M., 2008: "From processing efficiency to attentional control: A mechanistic account of the anxiety performance relationship", *International Review of Sport and Exercise Psychology*, September.

③ 孙国晓等:《运动目标的视觉追踪:静眼研究进展与前瞻》,《成都体育学院学报》2018 年第 6 期。

④ Causer, J. et al., 2011: "Anxiety, movement kinematics, and visual attention in elite-level performers", *Emotion*, June; Vine, S. J. et al., 2010: "Quiet eye training: Effects on learning and performance under pressure", *Journal of Applied Sport Psychology*, November; Wilson, M. R. et al., 2009: "Anxiety, attentional control, and performance impairment in penalty kicks", *Journal of Sport & Exercise Psychology*, December; Wilson, M. R. et al., 2016: "Say it quietly, but we still do not know how Quiet Eye training works-comment on Vickers", *Current Issues in Sport Science*, June.

⑤ Eysenck, M. W. et al., 1992: "Anxiety and performance: The processing efficiency theory", *Cognition and Emotion*, November; Eysenck, M. W. et al., 2007: "Anxiety and cognitive performance: Attentional control theory", *Emotion*, June.

⑥ 孙国晓等:《竞赛特质焦虑干扰抑制功能:对注意控制理论的检验》,《心理科学》2015 年第 2 期。

眼所反映的）注意控制，这是对前人研究的重要补充，也是对注意控制理论的拓展性检验，本实验的结果有助于推动注意控制新理论的产生。

本实验研究也有其局限。第一，本研究在实验室诱发的相对较高的状态焦虑并不能从性质上被判断为高焦虑。第二，本研究没有使用高水平运动员作为参与者，且设置的压力情境可能与真实大赛中的压力有差距。而且，实验中使用的奖励、惩罚、比较作为压力诱发方式与运动员比赛行为动机并不一定完全吻合。

总而言之，实验二设置的竞赛压力能够成功诱发状态焦虑，且状态焦虑干扰计算机模拟移动目标任务执行过程中的注意控制，但竞赛压力诱发的状态焦虑未能影响计算机模拟的移动目标任务的操作表现。将来还应继续探讨运动场景移动目标任务（而非计算机模拟任务）中竞赛压力引发的状态焦虑与注意控制和操作表现的关系。

三、移动目标投掷任务中竞赛压力对静眼的影响

根据注意控制理论，焦虑影响自上而下的注意系统。① 静眼反映自上而下的注意控制。② 那么，竞赛压力引发的状态焦虑能否干扰静眼期，导致静眼持续时间缩短呢？

前两个实验分别在计算机模拟的静止目标瞄准任务和计算机模拟的移动目标瞄准任务中探讨了竞赛压力引发的状态焦虑与注意控制的关系，本部分设计一项实验研究（实验三），在一项真实运动场景的移动目标投掷任务中，进一步探讨竞赛压力对注意控制的影响。实验三考察移动目标投掷任务中竞赛压力对注意控制和投掷成绩的影响。同前两个实验，本实验的假设是竞赛压力诱发状态焦虑，缩短静眼持续时间，并导致投掷成绩下降。

（一）研究方法

1. 研究参与者

本研究招募 15 名网球、棒垒球等专项的大学生运动员作为研究参与

---

① Eysenck, M. W. et al., 2007: "Anxiety and cognitive performance: Attentional control theory", *Emotion*, June.

② Wilson, M., 2008: "From processing efficiency to attentional control: A mechanistic account of the anxiety performance relationship", *International Review of Sport and Exercise Psychology*, September.

者，他们的平均年龄为 20.67 岁（$SD=2.59$）。

2. 实验设计

本研究采用单因素被试内实验设计。其中，组内自变量是竞赛压力，包括压力和非压力两种处理条件。因变量包括静眼持续时间和投掷成绩。

3. 实验仪器

实验时使用投影仪将移动目标的动画投影到白色的墙上；使用 ASL 便携式眼动仪（ASL，Bedford，MA）以 30 Hz 采样率采集眼动轨迹；使用 GoPro① 摄像机（GoPro，Inc.，San Mateo，CA）以 30 Hz 采样率采集手臂动作视频；使用索尼摄像机（Sony Corporation，Tokyo，Japan）以 30 Hz 采样率采集投掷成绩视频。

4. 实验任务

实验时使用幻灯片动画功能编制移动目标任务程序，使用投影仪将幻灯片投影到一面空白墙上，目标大小为 25.8 cm。实验中，参与者左手持激光笔自主控制每个试次中目标开始移动的时间。开始前参与者注视屏幕中央的注视点“+”，按下激光笔的向下翻页按钮后，目标显现并从屏幕中心以 30°/s 的速度向左侧或右侧移动。参与者被要求在目标移出屏幕前，用右手向目标抛掷一个乒乓球，并尽可能击中目标。

5. 实验流程

研究参与者到达实验室后首先签署知情同意书，然后熟悉并练习移动目标任务共 60 次。练习结束后，在压力或非压力条件下进行测试，两种条件各测试 10 次，两种条件的顺序通过 AB-BA 设计进行平衡。研究参与者完成每种条件下的测试后填写心理准备李克特量表②，以进行状态焦虑的操控检查。

6. 测量指标

本任务中的静眼界定为，始于球释放（ball release）前，在目标上的不短于 100 ms 的最后眼动追踪（final tracking gaze）。运动表现（投掷成绩）以球在墙面上的击中点（ball-wall contact）和目标中心的辐射距离计，距离越小，成绩越好。③

7. 统计方法

本实验使用 SPSS 24.0 软件进行数据统计分析，使用重复测量方差分析比较压力和非压力下的状态焦虑、静眼持续时间和投掷成绩。

---

① GoPro 为品牌名称，暂无正式中文译名。

② Krane, V., 1994: “The mental readiness form as a measure of competitive state anxiety”, *The Sport Psychologist*, June.

③ Vickers, J. N., 2007: *Perception, cognition and decision training: The quiet eye in action*, Champaign, IL, Human Kinetics, p.77.

（二）研究结果

1. 操控检查

对竞赛压力的操控检查发现，压力条件引发了显著的更高的状态焦虑水平，$F(1, 13) = 5.96$，$p = 0.03$，偏 $\eta^2 = 0.31$。这表明实验中的压力设置有效。

2. 静眼时间

如图 6-5 所示，压力下的静眼持续时间短于非压力下。统计学检验显示，两种条件下的静眼持续时间具有显著差异，$F(1, 14) = 5.18$，$p = 0.04$，偏 $\eta^2 = 0.27$，这与假设一致。

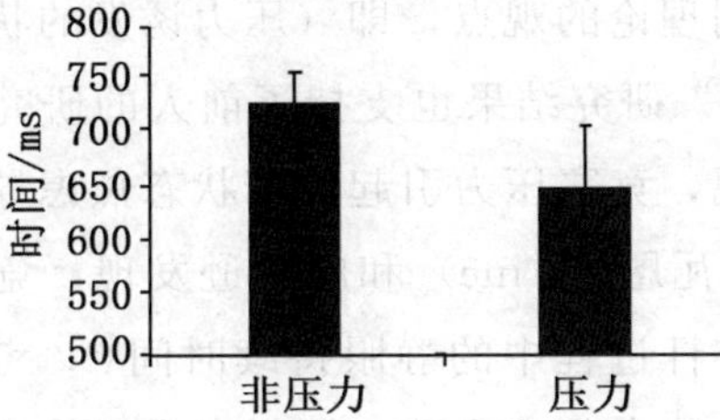

图 6-5　移动目标投掷任务中压力和非压力条件下的静眼持续时间

3. 运动表现（投掷成绩）

如图 6-6 所示，相比于非压力条件，压力条件下的投掷成绩更差，但统计学检验发现差异未达到显著性水平，$F(1, 14) = 0.85$，$p = 0.30$，偏 $\eta^2 = 0.06$。

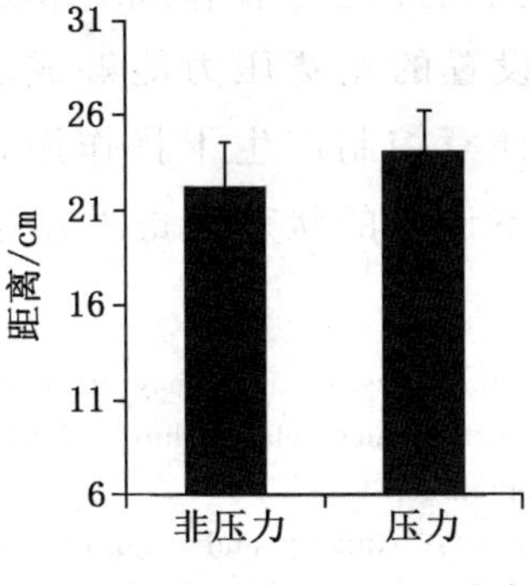

图 6-6　移动目标投掷任务中压力和非压力条件下的投掷成绩

（三）小结

根据注意控制理论，焦虑影响自上而下的注意系统。[①] 静眼反映自上

① 孙国晓等：《加工效能理论到注意控制理论：焦虑运动表现的新诠释》，《心理科学进展》2013 年第 10 期。

而下的注意控制，静眼期的时长代表了注意控制能力的高低。① 前两个实验分别考察了压力对计算机模拟的静止目标任务和移动目标任务的注意控制和操作绩效的影响，本实验进一步考察了实际运动任务（移动目标投掷任务）中压力对（静眼反映的）注意控制和投掷成绩的影响。本实验发现，竞赛压力引发了更高的状态焦虑水平，缩短了移动目标投掷任务的静眼时间，但未影响投掷成绩。

首先，实验三发现压力导致更高程度的状态焦虑。这表明实验三中创设的压力情境成功地引起了较高的状态焦虑。其次，实验三发现，竞赛压力引起的竞赛焦虑状态导致静眼持续时间缩短。实验假设得到了支持。该结果也支持了注意控制理论的观点，即（压力诱发的状态性的）焦虑干扰自上而下的注意系统。② 研究结果也支持了前人的研究结果。例如，威尔逊（Wilson）等人发现，竞赛压力引起的高状态焦虑导致篮球罚篮过程中静眼持续时间缩短③；瓦恩（Vine）和威尔逊发现，竞赛压力引起的高状态焦虑缩短了高尔夫推杆过程中的静眼持续时间④；考泽（Causer）等人发现竞赛压力引起的高状态焦虑导致飞靶射击中对第二个目标的眼动追踪时间（静眼持续时间）缩短⑤。这些发现和这项研究的结果一致。

实验三发现，竞赛压力诱发的状态焦虑没有对投掷成绩造成影响。虽然这一结果并不支持研究假设，但与注意控制理论的核心假设并不相悖。焦虑虽然导致操作者产生任务无关想法，干扰任务表现，但焦虑也导致操作者付出更多努力，因此焦虑状态下操作成绩未必下降。⑥

总体来看，实验三设置的竞赛压力能够成功诱发状态焦虑，状态焦虑能够对自上而下的注意控制产生干扰作用，表现为静眼持续时间变短。或许是因为实验室诱发的状态焦虑并不能从性质上被判断为高

---

① Wilson, M., 2008: "From processing efficiency to attentional control: A mechanistic account of the anxiety performance relationship", *International Review of Sport and Exercise Psychology*, September.

② Eysenck, M. W. et al., 2007: "Anxiety and cognitive performance: Attentional control theory", *Emotion*, June.

③ Wilson, M. R. et al., 2009: "The influence of anxiety on visual attentional control in basketball free throw shooting", *Journal of Sport & Exercise Psychology*, April.

④ Vine, S. J. et al., 2010: "Quiet eye training: Effects on learning and performance under pressure", *Journal of Applied Sport Psychology*, November.

⑤ Causer, J. et al., 2011: "Anxiety, movement kinematics and visual attention in elite-level performers", *Emotion*, June.

⑥ Eysenck, M. W. et al., 1992: "Anxiety and performance: The processing efficiency theory", *Cognition and Emotion*, November.

焦虑，实验三通过创设竞赛压力情境引发的状态焦虑没有导致运动任务成绩变差。

本章节三项实验研究具有一定的理论意义。德拉克山（Derakshan）等人发现，一般特质焦虑损害注意控制。[①] 第三章研究进一步发现，竞赛特质焦虑会扰乱注意控制。本章节三项实验分别在计算机模拟的静止目标任务、计算机模拟的移动目标任务和真实运动场景中的移动目标任务中，以竞赛压力为自变量，检验了竞赛压力对注意控制的影响，发现竞赛压力诱发的状态焦虑也干扰注意控制。这是对前人研究的重要补充，也将注意控制理论的解释范畴拓展到竞赛压力领域。

需要注意的是，虽然三项实验研究中竞赛压力都成功诱发了状态焦虑，但是状态焦虑与注意控制的关系并不稳健（实验一未发现显著性的关联）。这提示，将来应该继续探讨竞赛压力诱发的状态焦虑与注意控制的关系。虽然注意控制理论能够解释这一结果，但或许迁移到运动竞赛领域，还需要进行一些适应性变化甚至变革（详见第八章的新理论）。除此之外，对于状态焦虑的检验，除三项实验所涉及的主观问卷（心理准备李克特量表）外，将来研究中也应加入对客观指标（如心率变异性、皮肤导电性）的测量，从而更加全面地衡量状态焦虑的诱发程度。另外，将来还应该考虑在高水平运动员中进行研究，借助虚拟现实等技术设置与真实大赛更为接近，且与运动员的比赛动机更为吻合的压力情境，进一步探索高压力诱发的状态焦虑与注意控制的关系。

---

① Derakshan, N. et al., 2009: "Anxiety, processing efficiency, and cognitive performance: New developments from attentional control theory", *European Psychologist*, January.

第七章　静眼训练对压力下注意控制的影响

根据注意控制理论，焦虑损害自上而下的注意系统。① 前面第三章和第四章使用反向眼跳任务探讨了竞赛焦虑对注意控制的影响，但反向眼跳任务是计算机任务，运动场景中竞赛焦虑与注意控制的关系还有待探讨。如第五章所述，运动场景中，静眼代表一种目标导向的注意控制。第六章的研究发现，竞赛压力导致反映注意控制的静眼的持续时间缩短。前人研究发现，对静眼施以训练（静眼训练）有助于延长运动活动参加者的静眼期，并促进其运动表现。② 进一步思考，静眼训练能否提高压力下的注意控制能力，即静眼训练的积极效应是否能够迁移到压力情境中呢？本章围绕这一问题展开探讨，检验静眼训练能否提高压力下的注意控制，抵消竞赛压力对注意控制的消极影响。

一、静眼训练对压力下移动目标投掷任务注意控制的影响

注意控制理论认为，焦虑损害自上而下的注意系统。③ 静眼反映自上

① 孙国晓等:《加工效能理论到注意控制理论:焦虑运动表现的新诠释》,《心理科学进展》2013 年第 10 期。

② Adophe, R. M. et al., 1997: "The effects of training visual attention on gaze behavior and accuracy: A pilot study", *International Journal of Sport Vision*, January; Harle, S. K. et al., 2001: "Training quiet eye improves accuracy in the basketball free throw", *Sport Psychologist*, September; Miles, C. A. L. et al., 2017: "Quiet eye training aids the long-term learning of throwing and catching in children: Preliminary evidence for a predictive control strategy", *European Journal of Sport Science*, February.

③ Eysenck, M. W. et al., 2007: "Anxiety and cognitive performance: Attentional control theory", *Emotion*, June.

而下的注意控制。[①] 基于注意控制理论，如果静眼训练延长静眼持续时间，提高注意控制能力，就有助于帮助运动活动参与者在压力引起的焦虑状态下保持注意系统的平衡，进而提高运动表现。[②]

静眼训练的积极效应已在前人研究中得到验证，这些研究多选择技术训练组作为对照组，但是，静眼训练组和技术训练组的指导语存在对照不平衡的问题。首先，在大多数已发表的静眼训练研究中，静眼训练组和技术训练对照组的训练指导语数量不对等，静眼训练组比对照组多很多，那么读者不可避免地怀疑，静眼训练的效果更加明显可能是因为这组参与者得到了更多指导，或感到更多支持。[③] 其次，对新手来说，在技能学习初期，接受更多指导语是否有利于技能学习，是否有可能反而不利于技能学习，那么，前人的静眼训练研究有无可能低估了静眼训练的效应？基于以上研究的不足，本研究操控静眼训练组和技术训练控制组的指导语数量和结构一致。

本研究的问题是，静眼训练能否提高压力下的注意控制能力，并提高运动成绩？笔者预测，静眼训练有助于对抗压力诱发的状态焦虑对注意控制的消极影响，保证注意控制和操作表现不因压力而变差。本部分设计一项实验研究（实验一），考察移动目标投掷任务中静眼训练对注意控制和压力下运动成绩的影响。实验一假设，静眼训练组的静眼持续时间长于对照组，运动表现也好于对照组；相比于对照组，静眼训练组能够保持静眼持续时间和运动表现在压力下不变。

（一）方法

1. 研究参与者

本实验招募 86 名大学生（男生和女生各 43 名）作为参与者。参与者平均年龄为 23.55 岁（$SD=1.64$）。所有参与者均未接触过与这项任务相关的实验（也即他们都是新手）。

---

① Wilson, M., 2008: "From processing efficiency to attentional control: A mechanistic account of the anxiety performance relationship", *International Review of Sport and Exercise Psychology*, September.

② Vine, S. J. et al., 2014: "Quiet eye training: The acquisition, refinement and resilient performance of targeting skills", *European Journal of Sport Science*, January.

③ 孙国晓：《静眼训练对移动目标任务运动表现的影响》，北京，北京体育大学博士学位论文，2017，第 48 页。

2. 材料和仪器

本研究创建一项移动目标任务，如图 7-1 所示，中间的圆形靶为移动目标，箭头方向为目标移动的方向，有左、右两个方向。实验时用幻灯片播放，用投影仪将画面投影到一面空白墙上。研究参与者站在屏幕前 2 m 处，手里拿着一支激光笔和一个乒乓球。① 在参与者自己用左手按下激光笔翻页按钮后，目标以固定的速度从中心随机移向左侧或右侧，参与者用右手将乒乓球（自下而上）投向移动的目标。计算击中点与靶心的辐射距离（radial error），并将其作为成绩。

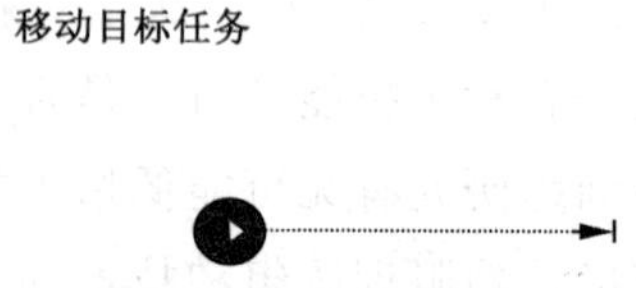

图 7-1　移动目标投掷任务示意

说明：水平箭头的方向是目标移动的方向，在实验过程中箭头不会出现在屏幕上。

实验仪器包括投影仪、便携式眼动仪和两台摄像机。一台摄像机放置在参与者的右边 1 m 处，用来记录他（她）右臂的运动；另一台摄像机置于参与者后侧 2 m 处记录其投掷成绩。

3. 实验流程

采用 2（训练方式：静眼训练、技术训练）×4（测试阶段：前测、保持阶段测试 1、压力测试、保持性测试 2）混合设计，被试间变量是训练方式，被试内变量是测试阶段；因变量包括静眼持续时间（从追踪到目标开始，在目标上的最后追踪时间，至少持续追踪 100 ms）、静眼开始时间（眼动追踪开始时间点，从目标开始移动到瞳孔稳定追踪到目标开始，要能够在目标上持续追踪 100 ms）、静眼结束时间（眼动追踪结束时间点，需要瞳孔离开目标超过 100 ms）和投掷成绩（击中点到靶心的辐射距离或径向误差）。

本研究的实验流程如下：

第一步，签署知情同意书。

第二步，向参与者介绍实验任务，告知计分方法，主试演示一次，研

① 孙国晓:《静眼训练对移动目标任务运动表现的影响》,北京,北京体育大学博士学位论文,2017,第 21 页。

究参与者练习两次（第一次不戴眼动仪，第二次戴眼动仪）。之后，参与者练习 4 次。

第三步，前测 10 试次。

第四步，按照各组指导语提示练习移动目标任务，共 50 试次，分 5 组进行，每组 10 次，每组重复两遍练习指导语。

第五步，保持性测试 1，10 试次。

第六步，压力测试，10 试次。

第七步，保持性测试 2，10 试次。

第五步到第七步之间采取 A-B-A 设计平衡顺序效应。

通过指导语操控压力："这是一场比赛，分数最高者将得到现金奖励；你的成绩将与其他研究参与者进行比较，可能还会呈现给你的同伴；我不得不提醒你，你之前的成绩位于总体排名的后三分之一。"每种条件测试后即刻施测心理准备李克特量表①，以进行压力操控检查。

因本实验所有流程一次性完成，为避免因指导语过于复杂而引起信息超载，干扰技能学习（参照预实验的结果），故将指导语简化为一句话。静眼训练组为"眼睛尽快追踪到目标，始终盯住目标"，技术训练对照组为"注意尽快集中到手臂，始终关注手臂"。② 两组的指导员数量相等，结构一致。

实验完成后，向参与者解释实验目的，并发放报酬。

4. 测试指标

（1）静眼：静眼在本实验中被定义为在目标中心 3°视角内 100 ms 及以上的平滑眼动追踪。③ 静眼开始时间（quiet eye onset，QE onset）被定义为首次追踪到目标且连续跟踪（不少于 100 ms）的时刻；静眼结束时间（quiet eye offset，QE offset ）被界定为首次离开目标（且超过 100 ms）的时刻；二者之间为静眼期（quiet eye period，QE period），静眼期的持续时间为静眼持续时间（也简称为静眼时间或静眼时长，quiet eye duration，QED）。

本实验还依据关键动作将静眼期分为静眼前期（QE-pre，手臂前摆前对目标的平滑追踪）、静眼在线期（QE-online，手臂前摆中对目标的追

---

① Krane，V.，1994："The mental readiness form as a measure of competitive state anxiety"，*The Sport Psychologist*，June.

② 孙国晓：《静眼训练对移动目标任务运动表现的影响》，北京，北京体育大学博士学位论文，2017，第 50 页。

③ 孙国晓：《静眼训练对移动目标任务运动表现的影响》，北京，北京体育大学博士学位论文，2017，第 4～5 页。

踪）和静眼驻留期（QE-dwell，球出手后对目标的持续性追踪）。[①]

（2）动作：本实验确定了三个关键动作时间点：手臂前摆开始时间（手臂开始前摆的时刻）、球出手时间（球与手指断开接触的时刻）和球-墙接触时间（球到达墙壁的时刻）；还定义了两个运动学变量：动作持续时间是手臂前摆到球出手之间的持续时间，球飞行时间是球出手到球到达墙壁之间的持续时间。

（3）运动表现（投掷成绩）：对摄像机录制的投掷视频离线分析，测量目标到墙壁击中点的辐射距离或径向误差，作为投掷成绩。

5. 统计方法

对状态焦虑变量而言，有 1 名参与者因数据缺失而被剔除，最后剩余 85 名研究参与者，其中静眼训练组 44 名，技术训练组 41 名。对于眼动数据而言，有 18 名研究参与者因为眼动仪定标的问题被剔除，最后剩余 68 名参与者，其中静眼训练组和技术训练组各 34 名。因为投掷成绩与眼动密切关联，因此，对投掷成绩而言，仅分析和报告了 68 名参与者的数据。

采用 2（训练方式：静眼训练、技术训练）× 4（测试阶段：前测、保持阶段测试 1、压力测试、保持性测试 2）重复测量方差分析对状态焦虑数据（认知焦虑得分、躯体焦虑得分、自信心得分、状态焦虑总分）、眼动数据（静眼持续时间、静眼开始与结束时间）、手臂动作数据（手臂前摆开始时间、球出手时间、球-墙接触时间）和投掷成绩进行统计分析。如果两个变量之间的交互作用达到统计学上的显著性水平，则继而进行简单效应分析。采用独立样本 t 检验比较各阶段两个训练组之间的差异，使用重复测量方差分析比较各组内不同阶段之间的差异。[②]

（二）结果

1. 状态焦虑操控检查

表 7-1 列出了两个训练组在不同测试阶段的认知焦虑、躯体焦虑、自信心和总状态焦虑的均值和标准差。在认知焦虑维度上，2（训练方式）× 4（测试阶段）重复测量方差分析发现，两种训练方式之间的差异未达到统计学显著性水平，$F(1, 83)=0.61$，$p=0.44$，偏 $\eta^2=0.007$；

① 孙国晓：《静眼训练对移动目标任务运动表现的影响》，北京，北京体育大学博士学位论文，2017，第 23 页。

② 孙国晓：《静眼训练对移动目标任务运动表现的影响》，北京，北京体育大学博士学位论文，2017，第 51 页。

不同测试阶段之间的差异达到了统计学显著性水平，$F(3, 249) = 24.64$，$p < 0.001$，偏 $\eta^2 = 0.23$，压力测试阶段的认知焦虑显著高于前测和两个保持性测试（$p_s < 0.001$），保持性测试 2 中的认知焦虑显著地低于其他测试阶段（$p_s < 0.05$），前测和保持性测试 1 之间的差异未达到统计学显著性水平（$p = 0.13$）；训练方式和测试阶段的交互作用未达到统计学显著性水平，$F(3, 249) = 1.57$，$p = 0.20$，偏 $\eta^2 = 0.02$。表 7-2 呈现了训练方式和测试阶段影响认知焦虑的方差分析结果。

表 7-1　两组在 4 个阶段的状态焦虑数据（$M \pm SD$）　　单位：分

测试阶段	训练方式	认知焦虑得分	躯体焦虑得分	自信心得分	状态焦虑总分
前测	静眼训练组	4.45±2.60	4.18±2.76	6.66±2.97	13.98±7.06
	技术训练组	4.34±2.49	4.49±2.41	6.41±2.13	14.41±5.35
保持性测试 1	静眼训练组	4.75±2.53	4.61±2.24	7.59±2.33	13.77±5.68
	技术训练组	4.87±2.65	4.90±2.54	6.85±2.20	14.93±6.01
压力测试	静眼训练组	5.55±2.65	5.68±2.84	7.02±2.62	16.20±6.44
	技术训练组	6.20±2.71	6.17±2.49	6.61±2.12	17.76±5.89
保持性测试 2	静眼训练组	3.43±2.28	3.41±1.88	7.68±2.49	11.16±5.19
	技术训练组	4.24±2.69	4.27±2.53	6.71±2.33	13.80±6.10

说明：自信心得分为原始得分。

表 7-2　训练方式和测试阶段影响认知焦虑的方差分析结果

变异来源	SS	df	MS	F	p	偏 η^2
训练方式	11.57	1	11.57	0.61	0.44	0.007
测试阶段	187.91	3	62.64	24.64	<0.001	0.23
训练方式 × 测试阶段	12.00	3	4.00	1.57	0.20	0.02

续表

变异来源	SS	df	MS	F	p	偏 η^2
组间误差项	1569.44	83	18.91	—	—	—
组内误差项	633.03	249	2.54	—	—	—

在躯体焦虑维度上，2（训练方式：静眼训练、技术训练）×4（测试阶段：前测、保持性测试1、压力测试、保持性测试2）重复测量方差分析发现，两种训练方式之间的差异未达到统计学显著性水平，$F(1, 83)=1.21$，$p=0.28$，偏 $\eta^2=0.014$；不同测试阶段之间的差异达到了统计学显著性水平，$F(3, 249)=25.51$，$p<0.001$，偏 $\eta^2=0.24$，压力下的躯体焦虑水平显著高于前测、保持性测试1和保持性测试2（$p_s<0.001$），保持性测试2中的躯体焦虑显著地低于保持性测试1（$p<0.001$），前测和保持性测试1两个阶段之间的差异未达到统计学显著性水平（$p=0.12$），前测和保持性测试2两个阶段之间的差异也未达到统计学显著性水平（$p=0.07$）；训练方式和测试阶段的交互作用未达到统计学显著性水平，$F(3, 249)=0.56$，$p=0.64$，偏 $\eta^2=0.007$。表7-3呈现了训练方式和测试阶段影响躯体焦虑的方差分析结果。

表7-3 训练方式和测试阶段影响躯体焦虑的方差分析结果

变异来源	SS	df	MS	F	p	偏 η^2
训练方式	20.03	1	20.03	1.21	0.28	0.014
测试阶段	202.18	3	67.39	25.51	<0.001	0.24
训练方式 × 测试阶段	4.47	3	1.49	0.56	0.64	0.007
组间误差项	1379.06	83	16.62	—	—	—
组内误差项	657.81	249	2.64	—	—	—

在自信心维度上，2（训练方式：静眼训练、技术训练）×4（测试阶段：前测、保持性测试1、压力测试、保持性测试2）重复测量方差分析发现，两种训练方式之间的差异不显著，$F(1, 83)=1.66$，$p=0.20$，偏 $\eta^2=0.02$；不同测试阶段之间的差异达到了统计学显著性水平，$F(3, 249)=5.04$，$p=0.002$，偏 $\eta^2=0.06$，压力下的自信心低于保持性测试1（$p=0.01$）和保持性测试2（$p=0.02$），两个保持性测试阶段之间的差异未达到统计学显著性水平（$p=0.87$），保持性测试1和前测两个阶段之间的差异未达到统计学显著性水平（$p=0.21$），保持性测试2中的自

信心显著地高于前测（$p=0.02$）；训练方式和测试阶段的交互作用未达到统计学显著性水平，$F(3, 249)=1.25$，$p=0.29$，偏 $\eta^2=0.015$。表 7-4 呈现了训练方式和测试阶段影响自信心的方差分析结果。

表 7-4　训练方式和测试阶段影响自信心的方差分析结果

变异来源	*SS*	*df*	*MS*	*F*	*p*	偏 η^2
训练方式	29.78	1	29.78	1.66	0.20	0.02
测试阶段	27.36	3	9.12	5.04	0.002	0.06
训练方式 × 测试阶段	6.80	3	2.27	1.25	0.29	0.015
组间误差项	1493.47	83	17.99	—	—	—
组内误差项	450.90	249	1.81	—	—	—

在状态焦虑总分（MRF-3 总得分）上，2（训练方式：静眼训练、技术训练）×4（测试阶段：前测、保持性测试 1、压力测试、保持性测试 2）重复测量方差分析发现，两种训练方式之间的差异未达到统计学显著性水平，$F(1, 83)=1.63$，$p=0.21$，偏 $\eta^2=0.02$；不同测试阶段之间的差异达到了统计学显著性水平，$F(3, 249)=25.38$，$p<0.001$，偏 $\eta^2=0.23$，压力下的状态焦虑显著高于其他阶段（$p<0.001$），保持性测试 2 阶段中的状态焦虑显著地低于其他阶段（$p<0.005$），保持性测试 1 与前测两个阶段之间的差异未达到统计学显著性水平（$p=0.80$）；训练方式和测试阶段的交互作用未达到统计学显著性水平，$F(3, 249)=1.57$，$p=0.20$，偏 $\eta^2=0.02$。以上结果说明，压力操控成功诱发了焦虑，但压力操控在两组间引发的焦虑状态并无差异。表 7-5 呈现了训练方式和测试阶段影响状态焦虑的方差分析结果。

表 7-5　训练方式和测试阶段影响状态焦虑的方差分析结果

变异来源	*SS*	*df*	*MS*	*F*	*p*	偏 η^2
训练方式	177.80	1	177.80	1.63	0.21	0.02
测试阶段	877.75	3	357.47	25.38	<0.001	0.23
训练方式 × 测试阶段	54.19	3	18.06	1.57	0.20	0.02
组间误差项	9068.01	83	109.25	—	—	—
组内误差项	2870.47	249	11.53	—	—	—

2. 静眼

表 7-6 呈现了两组在不同测试阶段的静眼持续时间。2（训练方式）×4（测试阶段）重复测量方差分析发现，两种训练方式之间的差异未达到统计学显著性水平，F（1，66）=3.64，p=0.061，偏 η^2=0.05；不同测试阶段之间的差异未达到统计学显著性水平，F（3，198）=1.41，p=0.24，偏 η^2= 0.02；训练方式和测试阶段的交互作用达到了显著性水平，F（3，198）=5.72，p= 0.001，偏 η^2=0.08。继而分析了简单效应。首先，使用独立样本 t 检验比较了两组不同阶段中的静眼持续时间，结果发现，在保持性测试 1（p=0.04）和压力测试（p=0.004）中静眼训练组的静眼持续时间更长，但在前测（p=0.75）和保持性测试2（p=0.07）中两组之间的差异未达到统计学显著性水平。其次，对静眼训练组和技术训练组不同阶段的静眼时间分别进行重复测量方差分析。结果发现，静眼训练组不同阶段之间的差异达到统计学显著性水平（p=0.006），具体而言，两个保持性测试阶段和压力测试阶段中的静眼持续时间均长于前测（p_s<0.02）；技术训练组不同阶段之间的差异也达到了统计学显著性水平（p=0.049），压力测试中的静眼持续时间显著短于其他测试阶段（p_s<0.049），而其他测试阶段之间的差异均未达到统计学显著性水平（p_s>0.37）。表 7-7 呈现了训练方式和测试阶段影响静眼时间的方差分析结果。

表 7-6　两组在 4 个阶段的静眼时间、静眼开始时间、静眼结束时间（$M \pm SD$）

单位：ms

测试阶段	训练方式	静眼时间	静眼开始时间	静眼结束时间
前测	静眼训练组	575±146	374±45	950±149
	技术训练组	588±165	356±51	944±168
保持性测试 1	静眼训练组	645±139	338±39	983±137
	技术训练组	568±167	352±44	919±169
压力测试	静眼训练组	640±154	326±40	965±156
	技术训练组	525±165	355±65	880±158
保持性测试 2	静眼训练组	638±154	337±30	976±154
	技术训练组	568±162	345±64	913±169

表 7-7　训练方式和测试阶段影响静眼时间的方差分析结果

变异来源	SS	df	MS	F	p	偏 η_p^2
训练方式	265187.68	1	265187.68	3.64	0.061	0.05
测试条件	36028.81	3	12009.60	1.41	0.24	0.02
训练方式×测试条件	146008.36	3	48669.46	5.72	0.001	0.08
组间误差项	1703480.32	66	58740.70	—	—	—
组内误差项	1685680.08	198	8513.54	—	—	—

表 7-6 呈现了两个组在不同测试阶段的静眼开始时间。对静眼开始时间进行 2（训练方式）× 4（测试阶段）重复测量方差分析发现，两种训练方式之间的差异未达到统计学显著性水平，$F(1, 66)=0.76$，$p=0.39$，偏 $\eta^2=0.011$；不同测试阶段之间的差异达到统计学显著性水平，$F(3, 198)=7.79$，$p<0.001$，偏 $\eta^2=0.11$，经过训练后，静眼开始显著提前（后测均比前测早，$p_s<0.001$）；训练方式和测试阶段两变量之间的交互作用显著，$F(3, 198)=5.59$，$p=0.001$，偏 $\eta^2=0.08$。继而分析了简单效应。首先，使用独立样本 t 检验比较两个组在不同测试阶段中的静眼开始时间，结果发现，在前测（$p=0.12$）、保持性测试1（$p=0.18$）和保持性测试 2（$p=0.55$）中两组之间的差异均未达到统计学显著性水平，但在压力测试中静眼训练组的静眼开始更早（$p=0.027$）。其次，对静眼训练组和技术训练组不同阶段的静眼开始时间分别进行重复测量方差分析。结果发现，静眼训练组不同阶段之间的差异达到统计学显著性水平（$p<0.001$），两个保持性测试阶段和压力测试阶段均比前测更早开始追踪目标（$p_s<0.001$），压力测试中还显著早于保持性测试 2（$p=0.047$）；技术训练组不同测试阶段之间不存在统计学上的显著性差异（$p=0.64$）。表 7-8 呈现了训练方式和测试阶段影响静眼开始时间的方差分析结果。

表 7-8　训练方式和测试阶段影响静眼开始时间的方差分析结果

变异来源	SS	df	MS	F	p	偏 η_p^2
训练方式	4424.30	1	4424.30	0.76	0.39	0.011
测试阶段	28171.39	3	9390.46	7.79	<0.001	0.11
训练方式 × 测试阶段	20197.45	3	6732.48	5.59	0.001	0.08
组间误差项	86223.38	66	2973.22	—	—	—
组内误差项	238678.40	198	1205.45	—	—	—

表 7-6 呈现了两个组在不同测试阶段的静眼结束时间。进行 2（训练方式）×4（测试阶段）重复测量方差分析发现，两种训练方式之间的差异未达到统计学显著性水平，F（1，66）＝2.79，p＝ 0.10，偏 η^2＝0.04；不同测试阶段之间的差异未达到统计学显著性水平，F（3，198）＝1.17，p＝ 0.32，偏 η^2＝0.02；训练方式和测试阶段二者的交互作用也未达到统计学显著性水平，F（3，198）＝2.13，p ＝0.10，偏 η^2＝0.03。表 7-9 呈现了训练方式和测试阶段影响静眼结束时间的方差分析结果。

表 7-9　训练方式和测试阶段影响静眼结束时间的方差分析结果

变异来源	SS	df	MS	F	p	偏 η_p^2
训练方式	201323.53	1	201323.53	2.79	0.10	0.04
测试阶段	32099.68	3	10699.89	1.17	0.32	0.02
训练方式×测试阶段	58587.03	3	19529.01	2.13	0.10	0.03
组间误差项	4767028.24	66	72227.70	—	—	—
组内误差项	1811552.29	198	9149.25	—	—	—

表 7-10 呈现了两个组在不同测试阶段的静眼前期。2（训练方式）×4（测试阶段）重复测量方差分析发现，两种训练方式之间的差异达到了统计学显著性水平，F（1，66）＝6.65，p＝0.012，偏 η^2＝0.09；不同测试阶段之间的差异未达到统计学显著性水平，F（3，198）＝1.09，p＝0.36，偏 η^2＝0.02；训练方式和测试阶段的交互作用达到了统计学显著性水平，F（3，198）＝14.49，p＜0.001，偏 η^2＝ 0.18。继而分析了简单效应。首先，对前测、保持性测试 1、压力测试和保持性测试 2 共四个测试阶段中两组的静眼前期进行独立样本 t 检验。结果发现，在前测中，两组之间的差异未达到统计学显著性水平（p＝0.14），但在三次后测中两组差异均达到统计学显著性水平（p＜0.04）。其次，对静眼训练组和技术训练组不同阶段的静眼前期分别进行重复测量方差分析。结果发现，静眼训练组不同阶段之间的差异达到统计学显著性水平（p＜0.001），三次后测均显著长于前测（p_s＜0.005），压力测试中还显著地长于保持性测试 1（p＝0.02）；技术训练对照组在不同测试阶段的差异也达到了统计学显著性水平（p＝0.003），压力和保持性测试 2 均显著短于前测（p_s＜0.01），其他阶段之间的静眼前期差异均未达到统计学显著性水平（p_s＞0.057）。表 7-11 呈现了训练方式和测试阶段影响静眼前期的方

差分析结果。

表 7-10 两组在 4 个阶段的静眼前期、静眼在线期和静眼驻留期（$M \pm SD$）

单位：ms

测试阶段	训练方式	静眼前期	静眼在线期	静眼驻留期
前测	静眼训练组	45±60	170±33	325±129
	技术训练组	67±66	157±50	311±178
保持性测试 1	静眼训练组	80±69	178±32	360±139
	技术训练组	47±61	180±55	282±185
压力测试	静眼训练组	99±69	179±42	327±158
	技术训练组	36±60	175±57	255±176
保持性测试 2	静眼训练组	87±65	175±41	342±153
	技术训练组	28±62	185±59	293±169

表 7-11 训练方式和测试阶段影响静眼前期的方差分析结果

变异来源	SS	df	MS	F	p	偏 η_p^2
训练方式	73459.19	1	73459.19	6.65	0.012	0.09
测试阶段	5922.66	3	1974.22	1.09	0.36	0.02
训练方式×测试阶段	78881.54	3	26293.85	14.49	<0.001	0.18
组间误差项	728701.94	66	11040.94	—	—	—
组内误差项	359372.29	198	1815.01	—	—	—

表 7-10 呈现了两个组在不同测试阶段的静眼在线期。2（训练方式）× 4（测试阶段）重复测量方差分析发现，两种训练方式之间的差异未达到统计学显著性水平，$F(1, 66)=0.013$，$p=0.91$，偏 $\eta^2<0.001$；不同测试阶段之间的差异达到了统计学显著性水平，$F(3, 198)=5.74$，$p=0.001$，偏 $\eta^2=0.08$，三次后测中的静眼在线期均显著地长于前测（$p_s<0.012$）；训练方式和测试阶段之间的交互作用未达到统计学显著性水平，$F(3, 198)=2.11$，$p=0.10$，偏 $\eta^2=0.03$。表 7-12 呈现了训练方式和测试阶段影响静眼在线期的方差分析结果。

表 7-12　训练方式和测试阶段影响静眼在线期的方差分析结果

变异来源	SS	df	MS	F	p	偏 η_p^2
训练方式	87.19	1	87.19	0.013	0.91	<0.001
测试阶段	12632.63	3	4210.88	5.74	0.001	0.08
训练方式×测试阶段	4645.69	3	1548.56	2.11	0.10	0.03
组间误差项	211155.76	66	7281.23	—	—	—
组内误差项	145247.18	198	733.57	—	—	—

表 7-10 呈现了两个组在不同测试阶段的静眼驻留期。2（训练方式）× 4（测试阶段）重复测量方差分析发现，两种训练方式之间的差异未达到统计学显著性水平，$F(1, 66) = 2.44$，$p = 0.12$，偏 $\eta^2 = 0.04$；不同测试阶段之间的差异未达到统计学显著性水平，$F(3, 198) = 1.46$，$p = 0.23$，偏 $\eta^2 = 0.02$；训练方式和测试阶段之间的交互作用也未达到统计学显著性水平，$F(3, 198) = 1.57$，$p = 0.20$，偏 $\eta^2 = 0.02$。表 7-13呈现了训练方式和测试阶段影响静眼驻留期的方差分析结果。

表 7-13　训练方式和测试阶段影响静眼驻留期的方差分析结果

变异来源	SS	df	MS	F	p	偏 η_p^2
训练方式	189214.25	1	189214.25	2.44	0.12	0.04
测试阶段	40379.78	3	13459.93	1.46	0.23	0.02
训练方式×测试阶段	43394.84	3	14464.95	1.57	0.20	0.02
组间误差项	2237320.32	66	77148.98	—	—	—
组内误差项	1829338.38	198	9239.08	—	—	—

3. 动作

表 7-14 呈现了两个组在不同测试阶段的手臂前摆开始时间。2（训练方式）× 4（测试阶段）重复测量方差分析发现，两种训练方式之间的差异未达到统计学显著性水平，$F(1, 66) = 2.76$，$p = 0.10$，偏 $\eta^2 = 0.04$；不同测试阶段之间的差异达到了统计学显著性水平，$F(3, 198) = 3.83$，$p = 0.011$，偏 $\eta^2 = 0.06$；训练方式和测试阶段的交互作用达到了统计学显著性水平，$F(3, 198) = 5.88$，$p = 0.001$，偏 $\eta^2 = 0.08$。表 7-15 列出了训练方式和测试阶段影响手臂前摆开始时间的

重复测量方差分析结果。

表 7-14　两组在 4 个阶段的手臂前摆开始时间、球出手时间和球-墙接触时间($M \pm SD$)

单位：ms

测试阶段	训练方式	手臂前摆开始时间	球出手时间	球-墙接触时间
前测	静眼训练组	419±65	625±70	953±108
	技术训练组	427±82	632±73	984±92
保持性测试 1	静眼训练组	419±66	625±59	981±78
	技术训练组	401±65	638±55	981±77
压力测试	静眼训练组	425±67	647±100	995±89
	技术训练组	393±71	625±64	973±92
保持性测试 2	静眼训练组	424±57	634±58	1017±96
	技术训练组	375±58	620±53	976±77

表 7-15　训练方式和测试阶段影响手臂前摆开始时间的方差分析结果

变异来源	SS	df	MS	F	p	偏 η_p^2
训练方式	35926.02	1	35926.02	2.76	0.10	0.04
测试阶段	18809.47	3	6269.82	3.83	0.011	0.06
训练方式×测试阶段	28888.28	3	9629.43	5.88	0.001	0.08
组间误差项	857842.60	66	12997.62	—	—	—
组内误差项	324471.75	198	1638.75	—	—	—

表 7-14 呈现了两个组在不同测试阶段的球出手时间。2（训练方式）×4（测试阶段）重复测量方差分析发现，两种训练方式之间的差异未达到统计学显著性水平，$F(1, 66)=0.08$，$p=0.78$，偏 $\eta^2=0.001$；不同测试阶段之间的差异未达到统计学显著性水平，$F(3, 198)=0.64$，$p=0.59$，偏 $\eta^2=0.01$；训练方式和测试阶段之间的交互作用达到边缘显著性水平，$F(3, 198)=2.61$，$p=0.052$，偏 $\eta^2=0.04$。表 7-16 呈现了训练方式和测试阶段影响球出手时间的重复测量方差分析结果。

表 7-16　训练方式和测试阶段影响球出手时间的方差分析结果

变异来源	*SS*	*df*	*MS*	*F*	*p*	偏 η_p^2
训练方式	971.31	1	971.31	0.08	0.78	0.001
测试阶段	3405.07	3	1135.03	0.64	0.59	0.01
训练方式×测试阶段	13900.49	3	4633.50	2.61	0.052	0.04
组间误差项	850037.06	66	12879.35	—	—	—
组内误差项	350961.94	198	1772.54	—	—	—

表 7-14 呈现了两个组在不同测试阶段的球-墙接触时间。2（训练方式）×4（测试阶段）重复测量方差分析发现，两种训练方式之间的差异未达到统计学显著性水平，$F(1, 66)=0.16$，$p=0.69$，偏 $\eta^2=0.002$；不同测试阶段之间的差异达到了统计学显著性水平，$F(3, 198)=4.64$，$p=0.004$，偏 $\eta^2=0.07$；训练方式和测试阶段的交互作用达到了统计学显著性水平，$F(3, 198)=8.32$，$p<0.001$，偏 $\eta^2=0.11$。继而分析了简单效应。首先，对前测、保持性测试 1、压力测试和保持性测试 2 中两组的球-墙接触时间进行独立样本 t 检验。结果发现，在各阶段静眼训练组与技术训练组之间的差异均未达到统计学显著性水平（$p_s>0.06$）。其次，对静眼训练组和技术训练组不同阶段的球-墙接触时间分别进行重复测量方差分析。结果发现，静眼训练组不同阶段之间的差异达到了统计学显著性水平（$p<0.001$），三次后测均显著地晚于前测（$p_s<0.031$），压力和保持性测试 2 均显著地晚于保持性测试 1（$p_s<0.012$），压力测试和保持性测试 2 两个测试阶段之间的差异仅达到了边缘性显著水平（$p=0.054$）；技术训练组不同测试阶段之间的差异未达到统计学显著性水平（$p=0.76$）。表 7-17 呈现了训练方式和测试阶段影响球-墙接触时间的重复测量方差分析结果。

表 7-17　训练方式和测试阶段影响球-墙接触时间的方差分析结果

变异来源	*SS*	*df*	*MS*	*F*	*p*	偏 η_p^2
训练方式	4053.31	1	4053.31	0.16	0.69	0.002
测试阶段	27244.44	3	9081.48	4.64	0.004	0.07
训练方式×测试阶段	48850.02	3	16283.34	8.32	<0.001	0.11
组间误差项	1708337.63	66	25883.90	—	—	—
组内误差项	387564.54	198	1957.40	—	—	—

表 7-18 呈现了两个组在不同测试阶段的动作持续时间。对动作持续时间进行 2（训练方式）× 4（测试阶段）重复测量方差分析发现，两种训练方式之间的差异达到了统计学显著性水平，F（1，66）＝5.76，p ＝ 0.02，偏 η^2＝ 0.08，技术训练组显著更长；不同测试阶段之间的差异达到统计学显著性水平，F（3，198）＝7.84，p ＜ 0.001，偏 η^2＝ 0.11，三次后测中的动作持续时间均长于前测（p_s＜ 0.001），保持性测试 2 中的动作持续时间显著长于保持性测试 1（p ＝ 0.03）；训练方式和测试阶段两变量之间的交互作用显著，F（3，198）＝5.22，p ＝ 0.002，偏 η^2＝ 0.07。继而分析了简单效应。首先，对前测、保持性测试 1、压力测试和保持性测试 2 中两组的动作持续时间进行独立样本 t 检验。结果发现，在保持性测试 1 和保持性测试 2 中，技术训练组的动作持续时间显著长于静眼训练组（p_s＜ 0.001），但在前测和压力测试中两组之间的差异未达到统计学显著性水平（p_s＞ 0.40）。其次，对静眼训练组和技术训练组不同阶段的动作持续时间分别进行重复测量方差分析。结果发现，静眼训练组不同阶段之间的差异未达到统计学显著性水平（p＝0.18）；而技术训练组不同阶段之间的差异达到了统计学显著性水平（p＜0.001），具体而言，三次后测均显著长于前测（p_s＜0.001），压力测试显著地短于保持性测试 2（p＝0.008），其他阶段之间的差异未达到统计学显著性水平（p_s＞0.09）。表 7-19 呈现了训练方式和测试阶段影响动作持续时间的方差分析结果。

表 7-18　两组在 4 个阶段的动作持续时间和球飞行时间（$M \pm SD$）　单位：ms

测试阶段	训练方式	动作持续时间	球飞行时间
前测	静眼训练组	206±37	328±65
	技术训练组	206±34	352±58
保持性测试 1	静眼训练组	206±35	356±79
	技术训练组	237±38	343±54
压力测试	静眼训练组	222±63	348±97
	技术训练组	233±44	348±60

续表

测试阶段	训练方式	动作持续时间	球飞行时间
保持性测试 2	静眼训练组	210±34	383±93
	技术训练组	245±44	356±51

表 7-19　训练方式和测试阶段影响动作持续时间的方差分析结果

变异来源	SS	df	MS	F	p	偏 η_p^2
训练方式	25082.88	1	25082.88	5.76	0.02	0.08
测试阶段	21231.21	3	7077.07	7.84	<0.001	0.11
训练方式×测试阶段	14135.21	3	4711.74	5.22	0.002	0.07
组间误差项	108531.14	66	3742.45	—	—	—
组内误差项	178773.09	198	902.89	—	—	—

表 7-18 呈现了两个组在不同测试阶段的球飞行时间。2（训练方式）×4（测试阶段）重复测量方差分析发现，两种训练方式之间的差异未达到统计学显著性水平，$F(1, 66)=0.063$，$p=0.80$，偏 $\eta^2=0.001$；不同测试阶段之间的差异达到了统计学显著性水平，$F(3, 198)=8.09$，$p<0.001$，偏 $\eta^2=0.11$，保持性测试 2 中的球飞行时间显著地长于其他阶段（$p<0.003$），其他阶段之间的差异未达到统计学显著性水平（$p>0.056$）；训练方式和测试阶段的交互作用达到了统计学显著性水平，$F(3, 198)=5.99$，$p=0.001$，偏 $\eta^2=0.08$。进而分析了简单效应。首先，对前测、保持性测试 1、压力测试和保持性测试 2 中两组的球飞行时间进行独立样本 t 检验。结果发现，在各阶段中，两组之间的差异均未达到统计学显著性水平（$p_s>0.11$）。其次，对静眼训练组和技术训练组不同阶段的球飞行时间分别进行重复测量方差分析。结果发现，静眼训练组各阶段之间的差异能够达到统计学显著性水平（$p<0.001$），保持性测试 2 比其他阶段中的球飞行时间都显著地更长（$p_s<0.01$），保持性测试 1 中的球飞行时间显著地长于前测（$p=0.001$）；技术训练组不同测试阶段之间的差异未达到统计学显著性水平（$p=0.18$）。表 7-20 呈现了训练方式和测试阶段影响球飞行时间的重复测量方差分析结果。

表 7-20　训练方式和测试阶段影响球飞行时间的方差分析结果

变异来源	*SS*	*df*	*MS*	*F*	*p*	偏 η_p^2
训练方式	1028.83	1	1028.83	0.063	0.80	0.001
测试阶段	32572.75	3	10857.58	8.09	<0.001	0.11
训练方式×测试阶段	24130.16	3	8043.39	5.99	0.001	0.08
组间误差项	1085205.98	66	16442.52	—	—	—
组内误差项	265788.35	198	1342.37	—	—	—

4. 运动表现（投掷成绩）

表 7-21 呈现了两个组在不同测试阶段的投掷成绩。对投掷成绩，即辐射距离（radial error）进行 2（训练方式）× 4（测试阶段）重复测量方差分析发现，两种训练方式之间的差异未达到统计学显著性水平，F（1，66）=1.16，p = 0.29，偏 η^2=0.02；不同测试阶段之间的差异能够达到统计学显著性水平，F（3，198）=25.55，p < 0.001，偏 η^2 = 0.28，两次保持性测试和压力测试中的投掷成绩均好于前测（p_s < 0.001）；训练方式和测试阶段的交互作用能够达到统计学显著性水平，F（3，198）=3.51，p=0.02，偏 η^2=0.05。继而分析简单效应。首先，对前测、保持性测试 1、压力测试和保持性测试 2 中两组的投掷成绩进行独立样本 t 检验。结果发现，在保持性测试 1 中，静眼训练组的投掷成绩显著好于技术训练组（p = 0.032）；在其他阶段测试中，两组之间的差异未达到统计学显著性水平（p_s>0.16）。其次，对静眼训练组和技术训练组各阶段的投掷成绩分别进行重复测量方差分析。结果发现，静眼训练组不同阶段之间具有显著差异（p<0.001），三次后测中的投掷成绩均好于前测（p_s<0.001）；技术训练组不同阶段之间的差异也达到了统计学显著性水平（p<0.001），压力和保持性测试 2 中的投掷成绩显著好于前测（p_s<0.003）。表 7-22 呈现了训练方式和测试阶段影响投掷成绩的方差分析结果。

表 7-21　两组在 4 个阶段的投掷成绩（$M \pm SD$）　　单位：cm

测试阶段	训练方式	投掷成绩
前测	静眼训练组	25.94±9.37
	技术训练组	25.27±7.80

续表

测试阶段	训练方式	投掷成绩
保持性测试 1	静眼训练组	19.34±7.20
	技术训练组	23.06±6.83
压力测试	静眼训练组	19.08±7.96
	技术训练组	21.45±5.38
保持性测试 2	静眼训练组	19.86±7.36
	技术训练组	21.07±5.41

表 7-22　训练方式和测试阶段影响投掷成绩的方差分析结果

变异来源	*SS*	*df*	*MS*	*F*	*p*	偏 η_p^2
训练方式	186.70	1	186.70	1.16	0.29	0.02
测试阶段	1288.15	3	429.38	25.55	<0.001	0.28
训练方式×测试阶段	176.91	3	58.97	3.51	0.02	0.05
组间误差项	1568.56	66	54.09	—	—	—
组内误差项	3327.82	198	16.81	—	—	—

（三）讨论与小结

静眼及静眼训练是近年来运动心理学的研究热点之一。目前已有研究探讨静眼训练对技能学习和压力应对的影响，但移动目标任务中关于静眼训练的研究稍显欠缺。① 此外，前人进行的静眼训练研究大多以技术训练组为对照组，但正如上文所述，技术训练组的指导语往往少于静眼训练组。因此，技术训练组得到的支持少于静眼训练组，这些研究的结论还需验证。

基于以上问题，本研究考察了静眼训练对移动目标任务中技能学习和压力应对的影响。实验设计了静眼训练和技术训练指令，保证两组的指导语的字数和句法结构保持一致。本实验假设，静眼训练组比对照组在训练后的静眼持续时间和投掷成绩中表现出更明显的优势。本实验还假设，静眼训练的这种积极效应可以迁移到压力情境中，即静眼训练组比技术训练组能够更好地保持压力下的静眼时间和运动表现。

① Vine, S. J. et al., 2010: "Quiet eye training: Effects on learning and performance under pressure", *Journal of Applied Sport Psychology*, November.

从不同测试阶段的状态焦虑分数来看，本研究的压力设置是成功的。压力操控成功地在两组中引起了更高的认知和躯体焦虑，更低的自信心和更高的总状态焦虑得分。

从代表注意控制的静眼指标来看，本研究发现，训练方式和测试阶段对静眼持续时间有交互影响。本研究发现，在静眼持续时间上，在前测中，静眼训练和技术训练两种训练方式的效果并无差异；但在三次后测中，静眼训练组的静眼持续时间均长于技术训练对照组。对照组训练后静眼持续时间并未延长，且在压力情境中变短了；而静眼训练组静眼持续时间延长，在压力下维持不变。两个训练组形成了鲜明的对比。这一结果与本研究的假设是一致的，还支持了前人的研究发现。① 本研究的结果说明，静眼训练能够提高压力和非压力下的自上而下的目标导向注意控制能力（反映为更长的静眼持续时间）。

本研究的结果可以在注意控制理论框架下进行解释，压力诱发的状态焦虑损害了自上而下的目标导向的注意控制（静眼时间），而静眼训练延长静眼时间，提高了注意控制的能力，确保研究参与者在压力下能够将注意集中到与任务相关的目标上。这项研究的结果表明，注意控制理论可以用来解释静眼训练的积极效果。换句话说，这项研究的结果支持了静眼训练效果的注意控制解释。②

有研究者指出，并非静眼的每个阶段或成分都很重要，对静眼期作为一个整体进行分析有些粗略，不足以揭示事物的真相。③ 因此，本研究根据关键动作对静眼期分段，并比较了两组训练方式和不同测试阶段下静眼期不同阶段的差异。研究发现，在关键动作执行过程中的静眼在线期和关键动作完成后的静眼驻留期上，均未发现训练方式和测试阶段的交互影响，而只在关键动作前的静眼前期上存在训练方式和测试阶段的交互作用。具体而言，在训练前，两组的静眼前期并无差异，但训练后任一阶段的测试中，静眼训练组的静眼前期均显著长于技术训练组。

静眼前期取决于静眼的起始点和手臂前摆关键动作的起始点，本研究进而分析了静眼的开始时间和手臂前摆的开始时间。静眼开始的时间受到

---

① Causer, J. et al., 2011: "Quiet eye training in a visuomotor control task", *Medicine & Science in Sports & Exercise*, June.

② 孙国晓:《静眼训练对移动目标任务运动表现的影响》,北京,北京体育大学博士学位论文,2017,第 63 页。

③ Vine, S. J. et al., 2014: "Quiet eye training: The acquisition, refinement and resilient performance of targeting skills", *European Journal of Sport Science*, January.

训练方式和测试阶段的影响，两种训练方式都使静眼开始时间提前，但是，两组在压力情境中表现出了差异——在压力测试中静眼训练组显著早于技术训练组。不过，训练方式和测试阶段并未影响手臂前摆关键动作的开始时间。

从以上结果看出，本研究中，静眼训练主要是通过使静眼开始时间提前，而非使手臂动作时间延长，而延长了静眼时间。这一结果可能与研究任务有关。本研究使用限时的移动目标截击任务，对这类任务而言，及时注意并追踪到目标，有助于提高对目标的注意控制，顺利完成任务。

就动作特征而言，技术训练后参与者的动作持续时间延长，间接反映了技术训练组参与者较注重手臂动作。根据动作受限假说，当注意焦点向内时，也即，当运动活动者关注内部的肢体动作时，动作自动化过程会被破坏，技能表现会受影响。①

研究还发现，静眼训练使研究参与者的球飞行时间延长，即球速变慢，而技术训练组的球飞行时间没有变化。球的飞行时间由两个变量决定，即球释放的时间点和球-墙接触的时间点，进而分析这两个变量。在球释放的时间点变量上，并未发现任何训练效应；但在球-墙接触时间点变量上，发现了训练方式和测试阶段的交互作用。具体而言，静眼训练组在训练后球-墙接触时间延后，而技术训练组未发生变化。出现这一结果，或许是因为静眼训练组参与者将注意集中到目标上，或许是因为手臂动作发生了肉眼观察不到的细微变化，使球速发生了变化。本研究建议，将来研究应该借助生物力学方法，对静眼训练和技术训练带来的动力学特征进行更为精细的分析，以找到更多规律。

从投掷成绩来看，本研究发现了训练方式和测试阶段之间的交互作用。在前测时静眼训练组和技术训练对照组之间无明显差异，但在后测时静眼训练组的投掷成绩显著好于技术训练对照组。这与本研究的假设是一致的，说明静眼训练比传统的技术训练更有助于促进技能学习。但与假设不一致的是，两组在压力测试中的投掷成绩并无差异。前文分析中，两组在压力下的静眼是存在差异的，但是这种差异并未影响到运动表现，可能是因为注意控制的差异还不够明显，不足以引起运动表现的变化。这个结果也可能与本研究中训练次数较少（仅 50 次）有关。虽然两组在注意控制能力上表现出了差异，但注意控制能力的变化还不足以引起成绩的显著

① Wulf, G. et al., 2013: "Attentional focus and motor learning: A review of 15 years", *International Review of Sport and Exercise Psychology*, September.

性变化。不过，本研究的结果与加工效能理论和注意控制理论并不相悖，因为这两种理论都认为焦虑未必导致操作成绩下降。[①]

本研究具有重要价值。前人发现了静止目标任务（如篮球、高尔夫、飞镖等）中静眼训练对技能学习和压力应对的作用[②]，本研究进而发现了静眼训练在拦截类任务中的作用。此外，这项研究优于以往研究[③]的地方还在于，本研究中的技术训练对照组是控制更为严格的对照组，静眼训练组与对照组在指导语的数量和语句结构方面保持了一致。本研究同样验证了前人发现的静眼训练的效果，这比前人研究更能说明，静眼训练的技能学习和压力应对作用是比较稳健的。

本研究的第一个局限是使用实验室创建的移动目标任务作为实验任务，且在完全模拟的情境中进行测试。后续研究应该考虑选择带有移动目标性质的项目（如飞碟射击），在真实的训练和比赛情境中，进一步检验静眼训练的作用。本研究的第二个局限是使用技术训练组作为唯一对照组，将来研究应该设计多个对照组，以进行更有意义的分析和比较。本研究的第三个局限是没有使用高水平运动员作为参与者，且设置的压力情境与运动员真实大赛中的压力情境有差距。实验中使用的奖励、惩罚、比较所诱发的压力与运动员比赛行为动机也并非完全吻合，将来或许可以考虑借助虚拟现实技术更好地解决压力诱发的问题。

总之，本研究发现在移动目标投掷任务中，静眼训练比技术训练对提高运动中目标的注意控制能力更有效。静眼训练有助于对抗压力引发的状态焦虑对注意控制的影响，保证注意控制不因压力而变差。本研究还发现，静眼训练与技术训练均能促进技能学习，但是静眼训练组比技术训练组的效果更为明显，尤其在训练后即刻进行的保持性测试中。但是，两种训练方式对压力下运动表现的影响效果并无明显差异。

---

① 孙国晓：《竞赛特质焦虑与反应抑制：对注意控制理论的检验》，北京，北京体育大学硕士学位论文，2013，第63页。

② Vine, S. J. et al., 2010: "Quiet eye training: Effects on learning and performance under pressure", *Journal of Applied Sport Psychology*, November.

③ Miles, C. A. L. et al., 2015: "Quiet eye training facilitates visuomotor coordination in children with developmental coordination disorder", *Research in Developmental Disabilities*, May; Miles, C. A. L. et al., 2017: "Quiet eye training aids the long-term learning of throwing and catching in children: Preliminary evidence for a predictive control strategy", *European Journal of Sport Science*, February.

二、静眼训练对压力下多向飞碟射击任务注意控制的影响

根据注意控制理论，焦虑影响注意控制。① 本章第一部分在一项移动目标投掷任务中的实验研究发现，静眼训练比技术训练更有助于提高压力下的注意控制能力。但这项研究是在实验室中进行的，在环境更为复杂、条件更难以控制的现场中，静眼训练能否提高运动员压力下的注意控制呢？

在飞碟射击项目中，“看靶”是射击的关键，而视觉注意和眼动追踪是飞碟射击的制胜因素。② 最近研究者开始从静眼角度研究飞碟射击中的视觉注意和眼动追踪问题，英国学者考泽（Causer）等人就在飞碟射击项目中进行了系列静眼研究。他们比较了双向、多向和双多向三种飞碟射击项目运动员击中和未击中时的静眼特征，发现当碟靶被击中时，运动员有更长的相对静眼时长③；他们还在双向飞碟射击项目中比较了压力和非压力条件下的静眼特征，发现压力下相对静眼时长变短④；此外，他们在双向飞碟射击运动任务中探讨静眼训练的效果，发现静眼训练组比技术训练组有更长的眼动追踪时间和更高的命中率，也就是说，静眼训练提高了压力下的注意控制⑤。

笔者目前尚未查询到学者们针对多向飞碟射击项目开展的静眼训练研究。多向飞碟不同于双向飞碟，后者有两只碟靶，考泽等人的静眼训练研究探讨的是第二只碟靶，而对第二只碟靶的视觉注意无疑会受到第一只碟靶的影响。因此，双向飞碟项目的研究成果不能直接应用于多向飞碟项目。静眼训练是否能提高多向飞碟运动员压力下的注意控制能力还有待检验。

---

① 孙国晓等:《加工效能理论到注意控制理论:焦虑运动表现的新诠释》,《心理科学进展》2013 年第 10 期; Eysenck, M. W. et al., 2007: “Anxiety and cognitive performance: Attentional control theory”, *Emotion*, June.

② 孙国晓:《静眼训练对移动目标任务运动表现的影响》,北京,北京体育大学博士学位论文,2017,第 13 页。

③ Causer, J. et al., 2010: “Quiet eye duration and gun motion in elite shotgun shooting”, *Medicine & Science in Sports & Exercise*, August.

④ Causer, J. et al., 2011: “Anxiety, movement kinematics, and visual attention in elite-level performers”, *Emotion*, June.

⑤ Causer, J. et al., 2011: “Quiet eye training in a visuomotor control task”, *Medicine & Science in Sports & Exercise*, June.

除此之外，前人静眼训练研究多选取成年人样本，以青少年为样本的研究还相对欠缺。在对成年人群体的研究中，学者们发现，更长的静眼持续时间与更成功的运动表现相关，更长的静眼持续时间也有助于减少甚至避免焦虑导致的技能退化。[①] 那么，青少年运动员群体中能否得到与成年运动员群体中相似的结果呢？为回答这一问题，沙阿（Shah）等人的研究招募了10名年龄为13岁左右的青少年射击运动员，在焦虑和非焦虑状态下进行一项气手枪任务。[②] 研究者采用了2（绩效表现：成功、失败）×2（条件：焦虑、非焦虑）混合设计，检验不同绩效表现和不同条件能否区分静眼持续时间。该研究采用了两种方法对绩效进行评价：客观成绩和教练评分。最终研究结果却未发现任何显著的主效应或交互作用，这与成年群体中发现的结果不同。在青少年运动员群体中，绩效表现和焦虑并不能有效区分静眼持续时间，尽管静眼持续时间在绩效表现好的时候比绩效表现差的时候更长，而且，静眼持续时间在焦虑状态下且绩效表现差的时候也最短。沙阿等人指出，这一初步探索鼓励未来学者更多关注青少年运动员群体中的结果，以在不同层次的学习者中确定最有效的静眼模式。[③] 基于此，笔者也将在青少年运动员中进行一项研究，进一步检验围绕延长静眼期进行的干预能否提高绩效表现。

综上，本研究选取青少年运动员作为研究对象，旨在探讨静眼训练对多向飞碟射击运动员在压力下注意控制的影响。考虑到运动队的现实情况，采用适合心理干预的现场研究的多重基线设计，在基线和静眼训练期间进行多次测试，比较运动员在两个阶段的静眼特征和射击成绩。[④]

（一）研究方法

1. 研究参与者

在某省射击运动管理中心，邀请一名教练员及其指导的3名男性和2名女性青少年运动员参与本研究。5名运动员均为一年半以前开始练习多向飞碟射击，他们的平均年龄为16.20岁（SD=1.79），都是右利手，优

---

① Wilson, M. R. et al., 2015: *Aiming for excellence: The quiet eye as a characteristic of expertise*, London, Routledge, pp.22-37.

② Shah, E. J. et al., 2020: "Anxiety on quiet eye and performance of youth pistol shooters", *Journal of Sport & Exercise Psychology*, July.

③ Shah, E. J. et al., 2020: "Anxiety on quiet eye and performance of youth pistol shooters", *Journal of Sport & Exercise Psychology*, July.

④ Kao, S. et al., 2014: "Neurofeedback training reduces frontal midline theta and improves putting performance in expert golfers", *Journal of Applied Sport Psychology*, July.

势眼都是右眼。

2. 实验仪器

使用瞳孔眼镜式眼动追踪系统（Pupil-labs，Berlin，Germany）以30 Hz采样率采集运动员的眼动追踪行为。通过该眼动追踪系统自带的瞳孔捕捉（Pupil Capture）软件（Pupil-labs，Berlin，Germany）采集由场景摄像机（world camera）录制的靶场视频和由眼动摄像机（eye camera）录制的眼动视频，再经由该系统自带的瞳孔播放器（Pupil Player）软件（Pupil-labs，Berlin，Germany）将两个视频整合为一个带有眼动追踪轨迹的飞碟射击第一人称视角视频，并在苹果播放器（Quick Time Player）软件（Apple Inc.，CA，USA）中分析。

3. 实验任务

多向飞碟射击比赛中，预赛为双发，即枪膛中有两颗子弹，运动员在首发未击中的情况下尚有机会补发；决赛是单发，即枪膛中仅有一颗子弹，运动员仅有一次机会。这项研究使用了单发任务。在测试过程中，所有运动员都在后排观察被测运动员的射击成绩，因此所有的测试都是压力下的任务测试。

4. 实验设计

研究采用了多重基线A-B设计。运动员首先完成3～4次基线期测试，以获得较为稳定的数据变化趋势，然后进入为期四周的静眼训练期，期间每位运动员完成5～8次测试，以获得静眼训练期的数据变化趋势。

5. 实验程序

实验过程中，每位运动员单独测试，其他运动员在后排观看。实验于2016年9～11月进行。实验过程中，每周一、周二、周四测试，每位运动员每周测试2～3次，每次测试10发，每位选手每次需要10 min左右完成。

训练通过指导语、视频模仿和反馈的方式开展。研究开始前，研究人员与教练员进行充分沟通，使教练员理解和接受静眼训练的理念和方法，并共同制订干预方案。静眼训练期由教练员给运动员指导，教练员为运动员讲解中央视野的概念，要求运动员能看到碟靶，用中央视野锁住碟靶。每周有5次靶场训练课，每次训练课有15 min举枪练习，15 min空枪跟靶练习，三组25发双发和一组15发单发。

6. 测试指标

在这项研究中，静眼被定义为扣扳机前对碟靶3°视角内持续时间不短于100 ms的眼动追踪。本研究的参与者为新手运动员，追踪碟靶的能力比较弱。因此，本研究未计算每个试次的静眼时长，而是记录了每10次测试中存在静眼现象的比例，将其命名为静眼比率。

除此之外，本研究还计数了扣扳机前在碟靶上5°视角内（在中央视野范围内[①]）追踪1帧（33 ms）及以上的眼动追踪，记录10次测试中有此种眼动追踪的比例，将其命名为眼动追踪比率。

击发时间被定义为从碟靶飞出到扣扳机之间的时间。命中率为每10次测试中击中试次所占的比率。

7. 数据分析

本实验参照卡奥（Kao）等人的做法，采用直观观测法评价静眼训练的效果。[②] 依据如下三个标准判断静眼训练是否有效。第一，观察静眼训练期是否高于或低于基线期。第二，观察两个阶段的重叠，观察静眼训练期内是否有两个或两个以上连续数据点超出基线期两个标准差的范围。第三，根据静眼训练期与基线期均值比较的效果量大小判断静眼训练的效果。

（二）结果

1. 静眼比率

基线期和静眼训练期的静眼比率对比如表7-23所示。

图7-2显示了运动员FC在基线期和静眼训练期的静眼比率的比较。可见，静眼训练期的平均值高于基线期，$d=0.59$。在静眼训练期间，没有发现两个或两个以上的连续数据超过基线期的两个标准差。

图7-3显示了运动员FY在基线期和静眼训练期的静眼比率的比较。可见，静眼训练期的平均值高于基线期，$d=0.83$。静眼训练期内没有发现两个或两个以上的连续数据超过基线期的两个标准差。

图7-4显示了运动员MF在基线期和静眼训练期的静眼比率的比较。可见，静眼训练期的平均值低于基线期，$d=-0.28$。静眼训练期内没有发现两个或两个以上的连续数据超过基线期的两个标准差。

图7-5显示了运动员MG在基线期和静眼训练期的静眼比率的比较。可见，静眼训练期的平均值低于基线期，$d=-1.71$。静眼训练期内发现连续5个数据低于基线期两个标准差范围。

图7-6显示了运动员MC在基线期和静眼训练期的静眼比率的比较。

---

① 周冉等:《中央与外周视野的IOR时间进程及其年龄效应比较》,《心理科学》2010年第4期。

② Kao, S. et al., 2014: "Neurofeedback training reduces frontal midline theta and improves putting performance in expert golfers", *Journal of Applied Sport Psychology*, July.

可见，在基线期几乎未发现静眼行为；在静眼训练期前期几乎未发现静眼行为，但在静眼训练期后期有一些波动，出现一些静眼行为。整体来看，静眼训练期的平均值高于基线期的平均值，$d=0.59$。

表 7-23　5 位运动员在基线期和静眼训练期的静眼比率（$M\pm SD$）

运动员	基线期静眼比率	静眼训练期静眼比率
FC	0.15±0.10	0.21±0.20
FY	0.08±0.10	0.16±0.10
MF	0.23±0.21	0.18±0.18
MG	0.20±0.08	0.06±0.11
MC	0.03±0.05	0.06±0.08

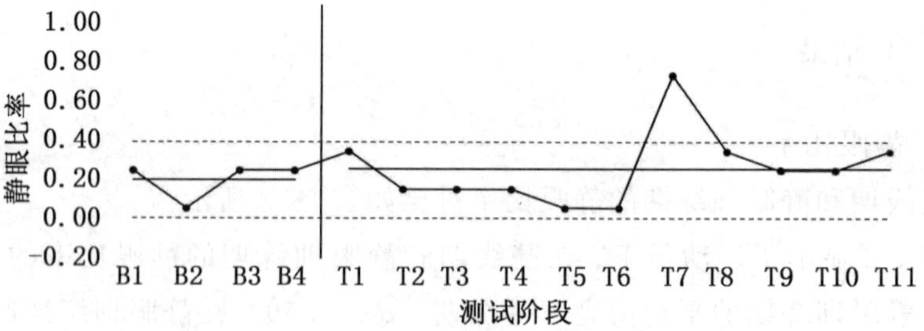

图 7-2　运动员 FC 基线期和静眼训练期的静眼比率对比

说明：B 代表基线期，在此期间进行了 4 次测试；T 代表静眼训练期，在此期间进行了 11 次测试。两条虚线包含区域是高于和低于基线期均值两个标准差范围，两条水平方向实线分别是基线期和静眼训练期的静眼比率的平均值，竖线是基线期和静眼训练期的分界。

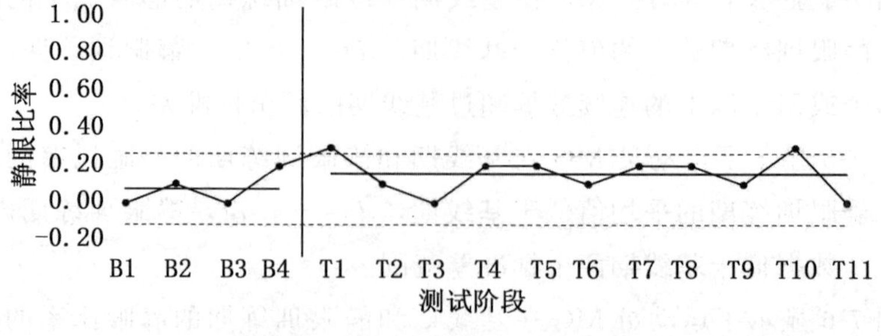

图 7-3　运动员 FY 基线期和静眼训练期的静眼比率对比

说明：B 代表基线期，在此期间进行了 4 次测试；T 代表静眼训练期，在此期间进行了 11 次测试。两条虚线包含区域是高于和低于基线期均值两个标准差范围，两条水平方向实线分别是基线期和静眼训练期的静眼比率的平均值，竖线是基线期和静眼训练期的分界。

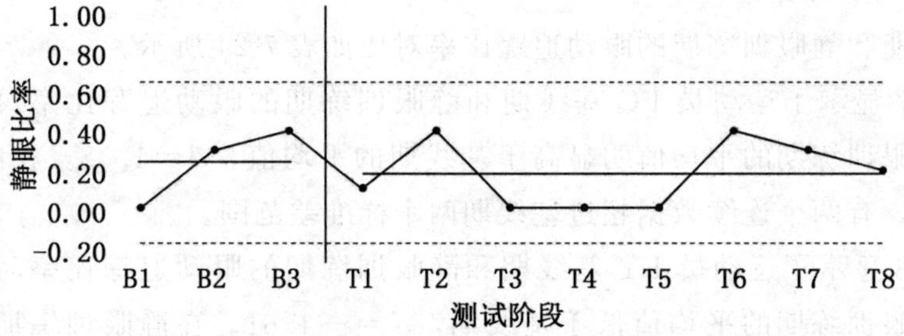

图 7-4　运动员 MF 基线期和静眼训练期的静眼比率对比

说明：B 代表基线期，在此期间进行了 3 次测试；T 代表静眼训练期，在此期间进行了 8 次测试。两条虚线包含区域是高于和低于基线期均值两个标准差范围，两条水平方向实线分别是基线期和静眼训练期的静眼比率的平均值，竖线是基线期和静眼训练期的分界。

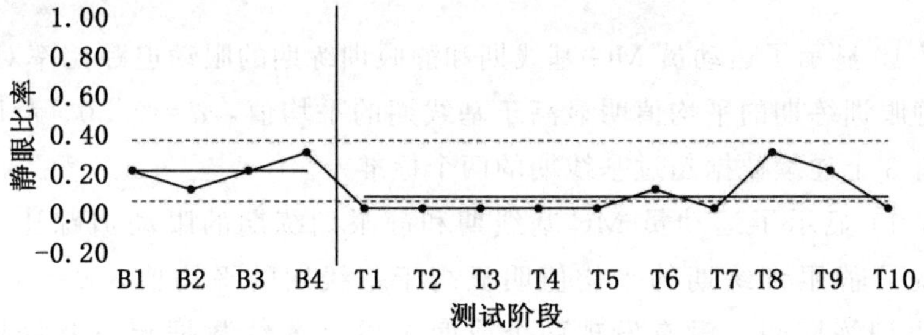

图 7-5　运动员 MG 基线期和静眼训练期的静眼比率对比

说明：B 代表基线期，在此期间进行了 4 次测试；T 代表静眼训练期，在此期间进行了 10 次测试。两条虚线包含区域是高于和低于基线期均值两个标准差范围，两条水平方向实线分别是基线期和静眼训练期的静眼比率的平均值，竖线是基线期和静眼训练期的分界。

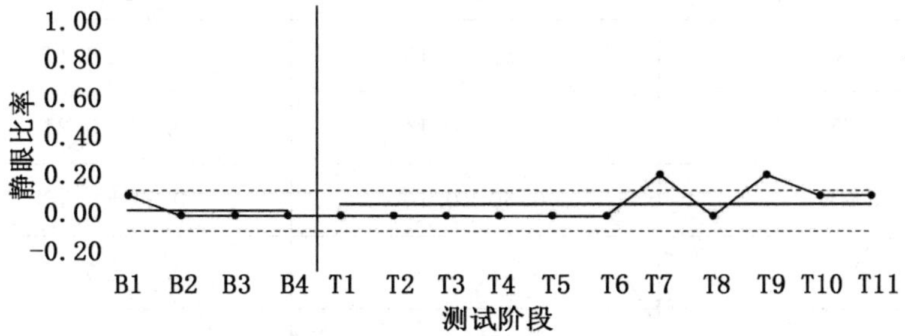

图 7-6　运动员 MC 基线期和静眼训练期的静眼比率对比

说明：B 代表基线期，在此期间进行了 4 次测试；T 代表静眼训练期，在此期间进行了 11 次测试。两条虚线包含区域是高于和低于基线期均值两个标准差范围，两条水平方向实线分别是基线期和静眼训练期的静眼比率的平均值，竖线是基线期和静眼训练期的分界。

2. 眼动追踪比率

基线期和静眼训练期的眼动追踪比率对比如表 7-24 所示。

图 7-7 显示了运动员 FC 基线期和静眼训练期的眼动追踪比率对比。可见，静眼训练期的平均值明显高于基线期的平均值，$d=1.08$。在静眼训练期间，有两个连续数据超过基线期两个标准差范围。

图 7-8 显示了运动员 FY 基线期和静眼训练期的眼动追踪比率对比。可见，静眼训练期的平均值低于基线期，$d=-1.61$。在静眼训练期间，有两个连续数据超过基线期两个标准差范围。

图 7-9 显示了运动员 MF 基线期和静眼训练期的眼动追踪比率对比。可见，静眼训练期的平均值明显高于基线期的平均值，$d=1.13$。但是在静眼训练期间，没有发现两个或两个以上连续数据超过基线期的两个标准差。

图 7-10 显示了运动员 MG 基线期和静眼训练期的眼动追踪比率对比。可见，静眼训练期的平均值明显高于基线期的平均值，$d=2.50$。静眼训练期内有 3 个连续数据超过基线期的两个标准差。

图 7-11 显示了运动员 MC 基线期和静眼训练期的眼动追踪比率对比。可见，静眼训练期的平均值明显高于基线期的平均值，$d=0.58$。但在静眼训练期间，没有发现两个或两个以上连续数据超过基线期的两个标准差。

表 7-24　5 位运动员在基线期和静眼训练期的眼动追踪比率（$M \pm SD$）

运动员	基线期 眼动追踪比率	静眼训练期 眼动追踪比率
FC	0.58±0.15	0.74±0.17
FY	0.70±0.14	0.47±0.21
MF	0.60±0.10	0.71±0.10
MG	0.38±0.05	0.50±0.22
MC	0.23±0.21	0.35±0.23

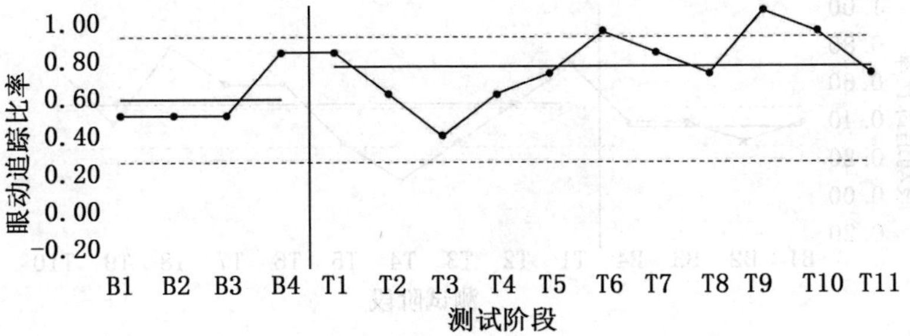

图 7-7　运动员 FC 基线期和静眼训练期的眼动追踪比率对比

说明：B代表基线期，在此期间进行了 4 次测试；T 代表静眼训练期，在此期间进行了 11 次测试。两条虚线包含区域是高于和低于基线期均值两个标准差范围，两条水平方向实线分别是基线期和静眼训练期的眼动追踪比率的平均值，竖线是基线期和静眼训练期的分界。

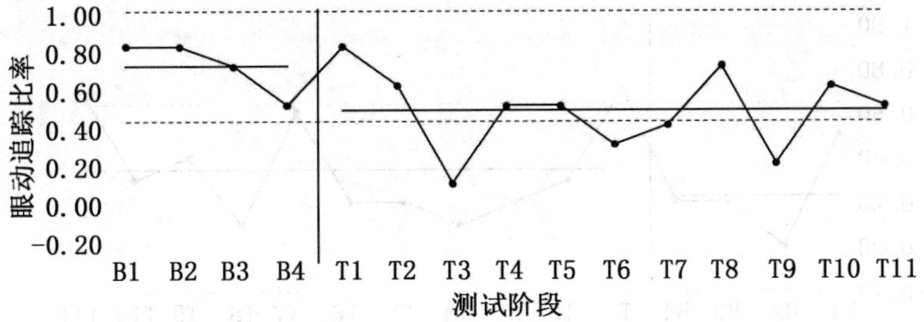

图 7-8　运动员 FY 基线期和静眼训练期的眼动追踪比率对比

说明：B代表基线期，在此期间进行了 4 次测试；T 代表静眼训练期，在此期间进行了 11 次测试。两条虚线包含区域是高于和低于基线期均值两个标准差范围，两条水平方向实线分别是基线期和静眼训练期的眼动追踪比率的平均值，竖线是基线期和静眼训练期的分界。

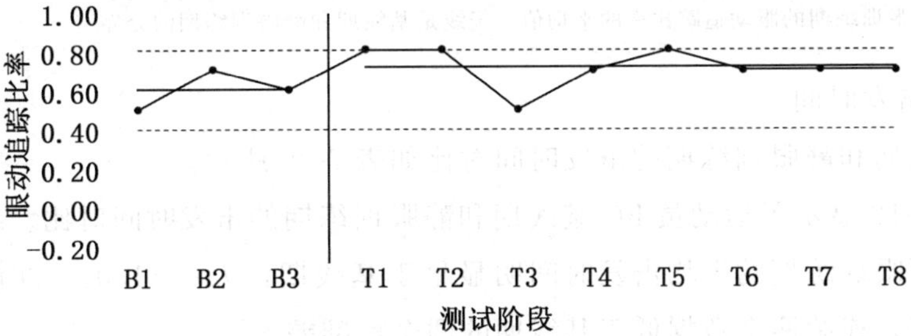

图 7-9　运动员 MF 基线期和静眼训练期的眼动追踪比率对比

说明：B代表基线期，在此期间进行了 3 次测试；T 代表静眼训练期，在此期间进行了 8 次测试。两条虚线包含区域是高于和低于基线期均值两个标准差范围，两条水平方向实线分别是基线期和静眼训练期的眼动追踪比率的平均值，竖线是基线期和静眼训练期的分界。

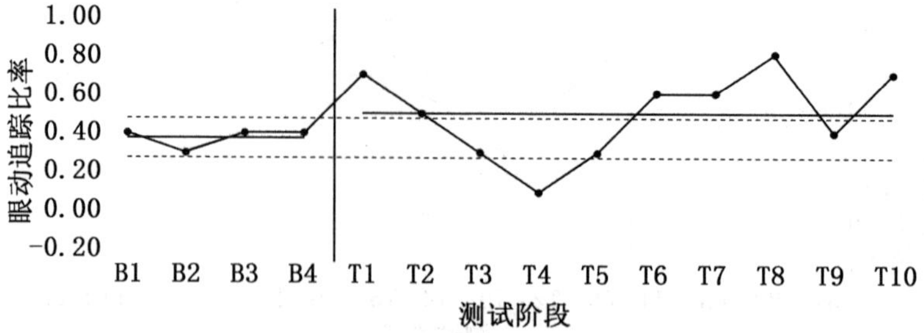

图 7-10　运动员 MG 基线期和静眼训练期的眼动追踪比率对比

说明：B 代表基线期，在此期间进行了 4 次测试；T 代表静眼训练期，在此期间进行了 10 次测试。两条虚线包含区域是高于和低于基线期均值两个标准差范围，两条水平方向实线分别是基线期和静眼训练期的眼动追踪比率的平均值，竖线是基线期和静眼训练期的分界。

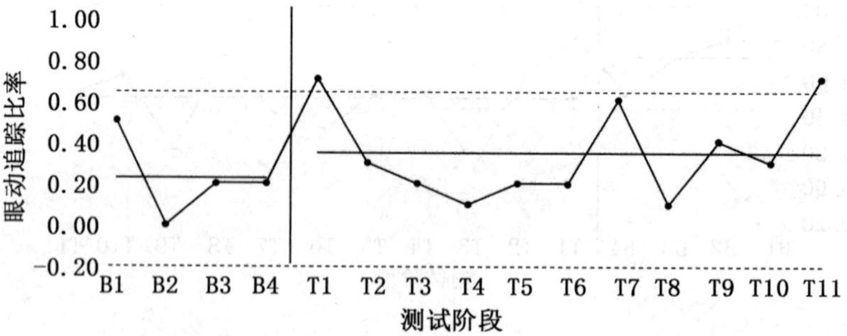

图 7-11　运动员 MC 基线期和静眼训练期的眼动追踪比率对比

说明：B 代表基线期，在此期间进行了 4 次测试；T 代表静眼训练期，在此期间进行了 11 次测试。两条虚线包含区域是高于和低于基线期均值两个标准差范围，两条水平方向实线分别是基线期和静眼训练期的眼动追踪比率的平均值，竖线是基线期和静眼训练期的分界。

3. 击发时间

基线期和静眼训练期的击发时间对比如表 7-25 所示。

图 7-12 显示了运动员 FC 基线期和静眼训练期的击发时间对比。结果表明，静眼训练期的平均击发时间明显早于基线期，$d=-1.08$。在静眼训练期间，连续两个数据低于基线期的两个标准差。

图 7-13 显示了运动员 FY 基线期和静眼训练期的击发时间对比。静眼训练期的平均击发时间晚于基线期，$d=2.81$。在静眼训练期间，连续 6 个数据超过基线期的两个标准差。

图 7-14 显示了运动员 MF 基线期和静眼训练期的击发时间对比。静眼训练期的平均击发时间晚于基线期，$d=1.61$。在静眼训练期间，连续

两个数据超过基线期的两个标准差。

图 7-15 显示了运动员 MG 基线期和静眼训练期的击发时间对比。静眼训练期的平均击发时间晚于基线期，$d=1.58$。在静眼训练期间，没有发现两个或两个以上连续数据超过基线期的两个标准差。

图 7-16 显示了运动员 MC 在基线期和静眼训练期的击发时间。静眼训练期的平均击发时间晚于基线期，$d=2.26$。在静眼训练期间，连续 5 个数据超过基线期的两个标准差。

表 7-25 5 位运动员在基线期和静眼训练期的击发时间（$M \pm SD$）

单位：ms

运动员	基线期击发时间	静眼训练期击发时间
FC	802±27	772±31
FY	644±17	693±33
MF	558±18	587±20
MG	599±19	630±22
MC	625±11	650±25

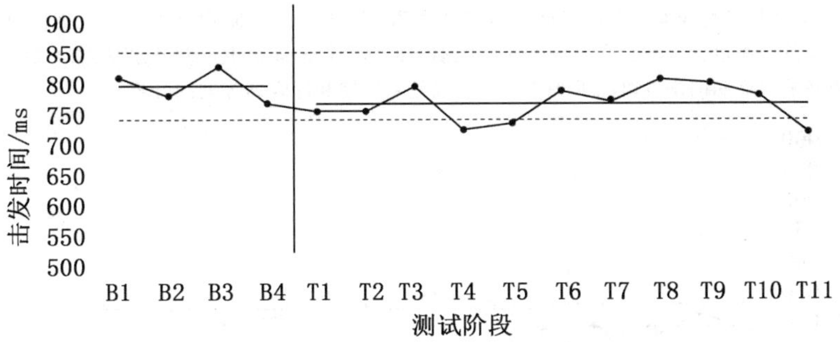

图 7-12 运动员 FC 基线期和静眼训练期的击发时间对比

说明：B 代表基线期，在此期间进行了 4 次测试；T 代表静眼训练期，在此期间进行了 11 次测试。两条虚线包含区域是高于和低于基线期均值两个标准差范围，两条水平方向实线分别是基线期和静眼训练期的击发时间的平均值，竖线是基线期和静眼训练期的分界。

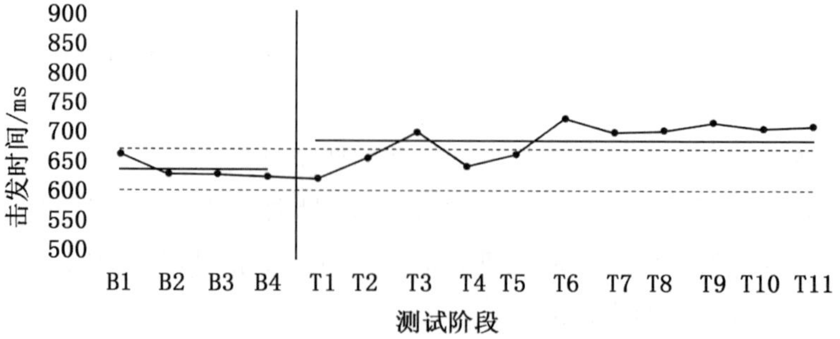

图 7-13　运动员 FY 基线期和静眼训练期的击发时间对比

说明：B代表基线期，在此期间进行了4次测试；T代表静眼训练期，在此期间进行了11次测试。两条虚线包含区域是高于和低于基线期均值两个标准差范围，两条水平方向实线分别是基线期和静眼训练期的击发时间的平均值，竖线是基线期和静眼训练期的分界。

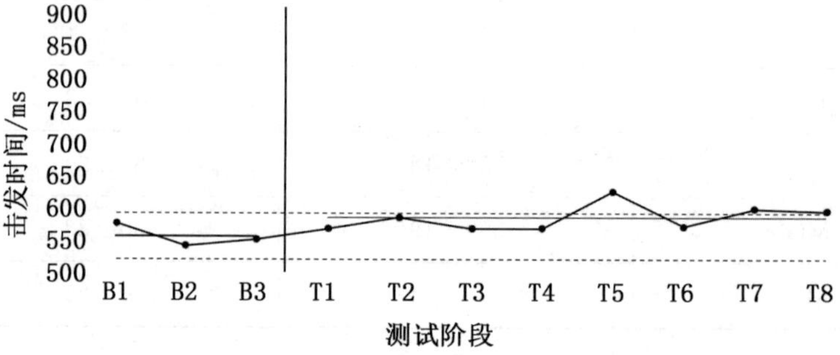

图 7-14　运动员 MF 基线期和静眼训练期的击发时间对比

说明：B代表基线期，在此期间进行了3次测试；T代表静眼训练期，在此期间进行了8次测试。两条虚线包含区域是高于和低于基线期均值两个标准差范围，两条水平方向实线分别是基线期和静眼训练期的击发时间的平均值，竖线是基线期和静眼训练期的分界。

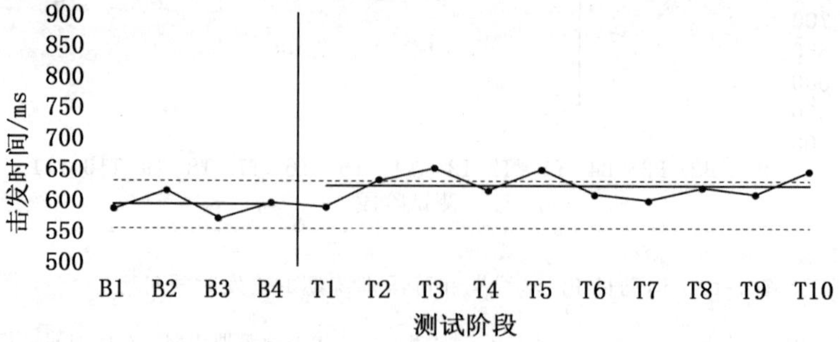

图 7-15　运动员 MG 基线期和静眼训练期的击发时间对比

说明：B代表基线期，在此期间进行了4次测试；T代表静眼训练期，在此期间进行了10次测试。两条虚线包含区域是高于和低于基线期均值两个标准差范围，两条水平方向实线分别是基线期和静眼训练期的击发时间的平均值，竖线是基线期和静眼训练期的分界。

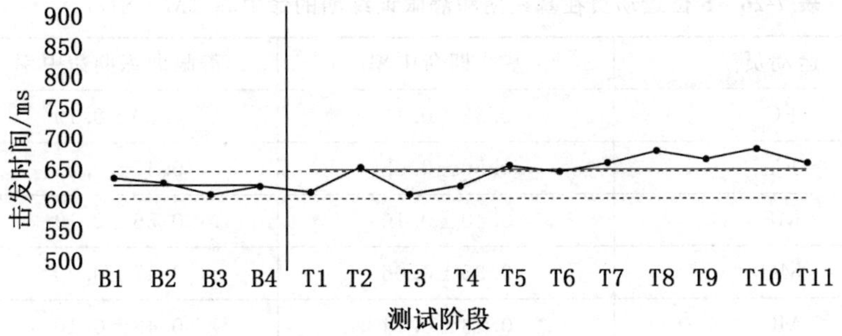

图 7-16 运动员 MC 基线期和静眼训练期的击发时间对比

说明：B代表基线期，在此期间进行了4次测试；T代表静眼训练期，在此期间进行了11次测试。两条虚线包含区域是高于和低于基线期均值两个标准差范围，两条水平方向实线分别是基线期和静眼训练期的击发时间的平均值，竖线是基线期和静眼训练期的分界。

4. 命中率

基线期和静眼训练期的命中率对比如表 7-26 所示。

图 7-17 显示了运动员 FC 在基线期和静眼训练期命中率的比较。静眼训练期的命中率平均值高于基线期，$d=0.52$。然而，在静眼训练期间，没有发现两个或两个以上连续数据超过基线期的两个标准差。

图 7-18 显示了运动员 FY 基线期和静眼训练期的命中率对比。可见，运动员 FY 静眼训练期的命中率均值略低于基线期，$d=-0.33$。在静眼训练期间，没有发现两个或两个以上连续数据超过基线期的两个标准差。

图 7-19 显示了运动员 MF 在基线期和静眼训练期的命中率的比较。可见，运动员 MF 静眼训练期的命中率均值明显高于基线期，$d=1.63$。在静眼训练期间，连续两个数据超过基线期的两个标准差。

图 7-20 显示了运动员 MG 在基线期和静眼训练期的命中率的比较。可见，运动员 MG 静眼训练期的命中率均值明显高于基线期，$d=2.08$。在静眼训练期前，连续 4 个数据超过基线期的两个标准差。

图 7-21 显示了运动员 MC 基线期和静眼训练期的命中率对比。在基线期和静眼训练期，MC 的平均命中率基本相同，$d=0.02$。在静眼训练期间，没有发现两个或两个以上的连续数据点超过基线期的两个标准差。静眼训练初期，该运动员的命中率有提高，而后期不稳定。总体看来，静眼训练对该运动员作用效果有限。

表 7-26　5 位运动员在基线期和静眼训练期的命中率（$M \pm SD$）

运动员	基线期命中率	静眼训练期命中率
FC	0.33±0.13	0.39±0.19
FY	0.50±0.08	0.47±0.21
MF	0.40±0.10	0.56±0.19
MG	0.35±0.06	0.47±0.20
MC	0.43±0.14	0.43±0.10

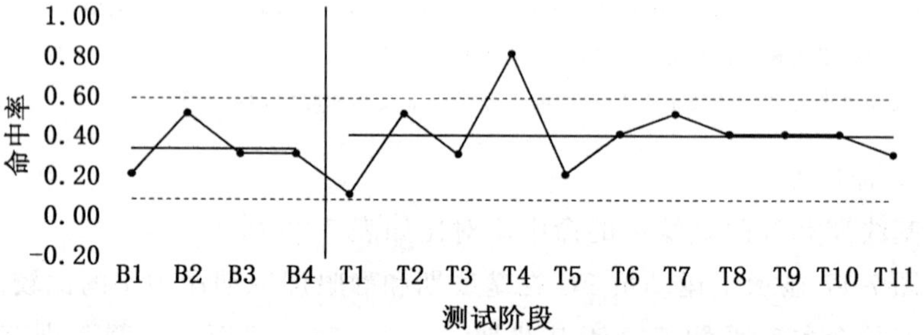

图 7-17　运动员 FC 基线期和静眼训练期的命中率对比

说明：B 代表基线期，在此期间进行了 4 次测试；T 代表静眼训练期，在此期间进行了 11 次测试。两条虚线包含区域是高于和低于基线期均值两个标准差范围，两条水平方向实线分别是基线期和静眼训练期的命中率的平均值，竖线是基线期和静眼训练期的分界。

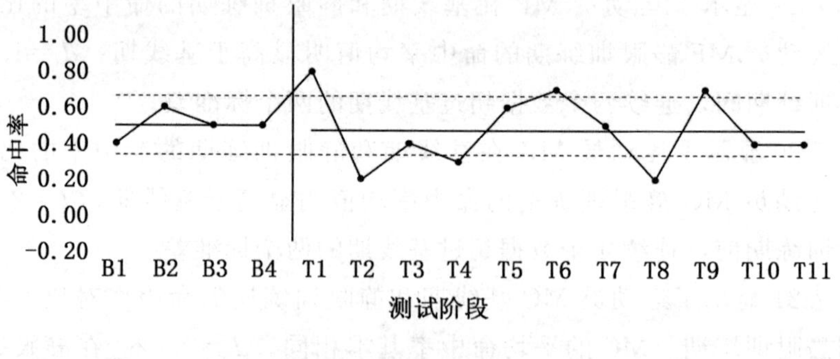

图 7-18　运动员 FY 基线期和静眼训练期的命中率对比

说明：B 代表基线期，在此期间进行了 4 次测试；T 代表静眼训练期，在此期间进行了 11 次测试。两条虚线包含区域是高于和低于基线期均值两个标准差范围，两条水平方向实线分别是基线期和静眼训练期的命中率的平均值，竖线是基线期和静眼训练期的分界。

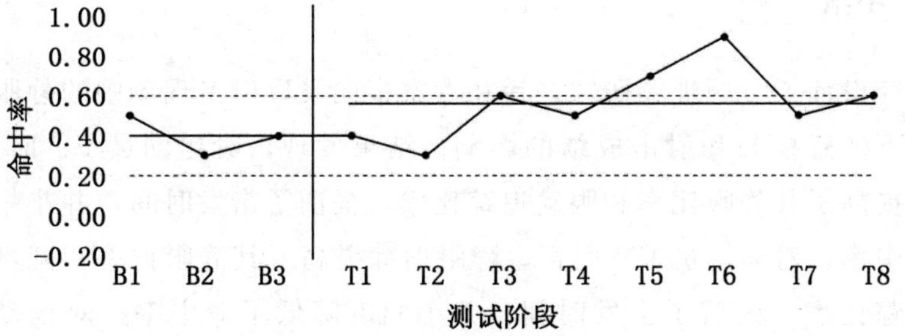

图 7-19　运动员 MF 基线期和静眼训练期的命中率对比

说明：B 代表基线期，在此期间进行了 3 次测试；T 代表静眼训练期，在此期间进行了 8 次测试。两条虚线包含区域是高于和低于基线期均值两个标准差范围，两条水平方向实线分别是基线期和静眼训练期的命中率的平均值，竖线是基线期和静眼训练期的分界。

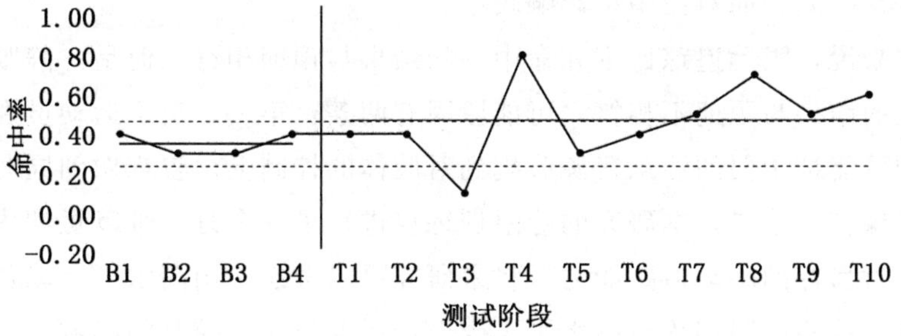

图 7-20　运动员 MG 基线期和静眼训练期的命中率对比

说明：B 代表基线期，在此期间进行了 4 次测试；T 代表静眼训练期，在此期间进行了 10 次测试。两条虚线包含区域是高于和低于基线期均值两个标准差范围，两条水平方向实线分别是基线期和静眼训练期的命中率的平均值，竖线是基线期和静眼训练期的分界。

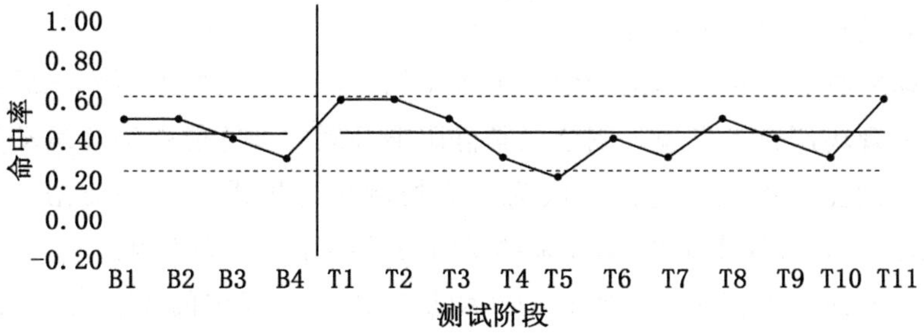

图 7-21　运动员 MC 基线期和静眼训练期的命中率对比

说明：B 代表基线期，在此期间进行了 4 次测试；T 代表静眼训练期，在此期间进行了 11 次测试。两条虚线包含区域是高于和低于基线期均值两个标准差范围，两条水平方向实线分别是基线期和静眼训练期的命中率的平均值，竖线是基线期和静眼训练期的分界。

（三）小结

本研究设计了一项现场研究，旨在考察多向飞碟射击现场中的静眼训练对压力下注意控制和射击成绩的影响。结果发现，对运动员 FC 而言，静眼训练提高了其静眼比率和眼动追踪比率，提前了击发时间，并小幅度提高了命中率；对运动员 FY 而言，静眼训练提高了其静眼比率，降低了其眼动追踪比率，延后了击发时间，并小幅度降低了命中率；对运动员 MF 而言，静眼训练对其静眼比率影响较小，提高了眼动追踪比率，延后了击发时间，提高了命中率；对运动员 MG 而言，静眼训练降低了其静眼比率，提高了眼动追踪比率，延后了击发时间，提高了命中率；对运动员 MC 而言，静眼训练提高了其静眼比率，对其眼动追踪比率影响较小，延后了击发时间，而对命中率影响较小。

总体来说，眼动追踪比率和命中率的结果与预期相符。但是，静眼比率指标上的结果与预期不相符。可能原因有两条：第一，新手运动员在射击过程中可能把主要的注意资源分配到对肢体的控制上，较难做到同时关注动作和碟靶；第二，本研究的静眼训练仅进行了一个月，难以短期内提高参与者对目标的眼动追踪能力。将来研究可以考虑使用高水平运动员作为参与者，检验静眼训练对高水平飞碟射击运动员注意控制的影响。

研究还分析了击发时间，发现 4 名运动员静眼训练后延迟了射击时间。这也可能是运动员技术动作改善的一个标志，碟靶飞出后，运动员不是急于做出反应，而是首先看清碟靶，然后再做出更准确的反应。但因为本研究没有其他动作指标，这也只是一个推测，建议将来研究结合动作相关指标，进行更深入的探究。

本研究具有一定的理论价值。继本章第一部分的实验室研究之后，第二部分的现场研究也发现，围绕延长静眼期开展的训练能够提高运动员在高压力下的注意控制，这再一次为注意控制理论提供了支持证据。考泽（Causer）等人曾探索了静眼训练对双向飞碟射击表现的影响，但双向飞碟项目涉及两个碟靶从两个固定的“靶房”以相对固定的飞行方向飞出，而多向飞碟射击是一个碟靶，且飞行方向是可变的（左、前、右三种可能性）。[①] 因此，本实验是首次在瞄准性的方向不固定的移动靶任务中检验静眼训练的作用，拓展了静眼训练的研究范畴。

---

① Causer, J. et al., 2011: "Quiet eye training in a visuomotor control task", *Medicine & Science in Sports & Exercise*, June.

本研究也具有一定的实践意义。本研究在多向飞碟射击项目中探讨静眼训练的作用，研究的结果对于指导教练员、运动员的训练具有重要价值。在运动实践中，教练员能够意识到“看靶”的重要性。但是作者通过在运动队的访谈和观察发现，在指导运动员训练过程中，多数教练员仍旧更加强调技术的重要性，而对运动员“看靶”的指导有所欠缺。本研究的静眼训练方法或许能够在方法上提供借鉴，帮助教练员理解如何指导运动员“看靶”。

未来还可以在此方向继续开展研究。首先，本研究仅仅对静眼训练期和基线期进行了比较，未来还可以继续观察撤销训练后的静眼特征和射击表现。撤销训练后，静眼特征和射击表现有可能会得到保持，也可能会消退，那么，多少剂量的训练能够使效果得到保持，这样的问题值得未来研究进行探讨。其次，未来研究还可以设计对照组，对照组与训练组同步进行测试，但不接受静眼训练，对两组的静眼特征和射击表现进行对比分析，如此可以更好地排除自然成熟因素对结果的可能影响。

总之，本研究采用多重基线研究设计，在多向飞碟射击训练现场开展了静眼训练的个案研究。静眼训练能够提高多向飞碟青少年运动员压力下的眼动追踪碟靶能力和飞碟射击运动表现，这支持静眼训练提高压力下注意控制的观点。但是值得注意的是，并不是所有的运动员都能从静眼训练中受益。本研究建议，针对专业运动员的心理训练研究应该考虑运动员个体差异，个案研究有助于更深入地分析运动员的个体差异。

第八章　竞赛压力与注意控制的理论进展

前面章节的研究检验了注意控制理论在运动领域的适用性，诠释了焦虑与自上而下注意控制的关系，并拓展了注意控制理论的解释范畴。本书在该部分的介绍中，首先以竞赛特质焦虑为自变量，检验了竞赛特质焦虑与自上而下的目标导向的注意控制的关系，证明了注意控制理论在运动领域具有适用性。然后，以竞赛压力为自变量，考察了竞赛压力诱发状态焦虑对注意控制的影响。研究发现，竞赛压力引起的状态焦虑导致反映注意控制的静眼的持续时间缩短，这一发现支持并拓展了注意控制理论。

一、注意控制理论在运动领域的进展

注意控制理论（ACT）从认知干扰理论（CIT）和加工效能理论（PET）发展而来，认为焦虑会打破自上而下的目标导向的注意系统与自下而上的刺激驱动的注意系统二者之间的平衡；注意控制理论还认为，焦虑会导致中央执行系统的抑制功能和转换功能加工效能下降[①]。与其他解释焦虑与运动成绩关系的理论相比，注意控制理论可以更深入地探讨焦虑影响运动成绩的机制，这也是它的重要价值所在。

本书在第三章中检验了注意控制理论对于解释运动领域中焦虑与运动表现关系的适用性。第三章发现竞赛特质焦虑得分较高的运动员与得分较低的运动员相比，对干扰物有更多的错误眼跳行为，且更晚地看向正确目标。这表明竞赛特质焦虑与较低的加工效能有关。第三章进而发现竞赛特质焦虑得分较低的运动员（也即正常群体）在大脑皮层诱发了一个与反应抑制准备相关的负电位成分，而在得分较高的运动员中则未见明显的电位

---

① Eysenck, M. W. et al., 2007:"Anxiety and cognitive performance: Attentional control theory", *Emotion*, June.

成分。总体来看，结果支持注意控制理论的假设，竞赛特质焦虑干扰反应抑制这一论点成立。[①] 可以认为，竞赛特质焦虑与一般特质焦虑一样，也会导致反应抑制信息加工效率的下降，注意控制理论可以解释竞赛特质焦虑与注意控制之间的关系问题。

虽然注意控制理论在运动领域的适用性得到了检验，但以上研究还存在一些局限。第一，对状态焦虑的关注不够，检验注意控制理论的实验研究大多选择特质焦虑作为自变量。但是，使用特质焦虑可能导致研究结果具有样本依赖性，如果样本都来自高特质焦虑者或者都来自低特质焦虑者，可能会对结果产生不同的影响。除此之外，在体育运动领域，探讨随压力情境的变化而变化的状态焦虑更有意义。[②] 第二，以往研究主要采用认知任务来考察焦虑对认知任务绩效的影响，而没有考虑焦虑对运动任务绩效的影响。[③] 但是，认知任务和运动任务两者之间具有较大的区别。毫无疑问，运动员在竞技场上的成功与失败往往更加引人瞩目，运动成绩的好坏通常也比认知成绩的好坏更受关注。因此，注意控制理论要想成为运动领域的理论，是不能忽视运动表现这一结果变量的。

研究者基于注意控制理论也进行了一些拓展研究，或许能够弥补以上研究的不足。一方面，研究者探讨了压力诱发状态焦虑与注意控制之间的关系。如本书第四章介绍的研究就使用测量注意控制的任务（反向眼跳任务），检验了状态焦虑与自上而下的目标导向的注意控制之间的关系。[④] 朱小青和张力为也曾在两个实验中，使用反向眼跳任务分别检验了状态焦虑与大学生抑制功能和转换功能（注意控制理论中两个与焦虑相关的成分）的关系，发现高状态焦虑下抑制功能和转换功能均会受到影响，这与注意控制理论的假设是一致的。[⑤] 此外，彭凡和张力为的研究发现，高状态焦虑导致转换功能的加工效能下降，而操作成绩不受影响，这也与注意

① 孙国晓等:《加工效能理论到注意控制理论:焦虑运动表现的新诠释》,《心理科学进展》2013 年第 10 期。

② 孙国晓:《竞赛特质焦虑与反应抑制:对注意控制理论的检验》,北京,北京体育大学硕士学位论文,2013,第 49 页。

③ 艾丽欣等:《焦虑对注意网络功能的影响: 认知负荷的调节作用》,《天津体育学院学报》2017 年第 1 期;李驰等:《状态焦虑对持续性注意控制的影响:自我损耗程度的调节作用》,《天津体育学院学报》2017 年第 2 期。

④ 罗霄骁:《压力下工作记忆对注意控制的影响》,北京,北京体育大学硕士学位论文,2016,第 31 页。

⑤ 朱小青等:《状态焦虑干扰抑制与转换功能:自我损耗的调节作用》,《天津体育学院学报》2016 年第 5 期。

控制理论的假设一致。[①]

另一方面，研究者也尝试在运动场景中开展实验，对注意控制理论进行进一步的检验和探索。这一方向研究主要探讨竞赛压力与静眼之间的关系。本书在第五章介绍了反映注意控制的静眼现象。静眼现象，最早于20世纪90年代被加拿大运动心理学家维克斯（Vickers）发现，是指始于关键动作前，对目标区域一定视角范围内的最后注视或视觉追踪。[②] 静眼时长被发现与运动成绩相关，运动专家的静眼时长长于新手，而对同一个体而言，成功时的静眼时长长于失败时的静眼时长。[③]

研究发现，压力可以缩短静眼期。比汉（Behan）和威尔逊（Wilson）通过让参与者在压力和非压力情境中进行一项模拟射箭任务，发现压力会缩短静眼时长。[④] 威尔逊（Wilson）等人的研究发现，压力情境下篮球运动员的罚篮命中率更低，静眼持续时间更短，并且篮球运动员在压力下的注视点数会增加，而每个注视点的持续时间则变短，反映了目标导向的注意控制与刺激驱动的注意控制二者之间的换位。[⑤] 考泽（Causer）等人的一项研究发现，高压力导致高水平双向飞碟射击高水平运动员较短的静眼期。[⑥] 瓦恩（Vine）等人还发现，高压力导致的发挥失常（Choking）与较短的静眼期相关。[⑦] 本书还在第六章介绍的三项实验研究中考察了竞赛压力对静眼的影响。三项实验研究均发现，竞赛压力引发了更高的状态焦虑，导致了更短的静眼时长。前人指出，静眼反映了目

① 彭凡等:《状态焦虑与转换功能:注意控制理论在运动员群体中适用性的检验》,《心理科学》2018年第5期。

② Vickers, J. N. et al., 1996:"Visual control when aiming at a far target", *Journal of Experimental Psychology: Human Perception and Performance*, April; Vickers, J. N. et al., 2016:"Origins and current issues in Quiet Eye research", *Current Issues in Sport Science*, February.

③ Wilson, M. R. et al., 2015: *Aiming for excellence: The quiet eye as a characteristic of expertise*, London, Routledge, pp.22-37.

④ Behan, M. et al., 2007:"State anxiety and visual attention: The role of the quiet eye period in aiming to a far target", *Journal of Sports Sciences*, January.

⑤ Wilson, M. R. et al., 2009:"The influence of anxiety on visual attentional control in basketball free throw shooting", *Journal of Sport & Exercise Psychology*, April.

⑥ Causer, J. et al., 2011:"Anxiety, movement kinematics, and visual attention in elite-level performers", *Emotion*, June.

⑦ 姬姗姗:《失败恐惧特质对压力下"Choking"的影响》,北京,北京体育大学硕士学位论文,2016,第2～6页; Vine, S. J. et al., 2013:"Evaluating stress as a challenge is associated with superior attentional control and motor skill performance: Testing the predictions of the biopsychosocial model of challenge and threat", *Journal of Experimental Psychology: Applied*, September.

标导向的注意控制。[①] 从以上研究可以看出，压力干扰了目标导向的注意系统，这支持了注意控制理论的观点。[②] 本书第六章介绍的三项研究和前人以竞赛压力为自变量开展的研究，均在竞技运动领域对注意控制理论进行了拓展性检验。

此外，还有研究者探讨了静眼训练对压力情境下运动表现的影响，并发现，静眼训练有助于保持运动表现不受高压力情境的影响。[③] 在本书第七章中，两个实验研究探讨了静眼训练对压力下注意控制的影响。其中，实验一为实验室研究，以移动目标投掷任务为实验任务，支持了静眼训练提高压力下注意控制和运动表现的假设。实验二为现场的个案研究，以多向飞碟射击决赛任务为实验任务，探讨了静眼训练的作用。结果发现，静眼训练能够提高大部分运动员压力下对碟靶的眼动追踪能力和射击成绩。

根据注意控制理论，焦虑影响注意控制[④]，而静眼反映目标导向注意控制[⑤]。那么，围绕延长静眼时长开展的训练或许就是抗衡了焦虑带来的消极影响。换言之，静眼训练可能提高了目标导向的注意控制能力，而注意控制能力的提高与焦虑所导致的注意控制下降二者相互中和，从而保持了个体在高焦虑状态下的操作成绩。[⑥] 第七章的实验研究结果支持了静眼训练提高压力下注意控制和运动表现的假设，为注意控制理论提供了支持性证据，也进一步拓展了注意控制理论的解释范畴。

二、运动注意控制理论的提出

基于运动领域竞赛压力与注意控制关系（主要是竞赛压力与静眼关系）的诸多研究成果，艾森克和威尔逊将压力变量纳入注意控制理论

① 孙国晓等:《运动目标的视觉追踪:静眼研究进展与前瞻》,《成都体育学院学报》2018 年第 6 期。

② Wilson, M. R. et al., 2016: "Say it quietly, but we still do not know how Quiet Eye training works-comment on Vickers", *Current Issues in Sport Science*, June.

③ Vickers, J. N. et al., 2009: "Advances in coupling perception and action the quiet eye as a bidirectional link between gaze, attention, and action", *Progress in Brain Research*, June.

④ Eysenck, M. W. et al., 2007: "Anxiety and cognitive performance: Attentional control theory", *Emotion*, June.

⑤ 孙国晓等:《运动目标的视觉追踪:静眼研究进展与前瞻》,《成都体育学院学报》2018 年第 6 期。

⑥ Vine, S. J. et al., 2014: "Quiet eye training: The acquisition, refinement and resilient performance of targeting skills", *European Journal of Sport Science*, January.

(ACT)，提出了注意控制理论的发展理论——运动注意控制理论(Attentional Control Theory：Sport，ACTS)。① 运动注意控制理论吸收了注意控制理论的基本假定，认同焦虑影响注意控制的观点。② 但运动注意控制理论认为，压力对运动表现的影响过程更加复杂，压力与运动表现之间的关系会受到若干第三变量影响。除此之外，运动注意控制理论还指出，不仅压力会对运动表现产生影响，运动表现也会反过来影响压力感知。当运动员预计到失败的可能性和失败的代价很高时，焦虑水平就会提高。

运动注意控制理论还认为，成功的运动员能够减少对于威胁信息的注意偏向，并将压力或竞赛情境解释为非威胁性情境。与注意控制理论相比，运动注意控制理论更适合解释竞赛压力与运动成绩的关系，具有较高的生态学效度。而运动注意控制理论与注意控制理论并不只是在运动情境方面存在区别，运动注意控制理论更加灵活，也更适用于解释竞赛压力与注意控制和运动表现之间的关系。具体而言，运动注意控制理论在四个方面区别于注意控制理论：焦虑的决定性因素、失败和错误的反馈环、动机和努力的作用、注意控制的中断具有阵发性或偶发性的特点。

1. 焦虑的决定性因素

焦虑的诱发是运动心理学研究的重要内容，运动心理学研究者通常通过设置比赛环境诱发状态焦虑。运动注意控制理论认为，压力情境能否诱发焦虑，取决于认知偏向如何影响对成功的可能性和失败的代价的感知。

焦虑对认知偏向这一认知过程的影响是心理学研究中的老话题，学者们研究最多的是焦虑对注意偏向和解释偏向的影响。根据注意偏向领域的经典研究，当个体处于焦虑状态时，会更倾向于注意威胁性刺激，并且更容易将压力解释为对成绩的不利因素。③ 而认知偏向训练则能够有效地降低焦虑水平。④

最近，罗（Luo）等人的研究从行为学和电生理学角度证明了注意偏

① Eysenck, M. W. et al., 2016: *An introduction to applied cognitive psychology*, London, Routledge, pp.329-350.

② Eysenck, M. W. et al., 2016: *An introduction to applied cognitive psychology*, London, Routledge, pp.329-350.

③ Bar-Haim, Y. et al., 2007: "Threat-related attentional bias in anxious and non-anxious individuals: A meta-analytic study", *Psychology Bulletin*, January.

④ MacLeod, C. et al., 2013: *Handbook of cognition and emotion*, New York, Guilford Publications, pp.540-562.

向的存在。[①] 这项研究探讨了人们在压力下是否会加强对威胁信息的注意投入或减弱对威胁信息的注意脱离。研究招募了36名健康成年男性，随机分为应激组（$n=18$）和对照组（$n=18$），应激组接受社会评价冷加压测试（SECPT）[②]，而对照组则接受温水对照方案。该研究使用点探测任务测量对威胁的注意偏向[③]，并结合使用事件相关电位（ERPs）和行为学（反应时）测量方法，记录了参与者的反应时间、正确率和脑电信号。脑电成分中，N2pc成分反映视觉注意对威胁刺激的初始朝向，而SPCN成分反映视觉注意在威胁刺激上的停留。研究于SECPT前85分钟、SECPT前70分钟、点探测任务前、点探测任务后、点探测任务后70分钟，分别对参与者进行了状态焦虑问卷和唾液测试。结果发现，SECPT成功诱发了应激组参与者的应激反应，表现为应激组的状态焦虑和唾液皮质醇浓度更高；而SECPT之前两组之间的差异未达到统计学显著性水平。研究还发现，在行为层面上，应激组的注意脱离速度慢于对照组；在ERPs层面上，应激组的SPCN成分的振幅比对照组更大，但是应激组与对照组的N2pc成分波幅则无显著性差异。

运动注意控制理论认为，运动员是否产生焦虑取决于他们是否在压力情境中产生了认知偏向。相比于低压力情境，运动员在高压力情境中更可能产生威胁性认知偏向，但是认知偏向的程度和对运动表现的影响却因人而异。那些将压力或竞争情境解释为威胁的运动员更可能产生焦虑情绪。

2. 失败和错误的反馈环

对失败和错误的感知是运动注意控制理论的重要成分。运动注意控制理论认为，过去有失败经历会导致下次操作时压力提高。[④] 莫瑟（Moser）等人的元分析发现，焦虑与错误相关负波（error-related negativity, ERN）相关，高焦虑的个体与低焦虑的个体相比会进行更多的错误监控，而经过错误监控系统的加工，失败就变成了引发焦虑的因素，这也反映了

---

① Luo, Y. et al., 2020: "Acute psychological stress impairs attention disengagement toward threat-related stimuli", *Acta Psychologica Sinica*, January.

② 彭年强:《应激心向对于工作记忆绩效的影响——基于社会性评价冷压范式》,金华,浙江师范大学硕士学位论文,2015,第20页。

③ 石蕊:《不同行动控制导向对威胁信息的注意偏向和目标偏好差异性研究》,西安,第四军医大学博士学位论文,2015,第3页。

④ Eysenck, M. W. et al., 2016: *An introduction to applied cognitive psychology*, London, Routledge, pp.329-350.

焦虑与运动表现之间的双向关系。[①]

运动注意控制理论认为，错误监控的发生也可能会受到认知偏向的影响。当注意指向威胁性信息，或将任何偏离稳态的状态解释为对成绩不利时，个体会更多关注身体或心理上的失误，产生更多与失败相关的想法，导致唤醒水平的提高。[②]

3. 动机和努力的作用

根据注意控制理论，焦虑导致更高的动机，而更高的动机导致更高的绩效。[③] 而与此观点不同的是，运动注意控制理论认为，动机提高未必一定会提高操作成绩，过高的动机可能反而导致运动员投入过多努力，将注意焦点引向内部的技术动作。[④] 根据限制行为假说（constrained action hypothesis）的观点，注意集中在内部技术动作上可能会因干扰动作自动化过程而影响成绩。[⑤]

4. 注意控制中断具有阵发性或偶发性特点

专家型运动员注意控制中断具有阵发性或偶发性的特点。根据注意控制理论，焦虑影响注意控制。[⑥] 但是，注意控制理论没有交代清楚，焦虑影响注意控制这一现象是普遍性的，还是偶发性的。运动注意控制理论认为，注意控制中断具有阵发性或者偶发性的特点，焦虑并不会影响每一个试次，只有在焦虑水平最高的时候，注意控制才会受损。[⑦]

三、运动注意控制理论的检验

运动注意控制理论的检验是未来研究的一个重要方向。目前已有少数

---

① Moser, J. S. et al., 2013: "On the relationship between anxiety and error monitoring: A meta-analysis and conceptual framework", *Frontiers in Human Neuroscience*, August.

② Eysenck, M. W. et al., 2016: *An introduction to applied cognitive psychology*, London, Routledge, pp.329-350.

③ Eysenck, M. W. et al., 1992: "Anxiety and performance: The processing efficiency theory", *Cognition and Emotion*, November.

④ Eysenck, M. W. et al., 2016: *An introduction to applied cognitive psychology*, London, Routledge, pp.329-350.

⑤ Wulf, G. et al., 2013: "Attentional focus and motor learning: A review of 15 years", *International Review of Sport and Exercise Psychology*, September.

⑥ Eysenck, M. W. et al., 2007: "Anxiety and cognitive performance: Attentional control theory", *Emotion*, June.

⑦ Eysenck, M. W. et al., 2016: *An introduction to applied cognitive psychology*, London, Routledge, pp.329-350.

研究，对其核心假设进行了检验。例如，运动注意控制理论中关于失败反馈环的观点，就曾得到一些研究的支持。最近，哈里斯（Harris）等人统计和分析了美国橄榄球联盟七个赛季的数据，结果发现，高压力情境导致失败概率提高，前次失败也会导致下次失败的概率提高，且高压力和前次失败之间还存在交互作用，在高压力下，前次失败会导致更高的失败概率，这证明了失败反馈环的存在。①

哈利斯等人的这项研究试图通过研究先前的失败和情境压力对后续运动表现的潜在交互影响，对运动注意控制理论（尤其是其中的反馈环假说）进行检验。这项研究从两个方面切入。首先，虽然人们普遍认为压力会破坏许多感知运动任务的表现②，但现实世界中的经验证据有限，压力会随时波动③。其次，正如运动注意控制理论中明确指出的，真实情境中压力与运动表现的关系可能比实验室环境中的压力与运动表现的关系更为复杂。④ 因此，为了探讨真实比赛环境中运动表现和压力的交互影响，哈利斯等人研究了2009～2016年美国橄榄球联盟的每一场比赛。

哈利斯等人对每场比赛的失败表现进行了界定。研究者的分析集中在与控球球队相关的比赛结果上，失球或未能落地等为表现失败的典型案例。具体而言，这些结果是根据六位大学美式橄榄球教练之间的协商来界定的，如不完全传球（包括拦截），四分卫在争球线后铲球，失球（控球球员失去对球的控制）或者制造负码（接球手在争球线后处理）。除此之外，哈利斯等人还统计了连续失败的结果。而对压力的界定方面，哈利斯等人认为，压力的出现取决于两个因素：任务的重要性和失败的代价。压力的评分系统则是基于以下三个方面：第一，前人相关研究；第二，与六名教练员进行的讨论；第三，三位作者意见一致。该研究预测压力在以下情况下会更大：比赛得分接近，剩余时间更少，失误（导致成本提高），期望更高得分。

哈利斯等人采用逻辑斯蒂克回归模型以及贝叶斯估计法，检验了压力和先前失败对后续运动表现（二分类结果）的影响。结果表明，压力增加

---

① Harris, D. J. et al., 2019: "To err again is human: Exploring a bidirectional relationship between pressure and performance failure feedback", *Anxiety Stress Coping*, July.

② Payne, K. et al., 2019: "A systematic review of the anxiety-attention relationship in far-aiming skills", *International Review of Sport and Exercise Psychology*, January.

③ Otting, M. et al., 2020: "Performance under pressure in skill tasks: An analysis of professional darts", *PLoS One*, February.

④ Eysenck, M. W. et al., 2016: *An introduction to applied cognitive psychology*, London, Routledge, pp.329-350.

是失败的可靠预测因素。压力分数每增加一个单位（如进入最后一个季度），进攻失败的可能性会增加 1.2 倍（OR=1.2）。研究还发现，过去的失败经历还可以显著预测是否失败，先前失败导致进一步失败的概率增加 1.09 倍（OR=1.09）。此外，压力和过去失败之间还存在交互作用，在有过先前失败经历的情况下，压力分数每增加一个单位，失败的概率提高到 1.1 倍（OR=1.1）。

综合以上结果，这项研究支持了作者提出的三个假设：压力影响运动表现，过去的失败影响了运动表现，压力和过去的失败对运动成绩有交互影响。哈利斯等人的研究虽然验证了运动注意控制理论的失败反馈环假说，但是这项研究也存在一定的局限。由于该研究只是对现有比赛数据的分析，因此无法测得运动员失败后的焦虑水平和操作下次任务时的注意控制。在将来的研究中或许可以通过实验比较成功或失误之后的焦虑水平和注意控制，以此为失败反馈环假说提供更有利的证据。

沃尔特斯-西蒙斯（Walters-Symons）等人通过对高尔夫推杆的研究发现，参与者会在推杆失误后成功的试次中表现出更长的静眼持续时间，而在失误后再次失误的试次中表现出更短的静眼持续时间。[①] 静眼持续时间的长短反映目标导向注意控制的好坏，该研究的结果提示，再次失误可能是由于注意控制变差所导致的，而较长的静眼持续时间则有助于失误后的调整和恢复。沃尔特斯-西蒙斯等人的研究为将来研究提供了思路，提示了将来的研究或许可以通过测量静眼指标对注意控制水平进行评价，进而对运动注意控制理论中失败反馈环的假设进行检验。

如上文沃尔特斯-西蒙斯等人的研究所示，关于未来对运动注意控制理论的检验，静眼是其中一个重要的研究切入点。纵观静眼研究和注意控制理论的发展历程，维克斯（Vickers）从 20 世纪 90 年代开始进行运动领域静眼研究，艾森克（Eysenck）于 2007 年提出注意控制理论，威尔逊（Wilson）于 2018 年从注意控制理论角度解释运动中静眼现象，可见，注意控制理论及其发展理论（运动注意控制理论）与静眼的有效整合是未来研究的必然发展趋势。

而静眼与注意控制之间的关系也引起了诸多关注。静眼代表自上而下

① Walters-Symons, R. et al., 2017: "Examining the response programming function of the quiet eye: Do tougher shots need a quieter eye?", *Cognitive Processing*, February.

的注意控制。[①] 运动注意控制理论源自注意控制理论，继承了后者关于焦虑与注意控制关系的基本假设。[②] 研究发现，压力（引起的焦虑状态）导致静眼的持续时间缩短，即压力诱发的焦虑干扰了自上而下的注意控制。[③] 将来研究或许可以继续探讨压力对静眼期的不同阶段（如前期、后期）会有怎样的影响[④]，以更深入地理解静眼与运动注意控制理论之间的关系。

与压力会影响静眼和注意控制的研究结果相应，静眼训练被认为可以抵消压力对注意系统的影响，在压力下保持静眼持续时间和运动表现不变，即静眼训练有助于提高注意控制。[⑤] 但通过文献梳理发现，前人静眼训练研究未曾使用直接代表目标导向注意控制的指标。反向眼跳任务被认为是目标导向注意控制的代表任务。研究发现，高特质焦虑者比低特质焦虑者更难以抑制自发性的朝向眼跳反应，并且会表现出更长的反向眼跳潜伏期[⑥]；此外，竞赛焦虑也导致反向眼跳潜伏期延长[⑦]。研究还发现，低竞赛特质焦虑者在进行反向眼跳任务时，线索（干扰刺激）出现前 50 ms 左右，会在额区、中央区、顶区位置诱发出与反应抑制准备相关的负电位（反应抑制相关电位成分，N_{-50}成分），而高竞赛特质焦虑者则未诱发出此电位。[⑧]

以上研究提示，未来研究中或许可以使用代表目标导向注意控制的反向眼跳指标及反应抑制相关电位成分作为静眼训练的因变量指标。如果静眼训练可以缩短反向眼跳潜伏期，诱发出更大的反应抑制相关电位成分，

---

① Wilson, M., 2008: "From processing efficiency to attentional control: A mechanistic account of the anxiety performance relationship", *International Review of Sport and Exercise Psychology*, September.

② Eysenck, M. W. et al., 2007: "Anxiety and cognitive performance: Attentional control theory", *Emotion*, June.

③ 孙国晓等:《运动目标的视觉追踪:静眼研究进展与前瞻》,《成都体育学院学报》2018 年第 6 期。

④ Roberts, J. et al., 2016: "The influence of state anxiety on the 'offline' planning and 'online' control of action: Is it as simple as 'one or the other'?", *Journal of Exercise, Movement, and Sport*, October.

⑤ 孙国晓等:《加工效能理论到注意控制理论:焦虑运动表现的新诠释》,《心理科学进展》2013 年第 10 期。

⑥ Derakshan, N. et al., 2009: "Anxiety, inhibition, efficiency, and effectiveness: An investigation using the antisaccade task", *Experimental Psychology*, January.

⑦ Luo, X. et al., 2017: "The benefits of working memory capacity on attentional control under pressure", *Frontiers in Psychology*, July.

⑧ 孙国晓等:《竞赛特质焦虑干扰优势反应抑制的神经准备过程:ERP 的证据》,《天津体育学院学报》2015 年第 4 期。

则有较大把握说明，静眼训练促进运动表现是因为提高了注意控制能力。实验中使用代表注意控制的反向眼跳相关指标作为静眼训练的因变量，有助于弄清静眼与注意控制之间的关系，并检验注意控制的新理论。

最近还有研究者探讨了注意控制训练对静眼的影响，发现注意控制训练能够延长静眼时间。① 这不仅提供了注意控制理论与静眼整合的另一种思路，也提供了检验运动注意控制理论的另外一条思路。例如，迪克罗克（Ducrocq）等人就在三个实验中，检验了注意控制训练的效果是否可以有效地迁移到体育运动任务中。② 其中，实验一相当于一项预实验，主要是为了验证训练方案的有效性以及注意控制训练任务能否近迁移到抑制控制认知任务中。实验一将 33 名研究参与者随机分配到注意控制训练组或对照组，并使用视觉搜索任务进行注意控制训练，使用朝向和反向眼跳任务作为抑制控制测试任务。研究参与者都在实验前填写了焦虑量表。实验一发现，注意控制训练组的反向眼跳潜伏期变短，但是任务成绩并未发生变化；此外，朝向眼跳任务的各指标也未因训练而发生变化。这说明，注意控制训练能够产生迁移的效果，提高抑制控制任务的加工效能（而非操作成绩）。

实验二则使用网球接发球任务，观察了注意控制训练的远迁移效应。③ 实验二从俱乐部招募了 26 名业余网球运动员，并将其随机分配到注意控制训练组和对照组，其中注意控制训练组完成实验一中的训练任务，共训练六天。在研究中，作者还使用眼动追踪仪对运动员接发球任务中的眼动行为（网球与球拍接触过程中及其后的眼动定向）进行了记录和分析，以反映视觉注意控制的变化。实验二的结果发现了组别和测试阶段的交互作用，即只有注意控制训练组的注意控制得到了提升。实验二的结果支持了实验一的发现，同时说明，注意控制训练的效果可以迁移到运动场景中。

实验三使用了网球截击任务，并测量了参与者的眼动追踪行为（反映抑制控制能力的首次任务注视点）。另外，实验三在注意控制理论的框架指导下开展。根据这一理论，压力诱发的焦虑导致注意控制变差（例如，

① Ducrocq, E. et al., 2018: "Adaptive working memory training reduces the negative impact of anxiety on competitive motor performance", *Journal of Sport & Exercise Psychology*, February.

② Ducrocq, E. et al., 2016: "Training attentional control improves cognitive and motor task performance", *Journal of Sport & Exercise Psychology*, October.

③ 王祥鹏:《基于训练的执行功能可塑性及其迁移效应》,重庆,西南大学博士学位论文,2018,第 3～5 页。

较短的静眼持续时间)。实验三试图探究注意控制训练能否起到如静眼训练一般的效果，抵消压力带来的不良后果，保证运动员的注意控制是目标导向的。实验三招募了22名网球专项运动员，将其随机分为注意控制训练组和对照组，其中注意控制训练组完成实验一中的训练任务。另外，实验三还操控了压力条件。结果发现，当压力提高时，注意控制训练能够改善注意控制能力，使运动员保持在目标上的眼动追踪行为不受影响，并提高网球截击任务表现。

迪克罗克（Ducrocq）等人还在另一项实验中探究了一种基于计算机的适应性注意控制训练方法，并检验了该训练方法是否可以提高工作记忆的加工效率及提高运动员在压力环境下的运动表现。① 该实验从俱乐部中招募了30名网球运动员，并将其随机分配到工作记忆训练组和对照组，采用适应性双重倒数n项作业任务（n-back task）和非适应性双重倒数1项作业任务（1-back task）分别作为训练组和对照组的在线培训任务，使用变化觉察任务作为近迁移任务，网球截击任务作为迁移任务，并测量了变化觉察得分、网球截击得分和静眼持续时间。② 在该研究中，所有参与者经历了前测、训练和后测（低压和高压条件）。最终实验结果发现，适应性注意控制训练可以促进工作记忆能力的迁移，提高眼动追踪能力，延长静眼持续时间，并提高网球运动表现。

四、运动注意控制理论的整合发展

1. 与经典焦虑-运动表现关系理论的整合

注意控制理论及其新进展“运动注意控制理论”是关于焦虑与竞技成绩之间关系的理论。在注意控制理论提出之前，已有若干经典理论解释焦虑与竞技成绩之间的关系。注意控制理论及其新进展“运动注意控制理论”与它们之间有何联系或区别？在经典的焦虑与运动表现关系理论中，焦虑方向理论可能与注意控制理论有更多相似之处，而倒U形假说、个

① Ducrocq, E. et al., 2018: “Adaptive working memory training reduces the negative impact of anxiety on competitive motor performance”, *Journal of Sport & Exercise Psychology*, February.

② Owens, M. et al., 2013: “Improving attention control in dysphoria through cognitive training: Transfer effects on working memory capacity and filtering efficiency”, *Psychophysiology*, March.

人最佳功能区理论、内驱力理论、突变模型、多维焦虑理论则可以为注意控制理论和运动注意控制理论的进一步发展提供更多思路。

倒U形假说认为，唤醒水平与运动成绩之间呈倒U形关系；但是最佳唤醒水平随任务特性而变化：对于简单任务，最佳唤醒水平较高，而对于复杂任务，最佳唤醒水平较低。① 这与注意控制理论是相符的。这是因为复杂任务需要更多的认知资源来参与，而焦虑本身会占用认知资源，导致分配给这些任务的认知资源不足，从而导致成绩变差。但是，运动注意控制理论没有考虑或没有明确指出影响运动表现的压力“阈值”这一问题，或许将来研究应该将运动注意控制理论与倒U形假说进行整合，以更好地解释运动训练和竞赛实践问题。

个人最佳功能区理论②认识到个体差异在焦虑和运动表现之间的关系中的重要性。通过前文介绍可见，注意控制理论没有考虑到个体差异的问题，但是在运动注意控制理论中，则开始对个体差异问题有所重视。运动员个体化差异的问题应该在将来研究中得到更多关注。

内驱力理论③指出，习惯决定动机水平与运动表现之间的关系：当习惯动作为正确动作时，动机水平与运动表现之间呈正相关，即动机水平越高，运动表现越好；而当习惯动作为错误动作时，动机水平与运动表现之间呈负相关，即动机水平越高，运动表现反而越差。注意控制理论延续了加工效能理论的基本观点，认为焦虑会导致动机水平提高，使个体在当前任务上付出更多资源，从而提高操作成绩。④ 但是注意控制理论和运动注意控制理论没有考虑习惯动作问题，这是将来研究应该关注的一个变量。

多维焦虑理论⑤认为，焦虑不是单维结构，而是多维度结构，包括认知层面的焦虑（如担忧的情绪）、躯体层面的焦虑（如心率加快、血压升高、肌肉紧张等生理表现）和自信心三个方面，而且这三种焦虑与运动表现之间有不同的关系。哈迪（Hardy）和法西（Fazey）的突变模型更加

---

① Yerkes, R. M. et al., 1908: “The relation of strength of stimulus to rapidity of habit formation”, *Journal of Comparative Neurology of Psychology*, November.

② Hanin, Y. L., 1989: *Anxiety in sport: An international perspective. Series in health and behavioral medicine*, New York, Hemisphere, pp.19-28.

③ Hull, C. L., 1943: *Principles of Behavior*, New York, Appleton Century CO, p.396.

④ Eysenck, M. W. et al., 2007: “Anxiety and cognitive performance: Attentional control theory”, *Emotion*, June.

⑤ Morris, L. W. et al., 1981: “Cognitive and emotional components of anxiety: Literature review and a revised Worry-Emotionality Scale”, *Journal of Educational Psychology*, August.

强调认知焦虑在调节生理唤醒和操作成绩之间的关系中的作用。[1] 多维焦虑理论和突变模型这两个理论都是将认知焦虑与躯体焦虑进行了区别对待，这也为注意控制理论和运动注意控制理论提供了未来探索的方向。认知焦虑和躯体焦虑对注意控制的影响可能是不同的，将来应该分别进行检验。

焦虑方向理论[2]认为，运动员如何看待竞赛焦虑要比运动员是否产生焦虑或者产生焦虑的强度有多大对运动表现有更大影响，并认为焦虑本身并不一定导致运动表现下降。这与源于加工效能理论的注意控制理论和运动注意控制理论相一致。虽然注意控制理论和运动注意控制理论与焦虑方向理论有相似之处，即都能容纳积极或消极的运动成绩结果，但与焦虑方向理论相比，前者能够更清楚地解释焦虑与运动成绩之间的关系，并能探索更深层的认知过程（如中央执行系统的不同压力功能[3]）。

2. 与自我关注理论的整合

自我关注理论（self-focus theories）是一系列理论的集合，包括外部监控假说[4]、意识加工过程假说[5]等。这一系列理论认为，焦虑状态下个体的自我意识提高，对任务加工过程的关注增加，这会破坏动作的流畅性，导致操作表现下降。注意控制理论从加工效能理论发展而来，也认为焦虑状态下个体会投入更多资源，但它认为，这有利于成绩的提高。[6] 而运动注意控制理论则认为，过度付出努力可能会导致注意焦点指向内部而损害成绩。基于以上论述，或许可以发现，自我关注系列理论、注意控制

---

① Hardy, L. et al., 1988: "The inverted-U hypothesis: A catastrophe for sport psychology?", *Paper presented at the Annual Conference of the North American Society for the Psychology of Sport and Physical Activity*, January.

② Jones, G. et al., 1992: "Intensity and direction dimensions competitive state anxiety and relationships with competitiveness", *Perceptual and Motor Skill*, April.

③ 孙国晓等:《加工效能理论到注意控制理论:焦虑运动表现的新诠释》,《心理科学进展》2013 年第 10 期。

④ Baumeister, R. F. et al., 1984: "Choking under pressure: Self-consciousness and paradoxical effects of incentives on skilful performance", *Journal of Personality & Social Psychology*, March; Beilock, S. L. et al., 2001: "On the fragility of skilled performance: What governs choking under pressure?", *Journal of Experimental Psychology*, December.

⑤ Masters, R. S. W., 1992: "Knowledge, knerves and know-how: The role of explicit versus implicit knowledge in the breakdown of a complex motor skill under pressure", *British Journal of Psychology*, August.

⑥ 孙国晓等:《加工效能理论到注意控制理论:焦虑运动表现的新诠释》,《心理科学进展》2013 年第 10 期。

理论和运动注意控制理论既有联系，又有区别。

威尔逊（Wilson）等人曾通过实验研究比较了外部监控假说和加工效能理论（注意控制理论的早期理论）对焦虑和操作成绩之间关系的解释力。① 该研究在24名驾龄至少一年的女大学生中开展。研究过程中，参与者需要在高、低两种威胁情境下，在驾驶模拟器中完成单任务、分心任务（音调识别）和技能相关第二任务（报告手的位置）三种条件下的模拟赛车任务，并在每个任务完成后填写心理努力评价量表（rating scale for mental effort，RSME）②，报告付出努力的程度。在低威胁情境中，参与者仅被要求尽最大努力。而高威胁情境中，则告知参与者，她已经与另一位参与者配对，且另一位参与者已经完成实验，成绩比平时训练提高了20%，如果她也可以将表现提高20%，则二人都可获得10英镑（约相当于现在的80元人民币）的奖励，否则二人均不会获得任何奖励。此外，在单任务条件中，参与者仅需要完成模拟赛车任务。在分心任务（音调识别）条件下，参与者在驾驶任务开始前需要先聆听并记住一个音调，在之后的驾驶过程中每隔2～6 s会听到一个声音，要求参与者尽可能准确、快速地通过口头回应报告这个音调与参考音调相比，较低、较高还是相同。在技能相关第二任务（报告手的位置）条件下，参与者在驾驶过程中每隔2～6 s会听到一个声音，当听到声音时，要求尽可能准确、快速地通过口头回应报告自己左手的位置，是稍高于右手、稍低于右手，还是与右手位置相同。主要任务的操作表现以行驶两圈的完成时间为指标，第二任务的操作表现则以准确度和响应时间为指标。结果表明，参与者在高威胁情境下的表现并没有下降，但是他们付出了更多的努力，并且他们的表现是以牺牲加工的效率为代价的。因此，相比于外部监控假说，该结果更支持注意控制理论。

关于注意控制理论和意识加工过程假说的比较，两种理论对投入努力在焦虑和运动成绩中的作用有不同的解释，前者认为这是有利的，后者则相反。③ 威尔逊（Wilson）等人以加工效能理论（注意控制理论的早期理论）和意识加工过程假说为理论基础，检验了投入努力程度在焦虑影响高

---

① Wilson, M. et al., 2007: "A comparison of self-focus versus attentional explanations of choking", *Journal of Sport & Exercise Psychology*, August.

② Zijlstra, F. R. H., 1993: *Efficiency in work behaviour: A design approach for modern tools*, Delft, Netherlands, Delft University Press, pp.53-66.

③ 张力为等：《运动心理学：追求卓越与保持健康》，《中国科学院院刊：心理学理论体系与方法论专辑》2012年第S1期。

尔夫推杆表现中的作用。[①] 他们选取了中等技能水平的高尔夫选手（mid-handicap golfers）进行实验，让其在压力和非压力两种条件下完成推杆入洞的任务，并通过自陈报告、心率变异性和行为特征（推杆前准备时间、对球洞的瞥视）对选手付出努力的程度进行评价。[②] 最终发现，结果似乎支持加工效能理论，而非意识加工过程假说。这是因为，研究发现有些选手在状态焦虑下的推杆成绩得到保持，同时表现出了加工效能的下降。该研究作者认为，虽然两个理论都能解释焦虑与运动表现之间的关系，但是注意控制理论能够更好地对研究中的发现进行解释。因此，虽然两个理论都可以解释焦虑与运动表现之间的关系，但注意控制理论似乎更加灵活。

总之，注意控制理论似乎比自我关注系列理论更有优势，它的优势主要在于它能够解释为什么焦虑不会导致成绩下降。[③] 但值得一提的是，运动注意控制理论在动机或努力的作用方面的观点不同于注意控制理论。因此，运动注意控制理论与自我关注理论的区别与联系还值得继续探讨，运动注意控制理论与自我关注理论的整合发展或许是将来研究的方向之一。

3. 与挑战-威胁的生物心理社会交互作用模型的整合

挑战-威胁的生理心理社会交互作用模型（biopsychosocial model of challenge and threat，简称 BPS 模型）是由布拉斯科维奇（Blascovich）和门德斯（Mendes）为解释人们在与目标相关的表现情境中，如何进行评估、反应和做出行为这一问题而提出的竞赛心理理论。[④] 在未来研究中，运动注意控制理论和挑战-威胁的生理心理社会交互作用模型的关系，或许会是一个重要的研究方向。挑战-威胁的生理心理社会交互作用模型认为，个体可以通过衡量自身资源，将这种目标相关的表现情境评估为挑战情境或威胁情境。具体而言，一个人会对自己的能力、知识、技术、人格因素以及外部支持等资源进行评估，当个体认为他（她）所具备的上述资源可以或基本可以满足情境的需要时，就可能会将任务视为挑战，继而

① Wilson, M. et al., 2007: "The role of effort in influencing the effect of anxiety on performance: Testing the conflicting predictions of processing efficiency theory and the conscious processing hypothesis", *British Journal of Psychology*, August.

② Wilson, M. et al., 2007: "The role of effort in influencing the effect of anxiety on performance: Testing the conflicting predictions of processing efficiency theory and the conscious processing hypothesis", *British Journal of Psychology*, August.

③ 孙国晓:《竞赛特质焦虑干扰抑制功能:对注意控制理论的检验》,北京,北京体育大学硕士学位论文,2013,第 50～51 页。

④ Blascovich, J. et al., 2000: *Challenge and threat appraisals: The role of affective cues*, Paris, Cambridge University Press, pp.59-82.

进入挑战状态；与此相反，如果个体认为其所具备的上述资源不足以满足情境的需要，那么个体就更可能将任务视为威胁，从而进入威胁状态。① 挑战-威胁的生理心理社会交互作用模型还指出，在挑战状态和威胁状态这两种不同的心理状态下，个体的生理指标，特别是心血管相关指标，会伴随心理状态显示出不同的变化。②

瓦恩（Vine）等人则提出了一个关于压力、挑战-威胁、注意控制和技能表现之间关系的整合模型，解释了压力如何影响视觉驱动运动技能的表现。③ 该模型对个体在挑战状态和威胁状态下的压力反应与个体注意控制之间的相互影响进行了更加全面的阐述，并对挑战和威胁状态对个体的注意控制、视觉运动控制和后续运动技能表现产生影响的作用机制进行了解释。该整合模型与挑战-威胁的生理心理社会交互作用模型的观点一致，同样认为个体在压力情境中会对自身资源和情境需求进行评估，并判断自身资源是否能够满足情境的需要，继而进入挑战状态或威胁状态。但与BPS模型相比，该整合模型进一步指出了注意控制在挑战和威胁这两种不同心理状态下的重要作用。

瓦恩等人的整合模型认为，当个体把压力情境评估为挑战，处于挑战状态下时，目标导向和刺激驱动（自上而下和自下而上）的注意系统之间会产生一种平衡，由此使得个体表现出较好的视觉注意控制，得以在任务过程中更加关注任务相关信息，进而产生良好的运动表现；与此相反，如果个体把压力情境评估为威胁，并处于威胁状态中，刺激驱动（自下而上）的注意系统则会相对占优势，导致个体在任务过程中对于任务无关信息产生更多的注意，进而导致运动表现的下降。④ 此外，瓦恩等人还指出，根据注意控制理论（ACT），虽然在不同的心理状态下，个体会表现出生理功能和注意控制方面的差异，但如果个体调动了额外的认知加工资源（努力），其运动表现仍有可能保持不变。

瓦恩等人的整合模型在提出之前就已得到一些实证研究的支持。例

---

① 李洋等:《挑战-威胁状态理论与运动员竞赛中的自我控制》,《心理科学进展》2013 年第 9 期。

② Blascovich, J. et al., 2003: "The robust nature of the biopsychosocial model challenge and threat: A reply to wright and kirby", *Personality and Social Psychology Review*, February.

③ Vine, S. J. et al., 2016: "An integrative framework of stress, attention, and visuomotor performance", *Frontiers in Psychology*, November.

④ Vine, S. J. et al., 2016: "An integrative framework of stress, attention, and visuomotor performance", *Frontiers in Psychology*, November.

如，研究者邀请新手医生在创设的压力情境下进行一项腹腔镜检查模拟操作。研究发现，把压力情境评估为威胁的新手医生的精细动作控制表现更低。[①] 此外，这一整合模型在运动领域也曾得到支持。静眼被认为是注意控制的代表，近年来一些研究者以静眼为切入点探讨注意控制理论与挑战-威胁的生物心理社会交互作用模型之间的关系。摩尔（Moore）等人的研究发现，当高尔夫选手将压力评估为挑战时，他们表现出更长的静眼持续时间，而评估为威胁时，表现出更短的静眼持续时间。[②]

运动注意控制理论认为压力情境是否诱发焦虑取决于运动员是否产生了威胁性的认知偏向[③]，这为运动注意控制理论与挑战-威胁的生物心理社会交互作用模型的整合提供了链接点。基于此，笔者在前人研究的基础上提出如下假设：运动员把压力评价为威胁时，焦虑水平提高，自上而下的注意控制受到损害，成绩下降；而运动员把压力评价为挑战时，焦虑水平下降，注意控制不受影响，成绩得以保持。

注意控制理论认为焦虑影响注意控制，但是对于焦虑是如何产生的这一问题的关注是不够的。运动注意控制理论考虑了竞赛压力这一因素，但是，竞赛压力是否必然引起焦虑，压力又是如何影响焦虑仍旧不够清楚。运动注意控制理论与挑战-威胁的生物心理社会交互作用模型的整合模型加入了认知评价因素，能够更全面地解释压力、焦虑与运动表现之间的关系，因此能够弥补运动注意控制理论的缺憾。除此之外，运动注意控制理论与挑战-威胁的生物心理社会交互作用模型的整合模型也能够弥补后者的局限，因为整合模型考虑了注意控制这一认知因素对操作绩效的影响，而且考虑了挑战或威胁状态对注意控制的不同影响。[④]

运动注意控制理论与挑战-威胁的生物心理社会交互作用模型的整合模型的局限在于，它对认知资源的重视不足。认知资源在注意控制理论的早期理论中就有所体现。例如，萨拉森（Sarason）认知干扰理论就强调

---

① Vine, S. J. et al., 2013: "Evaluating stress as a challenge is associated with superior attentional control and motor skill performance: Testing the predictions of the biopsychosocial model of challenge and threat", *Journal of Experimental Psychology: Applied*, September.

② Moore, L. et al., 2012: "Quiet eye training expedites motor learning and aids performance under pressure: The roles of response programming and external attention", *Psychophysiology*, July.

③ Eysenck, M. W. et al., 2016: *An introduction to applied cognitive psychology*, London, Routledge, pp.329-350.

④ 孙国晓等:《竞赛压力、注意控制与运动表现关系的理论演进》,《心理科学进展》2021 年第 6 期。

了焦虑下认知资源被占用进而影响绩效的问题。① 然而，尽管注意控制理论在发展过程中继承了这一观点，但是现有的对注意控制理论的实证检验研究中并未体现认知资源的地位。挑战-威胁的生物心理社会交互作用模型也涉及资源，它的核心观点是，对任务需求和自身资源的评估导致个体产生挑战或威胁状态。② 但是，挑战-威胁的生物心理社会交互作用模型对这一资源的内涵与外延的界定范畴尚不够清晰。

4. 与自我控制力量模型的整合

运动注意控制理论（ACTS）与自我控制力量模型之间的关系也值得探讨。根据自我控制力量模型，自我控制是一种有限的资源，在使用后会产生状态性的损耗，导致后续需要自我控制参与的任务因资源短缺而变差。③ 至今，自我控制力量模型已在运动心理学领域得到诸多验证。例如，恩格勒特（Englert）等人招募了13名参与者进行一项骑自行车耐力任务，该研究设计了被试内实验，并通过实验操控自我损耗状态。④ 研究中，参与者需要分别在经历自我损耗操控以及不经历自我损耗操控两种条件下完成自行车计时赛任务（两种条件下的任务间隔48小时，且完成顺序进行平衡）。最终研究结果显示，在自行车计时赛开始时，自我损耗对动力输出和每圈循环时间的影响最为明显。在每分钟转数和心率方面，自我损耗的影响在计时赛前期时较大，在中期时有所减弱，而在接近尾声时又有所增加。以上结果表明，自我损耗影响耐力任务的表现。

近年来，学界对自我损耗效应有较多质疑。⑤ 黑格（Hagger）等人和卡尔维洛（Calvillo）等人进行的预注册的重复性研究，也未得到显著性的结果。⑥ 尽管如此，黑格等人并不否认自我损耗效应的存在，而是认为

① Sarason, I. G. et al., 1984: "Stress, anxiety, and cognitive interference: Reactions to tests", *Journal of Personality & Social Psychology*, April.

② 李洋等:《挑战-威胁状态理论与运动员竞赛中的自我控制》,《心理科学进展》2013 年第 9 期; Blascovich, J. et al., 2000: *Challenge and threat appraisals: The role of affective cues*, Paris, Cambridge University Press, pp.59-82.

③ 张力为:《运动员的自我控制:重要理论及研究进展》,《心理科学》2013 年第 3 期; Gissubel, K. et al., 2018: "The ego depletion effect on undergraduate university students: A systematic review", *Motivation and Emotion*, June.

④ Englert, C. et al., 2018: "Can you go the extra mile? The effect of ego depletion on endurance performance", *International Journal of Sport Psychology*, October.

⑤ Carter, E. C. et al., 2015: "A series of meta-analytic tests of the depletion effect: Self-control does not seem to rely on a limited resource", *Journal of Experimental Psychology: General*, June.

⑥ Hagger, M. S. et al., 2016: "A multilab preregistered replication of the ego-depletion effect", *Perspectives on Psychological Science*, July.

研究者应该探寻结果不显著的原因。黑格等人提到，以往实验中自我损耗操控的持续时间和强度不足以引起疲劳。但是，运动员在竞技场需要极高的自控力，其自我损耗的程度足以引起疲劳。运动心理学领域的研究也发现，自我控制的力量模型能够在运动领域得到验证。① 因此，这一模型在运动心理学领域仍然具有较大的研究价值。

恩格勒特研究团队将自我控制力量模型与注意控制理论进行整合，并开展了系列研究，检验了压力诱发的状态焦虑与自我控制资源对认知任务和不同类型感知运动任务的交互影响。例如，贝特拉姆斯（Bertrams）等人认为，自我控制是将注意从焦虑相关的担忧上移开所必需的，如果个体的自我控制资源不足，就会导致其在考试中的注意被分散。② 他们在三项实验研究中印证了这个观点。在研究一（67 名研究参与者）和研究二（96 名研究参与者）中，贝特拉姆斯等人发现，当研究参与者处于损耗状态时，状态焦虑与语言学习和心算任务成绩呈负相关；但当研究参与者处于非损耗状态时，状态焦虑与学习和心算任务的成绩无关。此外，在招募了 99 名参与者进行心算任务的研究三中，贝特拉姆斯等人发现，相比于非损耗状态，损耗状态下的参与者，其焦虑中的担忧成分与因焦虑而产生的分心之间具有更强的相关关系。

恩格勒特（Englert）还在投飞镖任务中检验了压力下自我损耗是否影响注意控制。③ 该研究采用了 2（自我损耗、非损耗）× 2（高压力、低压力）混合实验设计，并通过评估 28 名学生参与者投掷飞镖的表现和伴随的凝视行为，对于自我损耗是否会对压力下的注意控制产生负面影响这一问题进行了探讨。该研究通过操控攀爬架的高度来设置压力情境，从而控制参与者的状态焦虑水平；通过誊写任务操控自我损耗。结果发现，自我损耗组的参与者在压力条件下对飞镖靶心的最后注视时间变短，即静眼时间变短。根据前文所述，静眼持续时间反映注意控制。这项研究因此说明，在自我损耗状态下，参与者在压力下无法保持良好的注意控制。这表

① 孙拥军：《自我控制损耗对运动员操作表现的影响》，北京，北京体育大学博士学位论文，2008，第 74 页；张连成等：《情绪抑制与表达对运动员自我控制损耗的影响》，《北京体育大学学报》2013 年第 8 期；张连成等：《思维抑制与思维表达对运动员自控损耗的影响》，《天津体育学院学报》2013 年第 3 期。

② Bertrams, A. et al., 2013: "Role of self-control strength in the relation between anxiety and cognitive performance", *Emotion*, August.

③ Englert, C. et al., 2015: "Ego depletion and attention regulation under pressure: Is a temporary loss of self-control strength indeed related to impaired attention regulation?", *Journal of Sport and Exercise Psychology*, April.

明，自我损耗可以调节压力和注意控制之间的关系。而这项研究也为注意控制理论与自我控制力量模型的整合提供了实证基础。①

恩格勒特（Englert）和贝特拉姆斯（Bertrams）在两项实验研究中检验了自我损耗与状态焦虑对感知运动任务（罚篮任务）表现的交互影响。② 实验一招募了 64 位男子篮球运动员，并请参与者先进行了 10 次罚篮以建立基线，之后又将参与者分为自我损耗组（32 人）和非自我损耗组（32 人），并请两组参与者均完成 6 min 的抄写任务（自我损耗组进行抄写时避开规定的字母，非自我损耗组正常抄写）。在完成自我损耗的抄写任务后，研究通过引入竞争条件唤起了参与者的状态焦虑，并请参与者们在焦虑状态下再次进行 10 次的罚篮任务，之后将此次任务的成绩与基线成绩进行了对比。研究发现，状态焦虑下自我损耗组的罚篮表现变差。此外，研究还发现，随着状态焦虑的增加，自我消耗对运动表现的不利影响会变得更强，而在不考虑状态焦虑的情况下，自我损耗并不影响任务表现。实验二招募了 79 名参与者进行了飞镖任务，其实验程序基本与实验一相同，仅在实验一的基础上对于状态焦虑的操纵也进行了分组，从而实现了 2（自我损耗、非自我损耗）× 2（高焦虑、低焦虑）的被试间实验设计，而其所得结果也与实验一一致。这两项实验结果也提示了自我控制力量模型与注意控制理论具有整合的可能性。

恩格勒特和贝特拉姆斯则检验了自我控制资源和状态焦虑对手眼协调任务的交互影响，并提出以下假设：自我损耗状态下，状态焦虑与感知运动任务表现之间具有更大的负相关关系。③ 他们招募了 60 名大学生作为研究参与者，并请他们完成需要高度集中注意力的棋盘游戏任务。在此研究中，自我损耗任务被设定为请参与者观看一段屏幕右下角会出现文字的电视采访，并且在观看过程中只关注被采访的女性，不要注意屏幕右下角的单词，如果他们碰巧看到了这些单词，要立即将注意力转移回被采访的女性身上。状态焦虑的水平则通过引入竞争条件以及评价性指导语进行操控。研究结果发现，只有在自我损耗状态下，焦虑与任务表现之间才存在显著的负相关关系，这支持了作者的假设。而恩格勒特和贝特拉姆斯也基于以上结果提出了增强自控力或许有助于预防焦虑导致的负面效应的

① 项明强等:《自我控制的力量模型：竞技领域中的研究进展》,《体育科学》2016 年第 8 期。

② Englert, C. et al., 2012: "Anxiety, ego depletion, and sports performance", *Journal of Sport & Exercise Psychology*, October.

③ Englert, C. et al., 2013: "Too exhausted for operation? Anxiety, depleted self-control strength, and perceptual-motor performance", *Self and Identity*, November.

建议。

上述研究表明，处于自我损耗状态下的运动员在高压力环境中的表现并不尽如人意。恩格勒特等人检验了自我控制资源决定个体在高压力环境中是否能够抵抗分心刺激干扰的假设。[①] 他们进行了一项被试间实验设计，将 31 名经验丰富的篮球运动员随机分为自我损耗组（16 人）和非自我损耗组（15 人）。研究过程中，在完成自我损耗或非自我损耗的任务后，参与者会在通过立体声耳机收听一些令人担忧的想法（在高压力情境下经常经历的想法）的同时进行 30 次罚球。参与者在这一过程中被要求屏蔽那些分散注意力的音频信息，并专注于罚球。最终的实验结果发现，自我损耗组参与者在压力下会对音频信息有更多关注，其罚球表现也更差。这些结果也表明，足够充足的自我控制资源或许可以作为一个缓冲区，以防止个体被压力下的分心刺激所干扰。

国内也有学者曾对注意控制理论与自我控制力量模型的整合模型进行检验，朱小青在两个实验中分别考察了状态焦虑与自我损耗状态对抑制和转换功能的影响。[②] 作者首先在实验一中考察了自我控制资源损耗对状态焦虑与抑制功能关系的调节作用，该实验通过反向眼跳范式测量了抑制功能，旨在探究状态焦虑是否会干扰抑制功能的加工效能，以及充足的自我控制资源是否可以缓冲这种负面影响，从而保持绩效不受干扰。作者设计了 2 × 2 的混合实验，操控了状态焦虑和自我损耗，并通过眼动仪测量了首次正确方向眼跳潜伏期，作为自上而下的目标导向注意控制的指标，还统计了反向眼跳任务的按键反应正确率作为操作成绩的指标。该实验以 42 名大学生为参与者，采用抽签的方式将他们随机分为自我损耗组和非自我损耗组，使用恩格勒特和贝特拉姆斯在实验中使用的抄写任务操纵了自我损耗。[③] 此外，研究还在实验室中创设了压力情境，通过电击惩罚的威胁性指导语操控压力，之后对参与者状态焦虑的诱发进行主观操控检查，同时通过生物反馈仪记录心率和皮肤导电性两项生理指标，以客观反映状态焦虑的水平。

在首次正确方向眼跳潜伏期指标上，高状态焦虑导致更长的眼跳潜伏

---

① Englert, C. et al., 2015: "Is ego depletion associated with increased distractibility? Results from a basketball free throw task", *Psychology of Sport and Exercise*, May.

② 朱小青等:《状态焦虑干扰抑制与转换功能：自我损耗的调节作用》,《天津体育学院学报》2016 年第 5 期。

③ Englert, C. et al., 2012: "Anxiety, ego depletion, and sports performance", *Journal of Sport & Exercise Psychology*, October.

期，这与注意控制理论的假设是一致的；不同自我损耗状态之间的差异不显著；但自我损耗和状态焦虑之间存在交互作用，即在自我控制资源充足条件下，高、低状态焦虑之间的眼跳潜伏期没有显著差异，但当自我控制资源损耗时，高状态焦虑下的眼跳潜伏期更长。① 按键反应正确率则不受状态焦虑和自我损耗的影响。以上自我损耗与状态焦虑交互影响加工效能的结果为注意控制理论与自我控制力量模型的整合提供了依据。②

但是，实验一仅测量了中央执行系统的抑制功能，而注意控制理论认为，焦虑不仅影响抑制，还影响转换功能。③ 因此，作者在实验二中进一步探究了自我损耗在状态焦虑与转换功能关系中的调节作用。实验二采用混合反向眼跳任务范式测量转换功能，探讨状态焦虑是否会干扰转换功能，充足的自我控制资源是否能缓冲这种负面效应，并维持操作绩效。④ 作者同样设计了 2 × 2 的混合实验，操控了状态焦虑和自我损耗，使用了眼跳潜伏期的转换成本作为转换功能的加工效能指标，同时测量了按键反应正确率作为操作成绩指标；同样通过电击惩罚创设高压力情境，并使用特质-状态焦虑量表进行操控检查，且记录心率和皮肤电信号。

实验二的结果表明，压力操控引起了更高的状态焦虑；此外，参与者在压力下的心率更高。在潜伏期转换成本这一指标上，研究发现了状态焦虑导致更大的转换成本的结果；还发现了状态焦虑与自我损耗的交互作用，即在自我控制资源充足条件下，高、低状态焦虑之间的眼跳潜伏期转换成本并无明显差异，但在自我控制资源损耗状态下，高状态焦虑比低状态焦虑导致更高的眼跳潜伏期转换成本。按键反应正确率依然不受状态焦虑和自我损耗的影响。实验二中自我损耗与状态焦虑交互影响转换功能的加工效能的结果也为注意控制理论与自我控制力量模型的整合提供了依据。

综上，注意控制理论和自我控制力量模型的整合理论得到了实证研究的支持。⑤ 值得一提的是，恩格勒特等人在对注意控制理论与自我控制力量模型的整合模型进行检验时，使用了运动场景，且通过竞赛压力的操控诱发了竞赛焦虑，因此，可以认为运动注意控制理论与自我控制力量模型

---

① 朱小青等:《状态焦虑干扰抑制与转换功能:自我损耗的调节作用》,《天津体育学院学报》2016 年第 5 期。

② 项明强等:《自我控制的力量模型:竞技领域中的研究进展》,《体育科学》2016 年第 8 期。

③ Eysenck, M. W. et al., 2007:"Anxiety and cognitive performance: Attentional control theory", *Emotion*, June.

④ 朱小青:《焦虑对抑制和转换功能的影响:自我损耗的调节作用》,北京,北京体育大学硕士学位论文,2017,第 34 页。

⑤ 项明强等:《自我控制的力量模型:竞技领域中的研究进展》,《体育科学》2016 年第 8 期。

具有整合的可能性。除此之外，根据运动注意控制理论，注意控制的中断不是一贯的，也即焦虑与注意控制之间可能还存在调节变量，而根据上述研究的发现，这个调节变量有可能就是自我控制资源。①

运动注意控制理论与自我控制力量模型的整合模型比运动注意控制理论本身能够更好地解释以往研究中的不相一致的结果。有的研究发现，焦虑导致注意控制下降；而有的研究发现，焦虑不影响注意控制；有的研究甚至发现，焦虑能提高注意控制。② 研究结果不一致的一个重要原因可能是研究参与者的自我控制资源不同。

5.“压力-资源-注意控制整合模型”的提出

以上介绍了运动注意控制理论与挑战-威胁的生物心理社会交互作用模型和自我控制理论模型分别进行整合的链接点。笔者认为，如果将运动注意控制理论与自我控制力量模型、挑战-威胁的生物心理社会交互作用模型共同整合，或许能更好地解释竞赛压力与注意控制和运动表现之间的关系。除上文所分析的整合链接点，自我控制资源或许也能影响压力下的挑战-威胁认知评估。这是因为，认知评估和自我控制资源都是影响注意控制的重要因素，个体在压力下的应激反应（产生焦虑情绪）取决于认知评估③，而将竞赛情境评估为挑战或是威胁又取决于运动员的自我控制资源是否充足④。

琼斯（Jones）等人认为，运动员将一种竞赛情境解释为挑战或者威胁，受到三个变量的影响——自我效能、控制感、目标定向。⑤ 而自我损耗可能对这三个变量具有影响作用。唐义诚、高文斌、王经纬和王利刚曾编制用于评估自我损耗程度的自我损耗后效量表，该量表的一个维度就是低效能感。⑥ 党（Dang）等人在一项元分析中发现，自我控制资源的损耗

---

① 孙国晓等：《竞赛压力、注意控制与运动表现关系的理论演进》，《心理科学进展》2021 年第 6 期。

② 李驰等：《状态焦虑对持续性注意控制的影响：自我损耗程度的调节作用》，《天津体育学院学报》2017 年第 2 期；彭凡等：《状态焦虑与转换功能：注意控制理论在运动员群体中适用性的检验》，《心理科学》2018 年第 5 期；朱小青等：《状态焦虑干扰抑制与转换功能：自我损耗的调节作用》，《天津体育学院学报》2016 年第 5 期。

③ Lazarus，R. S. et al.，1984：*Stress*，*Appraisal*，*and Coping*，New York，NY：Springer，p.27.

④ 孙国晓等：《竞赛压力、注意控制与运动表现关系的理论演进》，《心理科学进展》2021 年第 6 期。

⑤ Jones，M. V. et al.，2009：“A theory of challenge and threat states in athletes”，*International Review of Sport and Exercise Psychology*，October.

⑥ 唐义诚等：《研究生自我损耗后效量表的编制与信效度分析》，《中华行为医学与脑科学杂志》2016 年第 9 期。

削弱研究参与者坚持任务目标的能力。[①] 虽然目前尚未查询到自我控制损耗降低控制感的研究证据，但是可以假设，自我控制资源不足的运动员或许更可能感受到自己的思想、行为、情绪等不受自己控制，也即控制感下降，而这种失控感可能进一步导致运动员产生威胁状态。因此，自我控制资源充足的运动员更可能将压力情境评估为一种挑战，而自我控制资源损耗的运动员更可能将压力情境评估为威胁。

为了更全面地解释竞赛压力与注意控制和运动表现之间的关系，笔者尝试构建“压力-资源-注意控制整合模型”（见图 8-1），并假设，在面对压力情境时，自我资源充足的条件下，运动员会感知到自身的资源（如知识、技术、能力、社会支持等）足以应对任务需求，并因此将压力评估为一种挑战，此时运动员体验到的焦虑水平较低，从而可以保持注意系统的平衡，并能够保持甚至提高成绩；但当自我资源被损耗时，运动员会感知到自身的资源不能应对任务需求，因而更可能将压力评估为一种威胁，此时运动员的焦虑水平也会提高。[②] 这种情况下，如果自我资源得到补偿，则能够保持自上而下和自下而上注意系统的平衡，并得以保持成绩不变；如果自我资源仍然处于损耗状态，则可能打破两种注意系统的平衡，导致注意控制下降，成绩下降。此外，成绩的下降可能又反过来引发更高的焦虑情绪，形成失败反馈环路。[③]

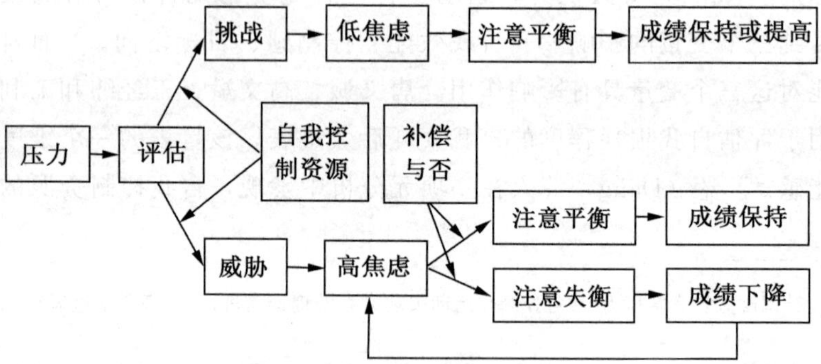

图 8-1　压力-资源-注意控制整合模型

① Dang, J. et al., 2017: "Self-control depletion impairs goal maintenance: A meta-analysis", *Scandinavian journal of psychology*, August.

② Lazarus, R. S. et al., 1984: *Stress, Appraisal, and Coping*, New York, NY: Springer, p.27.

③ 孙国晓等:《竞赛压力、注意控制与运动表现关系的理论演进》,《心理科学进展》2021 年第 6 期。

根据这个理论模型，我们或许能够对未来可开展的实证研究进行设计。未来研究可以设计对照试验，对“压力-资源-注意控制整合模型”进行检验。具体来说，将参与者随机分到自我损耗组和非损耗组①；设置竞赛情境，请参与者在压力下进行某种运动任务；并在压力操控后，对参与者进行挑战-威胁状态评估。整合模型预测，自我损耗组更可能处于威胁状态，焦虑水平较高；而非损耗组更可能进入挑战状态，焦虑水平也更低。② 未来研究还可继续将自我损耗组分为两组，一组进行自我控制资源补偿，另一组为对照，然后在压力下进行运动任务。整合模型预测，获得资源补偿的参与者进行任务时的注意控制更好，成绩也更好；而未获得资源补偿的参与者的注意控制则下降，成绩也随之下降。③

“压力-资源-注意控制整合模型”具有潜在的应用价值。第一，对运动员进行认知重评训练④，引导运动员关注可用资源，将比赛情境解释为挑战，而非威胁，以减少运动员的焦虑情绪反应，避免注意系统失衡；第二，训练、比赛中及时进行能量补充，以保证运动员有充足的自我控制资源应对高压力情境的要求，保持比赛中注意平衡；第三，如果比赛出现失误或失败，引导运动员及时清零，每场次的比赛都从零开始，以终止失误和失败的反馈环路⑤。

---

① 董蕊等:《自我损耗研究方法述评》,《心理科学》2013 年第 4 期。

② 孙国晓等:《竞赛压力、注意控制与运动表现关系的理论演进》,《心理科学进展》2021 年第 6 期。

③ Balk, Y. A. et al., 2020: “Recovery self-regulation in sport: Theory, research, and practice”, *International Journal of Sports Science & Coaching*, December; 孙国晓等:《竞赛压力、注意控制与运动表现关系的理论演进》,《心理科学进展》2021 年第 6 期。

④ Hangen, E. J. et al., 2019: “Stress reappraisal during a mathematics competition: Testing effects on cardiovascular approach-oriented states and exploring the moderating role of gender”, *Anxiety, Stress and Coping*, January.

⑤ 孙国晓等:《竞赛压力、注意控制与运动表现关系的理论演进》,《心理科学进展》2021 年第 6 期。

第九章　竞赛压力下注意控制的研究展望

一、注意控制与注意偏向研究

竞赛压力下注意控制与注意偏向的关系是未来研究的重要方向。焦虑与注意偏向（attention bias）的关系是认知心理学的经典研究领域。[①] 许多研究表明，焦虑与威胁性注意偏向相关。[②] 维苏-佩特拉（Visu-Petra）等人曾研究过学龄前儿童的焦虑与记忆更新功能之间的关系。[③] 该研究从幼儿园招募60名儿童，在实验前请参与者填写一系列焦虑量表，并根据总焦虑分数将其分为高焦虑和低焦虑组，在实验中所有参与者需要交替完成三次空间记忆任务和三次搜索任务，完成任务过程中电脑上会出现高兴、不高兴和中立三种情绪面孔刺激。实验测量了参与者的智商、焦虑得分和认知任务表现。结果发现，参与者的认知任务表现与智商呈相关关系，焦虑和情绪效价之间存在交互作用。具体而言，参与者的智商与记忆力和完成认知任务的精准度成正比；高焦虑儿童搜索和更新高兴表情的速度较慢、准确性较低，对于不高兴表情的反应则更准确。

麦克纳马拉（MacNamara）和哈扎克（Hajcak）的研究则探讨了焦虑症个体对威胁刺激的注意偏向。该研究共招募了15名焦虑症患者和15名先天性心脏病患者作为参与者，研究过程中参与者需要对电脑上的威胁

---

① Bar-Haim, Y. et al., 2007: "Threat-related attentional bias in anxious and non-anxious individuals: A meta-analytic study", *Psychology Bulletin*, January.

② 董云英:《考试焦虑者注意偏向的动态时间变化》,南京,东南大学博士学位论文,2017,第16页;李娜:《焦虑状态下驾驶员视觉搜索的眼动研究》,沈阳,辽宁师范大学硕士学位论文,2014,第10页;林国志等:《情绪障碍个体注意偏向的研究现状》,《中华行为医学与脑科学杂志》2009年第4期。

③ Visu-Petra, L. et al., 2010: "Anxiety and visual-spatial memory updating in young children: An investigation using emotional facial expressions", *Cognition & Emotion*, February.

性图片和中性图片作出判断。[①] 在任务前测量了参与者的焦虑和抑郁水平，在任务完成过程中记录了参与者的脑电位变化和行为反应。最终结果发现，威胁性图片会比中性图片引起焦虑症患者更高的晚期正电位（late positive potential，LPP），且焦虑症患者对威胁性图片的判断正确率更低，表明威胁性刺激对焦虑症患者的影响更大。麦克纳马拉和哈扎克的研究中的行为指标和电生理学指标表明，焦虑症患者对威胁性刺激更加关注，对威胁性信息具有注意偏向。

还有研究表明，高特质焦虑运动员表现出对威胁信息的注意偏向。[②] 注意控制理论及其新进展运动注意控制理论能否将注意偏向整合在内，以获得进一步发展？德拉克山（Derakshan）等人使用反向眼跳范式，在两项实验研究中比较了高、低特质焦虑者的自上而下的注意控制。[③] 实验一在前文有所论述，该实验使用椭圆（简单几何图形）作为线索，发现高特质焦虑组参与者比低特质焦虑组参与者的首次反向眼跳潜伏期更长，即抑制功能的加工效能更低。而在实验二中，德拉克山等人又进一步将注意偏向整合在内，使用了不同情绪校价的面孔图片（中性、高兴、愤怒）作为线索。结果同实验一，高特质焦虑组的眼跳潜伏期比低特质焦虑组长。最重要的是，还发现了特质焦虑与情绪效价的交互作用，即高特质焦虑组在愤怒情绪面孔条件下表现出了最长的首次反向眼跳潜伏期。这说明，一方面，焦虑干扰注意控制的效应可以独立于注意偏向而存在；另一方面，注意控制理论可以整合注意偏向。可以预期，当出现威胁性信息时，焦虑对注意的干扰会增加。

德里伯里（Derryberry）和里德（Reed）曾对于注意控制能力的高低是否可以调节焦虑个体对于威胁信息的注意偏向进行了研究。[④] 在研究中，德里伯里和里德通过状态-特质焦虑量表和注意控制量表对 114 名本科生（70 名女性，44 名男性）的特质焦虑水平和注意控制水平进行了测量，并根据总参与者得分的中位数将参与者分为低焦虑/高注意控制组、低焦虑/低注意控制组、高焦虑/高注意控制组以及高焦虑/低注意控制组

① MacNamara, A. et al., 2010："Distinct electrocortical and behavioral evidence for increased attention to threat in generalized anxiety disorder", *Depression and Anxiety*, March.

② 张力为：《赛前情绪的因素结构、自陈评定及注意特征》，北京，北京体育大学出版社，2001，第 89 页。

③ Derakshan, N. et al., 2009："Anxiety, inhibition, efficiency, and effectiveness: An investigation using the antisaccade task", *Experimental Psychology*, January.

④ Derryberry, D. et al., 2002："Anxiety-related attentional biases and their regulation by attentional control", *Journal of Abnormal Psychology*, May.

四个组。研究中的空间定向任务被设置为，在屏幕一侧的检测目标是困难的（可能导致负反馈并因此具有威胁性），而在另一侧是容易的（可能导致正反馈并因此是安全的）。参与者需要在积极（参与者的反应准确而快速，则获得 10 分，如果反应慢，则得不到分数）和消极（反应慢，参与者会失去 10 分，如果反应快，参与者不会得到任何分数）的条件下分别完成该空间定向任务。该研究发现，特质焦虑的参与者在刺激后 250 ms 表现出了倾向于威胁位置的早期注意偏向，而在刺激后 500 ms 表现出了倾向于安全位置的晚期注意偏向。此外，研究还发现在 500 ms 的延迟中，与焦虑相关的威胁偏差被注意控制所缓和，即注意控制不佳的焦虑参与者表现出了对威胁位置的注意偏差，但有良好注意控制的参与者则能够更好地将注意从威胁位置转移。作者因此认为，提高注意控制能力可以有效限制焦虑个体对于威胁信息的偏差注意。

巴萨诺维奇（Basanovic）等人也在一项研究中探索了焦虑、注意控制与注意偏向之间的关系。① 已有研究证明，状态焦虑的增加会导致指向负面信息的注意偏向的增加，而且这种注意偏向变化的程度在个体之间是不同的。然而，目前还没有研究确定在状态焦虑导致的注意偏向变化中个体差异的机制。此外，还有研究证明，当状态焦虑升高时，对注意的抑制性控制会受到损害。认知模型认为，注意的抑制性控制受损可能是对负面信息产生注意偏向的预测因素。因此，这项研究探讨了状态焦虑对注意控制的干扰是否可以预测由状态焦虑引起的注意偏向的变化。该研究招募了 80 名研究参与者，并让其在提高状态焦虑之前和之后完成对消极信息的注意偏向和注意抑制控制的评估。结果发现，随着状态焦虑程度的增加，抑制控制能力越差，对负面信息的注意偏向越大。本研究结果支持注意控制与对负面信息的注意偏向之间的关系，但与假设不一致的是，对威胁信息注意偏向的增加与注意控制的受损并不均等，因此二者之间的关系还需要继续探索。

苏莎（Susa）等人则检验了注意控制在注意偏向与焦虑之间的调节效应。② 该研究以 9～14 岁儿童为样本，研究了威胁性注意偏向、注意控制

---

① Basanovic, J. et al., 2020: "Change in attentional control predicts change in attentional bias to negative information in response to elevated state anxiety", *Cognitive Therapy and Research*, November.

② Susa, G. et al., 2012: "The self regulatory effect of attentional control in modulating the relationship between attentional biases toward threat and anxiety symptoms in children", *Cognition & Emotion*, September.

和焦虑之间的关系。苏莎等人假设，当注意控制能力降低时，威胁性注意偏向和焦虑之间的关联可能会更强。这项研究使用了中性、高兴和愤怒的面部表情图片，因为这些面部表情图片比文字具有更高的生态学效度。研究者要求儿童执行一项点探测任务来测量他们对这些刺激的注意偏向。除此之外，还请他们完成了测量焦虑症状的儿童焦虑量表以及测量注意控制的儿童版注意控制量表。最终分层回归分析结果显示，注意控制对焦虑有显著的预测作用，注意控制和注意偏向之间的交互作用也显著地预测了焦虑的程度。这些结果表明，注意控制调节了儿童对威胁性面部表情的注意偏向与焦虑之间的关系。

霍（Ho）等人探讨了积极和消极注意偏向与注意控制对特质焦虑（倾向性焦虑）的交互作用。[①] 作者招募了 120 名年龄在 18 岁或 18 岁以下的参与者，通过一项视觉点探测任务来测量他们的注意偏向，并请参与者完成了心理问卷来测量其特质焦虑和注意控制。总体来说，参与者表现出了对积极情绪刺激而非消极情绪刺激的注意偏向；同时，高倾向性焦虑的青少年注意控制能力较差。此外，回归分析表明，注意控制与消极注意偏向对焦虑有交互影响。对于高注意控制的参与者而言，较高的消极注意偏向与较低的特质焦虑相关。对于低注意控制的参与者而言，消极注意偏向与特质焦虑无关。然而，无论是单独作用还是与注意控制的交互作用，积极注意偏向与倾向性焦虑均无显著相关关系。

坎贝尔（Campbell）和克茨（Kertz）的研究进一步检验了注意控制是否能够调节儿童对威胁信息的注意偏向与焦虑之间的关系。[②] 研究者让儿童完成了一项关于注意控制和焦虑的自我报告测量以及一项注意偏向任务。结果发现，注意控制在注意偏向和焦虑之间起调节作用，注意控制与注意偏向的交互作用预测总体焦虑和广泛焦虑。尽管这一研究发现了注意控制对注意偏向与焦虑之间关系的调节作用，但是这种交互作用的方向与现有文献不尽相同，说明焦虑、注意偏向与注意控制之间的关系还需要继续探讨。

---

① Ho, S. M. Y. et al., 2017: "The interaction effect of attentional bias and attentional control on dispositional anxiety among adolescents", *British Journal of Psychology*, September.

② Campbell, M. et al., 2019: "Brief report: Attentional control moderates the relationship between attentional bias and anxiety in children", *Child & Family Behavior Therapy*, January.

从以上研究可以发现，注意控制与注意偏向的关系具有多面性。① 从注意控制理论发展的角度，注意偏向相关研究可能能够对注意控制理论具有丰富和补充的作用。② 具体而言，在威胁信息存在的情况下，焦虑对自上而下注意控制的影响可能更为明显。③

二、注意控制与认知负荷研究

根据加工效能理论，焦虑是否影响操作成绩取决于任务的认知负荷高低。④ 根据注意控制理论，焦虑影响自上而下的中央执行系统的抑制功能和转换功能，并在高认知负荷条件下影响中央执行系统的更新功能。⑤ 这提示，认知负荷的大小可能在焦虑与注意控制之间起到调节作用。

前人已发表一些关于焦虑、注意控制与认知负荷之间关系的研究。莱谢姆（Leshem）通过比较高、低焦虑者二分音听词任务中的注意转换和持续性注意，探讨了特质焦虑与注意控制的关系。⑥ 莱谢姆采用的任务为两耳分听任务（dichotic listening task），在该任务过程中，参与者会听到用悲伤、快乐、愤怒以及中性的四种声音语调说出的“bower”“dower”“power”和“tower”几个词，这些刺激通过耳机传送给参与者。任务开始前，参与者须确保两耳的听力相同，当目标词出现在被关注的耳朵中时，参与者按下“Yes”，否则按下“No”。接下来参与者需在堵住一只耳朵（持续注意）和开放两只耳朵（转换注意）的条件下，分别完成识别目标词在左耳和目标词在右耳的任务。结果表明，与低焦虑者相比，高焦虑者在两种注意条件下的正确率更低，在混合注意条件下的转换更为困难。

---

① 王俐佳：《大学生抑郁症状的注意偏向矫正研究》，上海，上海师范大学硕士学位论文，2018，第 9 页；谢俊鹏：《野战部队军人消极情感人格特点及其与焦虑、抑郁和注意的关系研究》，重庆，陆军军医大学硕士学位论文，2018，第 35～36 页。

② 徐蕾：《特质焦虑与情绪词加工的眼动研究》，天津，天津师范大学硕士学位论文，2014，第 12～13 页；张衍花：《高特质焦虑群体注意偏向矫正机制研究》，保定，河北大学硕士学位论文，2014，第17 页。

③ 孙国晓：《竞赛特质焦虑干扰抑制功能：对注意控制理论的检验》，北京，北京体育大学硕士学位论文，2013，第 52 页。

④ Eysenck，M. W. et al.，1992：“Anxiety and performance：The processing efficiency theory”，*Cognition and Emotion*，November.

⑤ 孙国晓等：《加工效能理论到注意控制理论：焦虑运动表现的新诠释》，《心理科学进展》2013 年第 10 期。

⑥ Leshem，R.，2020：“Trait anxiety and attention：Cognitive functioning as a function of attentional demands”，*Current Psychology*，October.

在反应抑制和冲突解决方面，高焦虑组的加工效能更低，高焦虑组的整体正确率也更低。但是，与预期相反的是，在持续注意条件下，高焦虑组反而比低焦虑组受到的干扰更少。出现这种情况的原因可能是焦虑与更多的认知资源募集和错误行为减少有关。这表明高焦虑个体进行了更多的抑制性加工，而低焦虑个体则显示出认知资源募集减少和较差的任务表现。[①]

该研究作者依据认知负荷理论解释注意条件对抑制反应和解决冲突干扰能力的影响。根据这个理论，选择性注意有两种机制：被动和主动。第一种是被动的知觉选择机制，即在高知觉负载条件下，不相关的干扰物在加工能力不足的情况下不会被感知到，从而避免了干扰物的干扰。第二种是更主动的注意控制机制，即使在低感知负载的情况下，也需要它来拒绝不相关的干扰。这种解释与焦虑对注意转换能力的影响是一致的，这表明在两种情况下，高焦虑组在两耳之间转换注意力的能力都下降了。因此，该研究说明，无论是在持续注意条件下还是转换注意条件下，焦虑都与注意调节缺陷有关。除此之外，焦虑对抑制反应和解决冲突干扰能力的影响受到与特定任务相关的注意需求和认知负荷的影响。总而言之，该研究进一步证明了在高焦虑个体中，自下而上的刺激驱动过程和自上而下的目标导向过程之间存在不平衡，以及在高认知负荷条件下焦虑影响反应抑制和冲突解决的可能性。[②]

赫普索马里（Hepsomali）等人在两个实验中，探讨了焦虑和认知负荷对抑制控制任务表现的影响。[③] 实验一使用了反向眼跳任务，对认知负荷进行了操控。实验二则使用了 Go/NoGo 任务，并通过降低“NoGo”的比例控制认知负荷（高负荷下 20%，低负荷下 50%）。实验一结果显示，高焦虑的个体在高认知负荷条件下会产生更多的反向眼跳错误，且参与者在高负荷条件下会做出更多努力，表现为更大的额叶关联负波成分和瞳孔反应。实验二发现，高焦虑个体会投入更多的努力（表现为更大的瞳孔反应），但与认知负荷无关。研究还发现，N2 成分波幅仅对低焦虑个体的认知负荷敏感。以上高焦虑者的电生理、瞳孔和眼动反应特征，反映了高焦虑者更低的加工效能，为注意控制理论提供了一些支持证据。但是，

① 贾丽萍：《情绪对不同焦虑水平个体抑制功能的影响》，天津，天津师范大学博士学位论文，2014，第 18 页。

② Leshem, R., 2020: “Trait anxiety and attention: Cognitive functioning as a function of attentional demands”, *Current Psychology*, October.

③ Hepsomali, P. et al., 2019: “The impact of cognitive load on processing efficiency and performance effectiveness in anxiety: Evidence from event-related potentials and pupillary responses”, *Experimental Brain Research*, January.

两项实验研究的矛盾结果提示，将来研究应该对焦虑、注意控制与认知负荷之间的关系进行进一步探讨。

沙德（Sadeh）和布雷德迈尔（Bredemeier）通过实验检验了与焦虑相关的注意控制缺陷是否会受到认知需求的影响。[①] 研究者通过威尔士焦虑量表（Welsh Anxiety Scale，WAS）测试了68名男大学生的特质焦虑；并通过希普利研究生生活量表-词汇测试（Shipley Institute of Living Scale-Vocabulary Test，SILS）测试了参与者的阅读能力、言语理解能力和言语知识的获得能力；通过知觉负荷任务（Perceptual Load Task）测量了参与者的认知负荷。研究采用了重复测量方差分析比较了不同条件下的反应时和错误率，其中被试内自变量为认知负荷（负荷1、2、4、6）和干扰物的相容性（不相容、相容），被试间自变量为连续的WAS分数，协变量为SILS得分。

该研究得到以下结果：（1）随着认知负荷的增加，参与者对任务的反应变慢，准确率下降；与相容干扰物相比，参与者对不相容干扰物的反应更慢，准确性也更低。（2）在反应时上发现了焦虑、认知负荷和干扰物相容性之间的交互作用，在错误率上没有发现交互作用。进一步分析发现，个体处于负荷1和负荷2时，焦虑和反应时干扰分数之间不存在相关；在负荷4时，二者呈正相关，这说明焦虑水平越高的被试，越难以忽视干扰因素；在负荷6时，二者呈负相关，这与先前在高认知负荷研究中发现的负相容效应是一致的。（3）高焦虑群体在负荷6时仍会继续处理无关干扰，而低焦虑群体当负荷增加到4时便停止处理。这些结果表明，在高认知负荷下，高焦虑状态会增加个体对注意资源的需求，从而使得个体更难以忽略无关干扰。

总体而言，该研究说明，特质焦虑和任务表现之间的关联性会随着认知负荷的变化而变化。也就是说，特质焦虑对高认知负荷下的任务绩效有显著的预测作用，低焦虑个体在负荷4时不再受干扰物干扰，而高焦虑个体在负荷6时仍受干扰物干扰，表现出显著的干扰效应。在高认知负荷下，高焦虑个体表现出的持续性分心加工与基于注意控制理论的研究假设是一致的，即焦虑会随着任务认知需求的不断提高，不断去调节分心加工。该研究的发现对分心加工和焦虑的研究有重要意义，认知负荷作为一个重要的情境变量，会通过增加焦虑个体在任务过程中的注意需求，从而

---

① Sadeh, N. et al., 2011: "Individual differences at high perceptual load: The relation between trait anxiety and selective attention", *Cognition and Emotion*, June.

导致焦虑个体的注意控制缺陷。

但也有一些研究未能支持上述观点。如莫里亚（Moriya）和塔诺（Tanno）使用认知负荷任务进行了四个系列实验，以评估低社交焦虑者和高社交焦虑者对无关刺激的认知加工。[①] 在实验一中，他们使用一种反应抑制任务操控认知负荷，探究高社交焦虑者是否拥有更多注意资源。研究测量了参与者的社交焦虑，并将其分为高社交焦虑组和低社交焦虑组。两组参与者需完成两个模块（高和低认知负荷）的反应抑制任务。结果表明，在低认知负荷条件下，高社交焦虑组和低社交焦虑组对不相容条件的反应时长于相容和中性条件；而在高认知负荷情境中，只有高社交焦虑组对不相容条件的反应时长于相容条件和中性条件。在高认知负荷情境下，社交焦虑高的人存在干扰效应，表明他们有更多的注意资源；而低社交焦虑人群未出现显著的干扰效应，这说明他们的注意资源较少。这些结果支持了高社交焦虑人群比低社交焦虑人群拥有更多注意资源的观点。

该研究的实验二操纵了干扰物的位置，以检验在高认知负荷条件下，高社交焦虑人群是否会受到干扰物的干扰。研究使用的程序与实验一基本相同，不同之处在于每个负荷的 20 次练习之后，每位参与者以随机顺序完成两个模块（高和低认知负荷）共 72 试次的任务。实验二的结果表明，在低认知负荷情境中，高社交焦虑人群和低社交焦虑人群中均出现了无关干扰物的干扰效应；而在高认知负荷情境中，只有高社交焦虑人群中存在无关干扰物的干扰效应。这与实验一的结果相似。

由于高社交焦虑人群的空间注意控制受损，因此很难将注意集中在排列成圆形的中心字母上，而是会将注意力集中在无关干扰物的位置上。为了评估这种可能性，实验三通过空间线索使参与者非自愿地将注意指向任务目标，降低了目标定向注意的个体差异效应。实验三选取 41 名大学生，将他们分为高社交焦虑组和低社交焦虑组。参与者在两种条件（有效条件和无效条件）下完成任务，有效条件的概率为 16.7%。与实验一和实验二不同，实验三的认知负荷仅使用了相容条件和不相容条件，排除了中性条件。所有参与者需要在每个负荷下进行 24 次练习，完成练习之后，每个参与者以随机顺序完成了两个模块（高和低认知负荷）共 288 次的任务，其余流程与实验一相同。实验三的结果排除了在有效条件下高社交焦虑组将注意分配到无关干扰物位置上的可能性。然而，实验三的结果与实

① Moriya, J. et al., 2010: "Attentional resources in social anxiety and the effects of perceptual load", *Cognition and Emotion*, November.

验一和实验二相同，在低认知负荷情境中，在高社交焦虑人群和低社交焦虑人群中均观察到了无关干扰物的干扰，且两者的相容性效应没有差异；但在高认知负荷情境中，只有在高社交焦虑人群中观察到了干扰效应。这些结果再次印证了研究假设，即更多的注意资源使高社交焦虑人群会不由自主地处理与任务无关的干扰因素。因此研究者认为，注意资源独立于受损的目标导向注意控制。

实验四则是为了进一步解释刺激驱动注意的影响效应，因此操控了干扰物的可见性，从而减少刺激驱动注意的影响。此外，参与者没有被告知任务中会存在干扰因素。参与者被要求完成两个任务，一个是单一干扰辨别任务，另一个是双重任务。结果表明，在高认知负荷情境下，高社交焦虑与低社交焦虑之间没有显著的干扰效应差异。在高认知负荷和低认知负荷情境中，高社交焦虑者与低社交焦虑者在完成单任务和双任务时对干扰物的辨别准确率没有差异。不同焦虑个体在将注意集中在呈圆形排列的字母上时，对掩蔽刺激的敏感性没有差异。这些结果说明高社交焦虑者的注意资源可能受到刺激驱动注意增强的影响。

综合以上四个实验，实验一发现，即使在高认知负荷情境中，高社交焦虑者也会对无关干扰物进行加工；实验二发现，即使将干扰固定，也能观察到干扰效应；实验三发现，即使使用空间线索降低了目标定向注意的效果之后，也在高社交焦虑人群中观察到了对干扰物的非自愿加工；然而，在实验四中，当降低干扰物的可见度时，在高认知负荷情境中，高社交焦虑者的相容性效应不再显著。以上结果说明，高社交焦虑人群会调动更多的注意资源来加工明显的干扰物和大量的刺激，高社交焦虑人群中更多的注意资源可能会受到刺激驱动注意增强的影响。①

可以发现，上述研究的结果并不完全一致。这提示，焦虑、认知负荷、注意控制与操作表现之间的关系比较复杂，还需要更多研究对其进行探讨。笔者认为，未来研究可能还需要重点继续检验认知负荷在焦虑与自上而下的注意控制之间的调节作用。这是因为，将认知负荷纳入，探讨焦虑（或压力）、认知负荷、注意控制与操作绩效之间的关系，将有利于丰富和进一步发展注意控制理论。

---

① 黄思媛等:《大学生社交焦虑的注意偏向矫正训练》,《中国临床心理学杂志》2017 年第 5 期。

三、注意控制与注意焦点研究

竞赛压力下注意控制与注意焦点的关系也是未来研究的重要方向。静眼反映了目标导向的注意控制，代表注意控制的静眼与注意焦点的关系是近年来的研究热点。①维克斯（Vickers）指出，静眼与相关概念之间的关系是近年来静眼领域的重要课题。②贝克（Baker）和沃特（Wattie）同时指出，有必要将静眼与注意焦点等相关概念进行整合。③由此可见，静眼所代表的注意控制与注意焦点的关系可能是未来研究的重要方向。

根据动作限制假说（constrained action hypothesis，CAH），将注意引向内部的肢体动作的内部注意焦点，可能导致动作的自动化过程被打破，因而阻碍技能表现；而将注意引向动作的效果（effect of movement）则更有助于技能获得和技能表现。④这一假说已被一些研究验证，如谭嘉辉等人的元分析和实验研究，发现外部注意焦点比内部注意焦点更有利于技能学习。⑤

阿卜杜拉希普尔（Abdollahipour）等人研究了注意焦点在非器械类运动中的作用。这类运动的运动表现是根据动作质量进行判断的，因此该

---

① 王艳：《Flanker 和 Simon 双冲突融合的注意范式研究》，大连，大连理工大学硕士学位论文，2009，第 2～3 页；孙国晓等：《运动目标的视觉追踪：静眼研究进展与前瞻》，《成都体育学院学报》2018 年第 6 期。

② Vickers, J. N. et al., 2016: "Origins and current issues in Quiet Eye research", *Current Issues in Sport Science*, February.

③ Baker, J. et al., 2016: "Sssh! We're talking about the Quiet Eye-comment on Vickers", *Current Issues in Sport Science*, October.

④ 黄竹杭等：《运用外部注意焦点提高高水平选手开放式运动技能学习效率的实验研究》，《北京体育大学学报》2012 年第 7 期；Marchant, D. C. et al., 2007: "The effects of attentional focusing strategies on novice dart throwing performance and their task experiences", *International Journal of Sport and Exercise Psychology*, January; Masters, R. S. W. et al., 2008: "The theory of reinvestment", *International Review of Sport and Exercise Psychology*, September; Wulf, G. et al., 2013: "Attentional focus and motor learning: A review of 15 years", *International Review of Sport and Exercise Psychology*, September.

⑤ 谭嘉辉等：《注意焦点对运动技能学习影响的元分析研究》，《北京体育大学学报》2012 年第 4 期；谭嘉辉等：《注意焦点反馈对不同性质任务学习影响的实验研究》，《北京体育大学学报》2014 年第 12 期。

研究采用了定性与定量相结合的评判方法。[①] 实验招募了 21 名平均年龄为 12 岁的体操专业运动员，他们在参与实验前一直在进行训练。在实验开始时，他们需要先观看一个体操专家的任务表演视频，视频中包括任务的详细说明，随后参与者在三种条件（外部焦点指令、内部焦点指令和控制条件）下分别进行五次测试，研究将参与者的跳跃高度和动作形式分别作为定量和定性的测量指标。最终结果表明，外部焦点条件比其他两个条件诱发了更高的跳跃高度和更好的动作形式。这说明，外部焦点的优势作用不仅适用于器械类运动任务，也同样适用于非器械类运动任务。

哈里斯（Harris）等人也发现了同样的效应，即关注动作的效果比关注身体动作本身更有助于运动表现。[②] 哈里斯等人通过实验探究了注意焦点对模拟驾驶任务中的流畅体验和运动表现的影响。他们预测外部注意焦点可以提高视觉运动控制，增强流畅体验，改善运动表现。哈里斯等人在本科生和研究生群体中招募了 33 名参与者，参与者在填写个人信息和知情同意书后，共需要完成五次（每次两圈）模拟驾驶任务测试。参与者首先使用模拟驾驶器完成三次练习测试，并在第三次测试前佩戴眼动跟踪设备。随后参与者被随机分到内部或外部焦点指令组，在相应的指导语提示下完成两次正式测试，正式测试的中途会再次给予指令，并在每次测试完成后要求参与者完成流畅体验量表。实验测量了参与者的预期结果、流畅体验、眼睛转向协调性（eye-steering coordination）和转向熵（steering entropy)。结果发现，与内部焦点条件相比，参与者在外部焦点条件下表现出更佳的流畅体验以及更好的预期结果，但是在视觉运动控制（眼睛转向协调性和转向熵）和驾驶表现方面没有表现出显著差异。该研究的结果表明，通过注意焦点操控可以提高流畅体验，因此这也提示了或许可以通过注意焦点训练来使参与者进入积极的运动状态。

沃尔夫（Wulf）和路易斯韦特（Lewthwaite）则提出了最佳运动学习理论解释外部注意焦点的作用。[③] 该理论认为，个体可以通过内在动机和学习注意加强目标与行动的耦合，从而优化技能学习和表现。学者认为

① Abdollahipour, R. et al., 2015: "Performance of gymnastics skill benefits from an external focus of attention", *Journal of Sports Sciences*, October.

② Harris, D. J. et al., 2019: "An external focus of attention promotes flow experience during simulated driving", *European Journal of Sport Science*, July.

③ Wulf, G. et al., 2016: "Optimizing performance through intrinsic motivation and attention for learning: The OPTIMAL theory of motor learning", *Psychonomic Bulletin and Review*, October.

技能学习和技能表现受个体的动机和注意影响，如个体对技能表现的期望、学习者自主性、关注预期运动效果的外部注意焦点等。沃尔夫和路易斯韦特主要从心理和神经科学的角度为以上因素对技能学习和表现的影响提供了解释，并指出，多巴胺会影响个体对优秀表现的预期，动作预期效果的完成方式与学习者的自主性有关，采取外部注意焦点可以为脑区建立有效的功能连接。他们推测，提高期望值和采用外部注意焦点可以增强表演者的认知-运动系统功能，同时防止个体进入以自我和非任务为重点的状态。

近年来注意焦点领域的研究者还发现了一种距离效应（distance effect）。① 相比于近端的（proximal）焦点，远端的（distal）焦点被发现对技能学习和运动表现更为有利。为了进一步拓展前人注意焦点研究，科尼（Kearney）采用了高尔夫推杆任务作为实验任务，对新手在完成简单任务时的最佳注意焦点类型进行了探究。② 该研究招募了 18 名高尔夫新手志愿者作为参与者，进行实验时参与者先熟悉了基本推杆动作，随后进行 10 次无焦点指令的推杆练习，紧接着在内部焦点指令、近端外部焦点指令和远端外部焦点指令三种条件下各完成 5 次推杆练习，以熟悉各指令。之后，参与者需要在每种指令下完成 10 次推杆的正式测试。结果显示，接受远端指令的参与者的推杆成绩优于接受近端指令和内部焦点指令的参与者，而内部焦点指令和近端指令之间无显著性差异。这表明，外部的远端焦点更有利于提高不太困难的任务的表现。

麦凯（McKay）和沃尔夫（Wulf）也检验了近端和远端外部注意焦点的效用，探究了由个人喜好选择的焦点类型是否仍能影响运动表现。③ 他们在研究中采用了与以往研究不同的实验任务（飞镖投掷），以期检验在不同任务中注意焦点的距离效应。实验招募了 36 名飞镖投掷新手大学生（男女人数各一半），参与者首先在近端焦点指令（专注飞镖的飞行轨迹）和远端焦点指令（专注靶盘的靶心）的条件下完成两次投掷练习，每次投掷后遮挡参与者对靶盘的视线，并在两次投掷后询问参与者更喜欢哪一种指令。结果显示，有 9 名参与者报告喜欢近端焦点指令，其中的 4 名

---

① 孙国晓：《静眼训练对移动目标任务运动表现的影响》，北京，北京体育大学博士学位论文，2017，第 11 页。

② Kearney, P. E., 2014: "A distal focus of attention leads to superior performance on a golf putting task", *International Journal of Sport and Exercise Psychology*, December.

③ McKay, B. et al., 2012: "A distal external focus enhances novice dart throwing performance", *International Journal of Sport and Exercise Psychology*, June.

在该焦点指令下完成投掷，其余 5 名则在远端焦点指令下完成投掷任务；有 27 名参与者报告喜欢远端焦点指令，其中的 14 名在该指令下完成投掷任务，另外 13 名则接受近端焦点指令。所有的参与者均在指令下进行了 24 次投掷。最终，结果显示，参与者更偏好远端焦点指令，并且偏好远端者比偏好近端者的投掷更准确，即使偏好近端焦点但采取远端焦点的参与者的投掷也更准确。研究结果表明，绝大多数参与者更喜欢远端焦点指令，且不管焦点偏好如何，只要当参与者在运动过程中采用远端注意焦点，飞镖投掷的准确性就会得到提高。该发现重复了外部注意焦点的优势作用，并进一步证明了注意焦点中的“距离”效应是一种不依赖于个人偏好的普遍现象。

还有研究者提出了一个“注意焦点解释”，以解释静眼训练的效果，认为静眼训练提供了一个外部焦点。[①] 摩尔（Moore）等人招募了 40 名研究参与者学习高尔夫推杆任务，并将其随机分配到静眼训练组或技术训练组，给予不同的训练指导语。[②] 研究测量了参与者的推杆成绩、静眼持续时间、心率、推杆生物力学特征和肌电。参与者经历的流程包括前测、训练以及压力和非压力状态下的后测。结果发现，在成绩（径向误差）上存在训练方式和测试阶段的交互效应；分析简单效应发现，在前测时静眼训练组和技术训练组的径向误差并无显著差异，但是在后测的非压力和压力测试中，静眼训练组的径向误差均小于技术训练组，即静眼训练组推杆表现更好。静眼持续时间上同样发现了训练方式和测试阶段的交互效应，在前测时两组之间并无显著性差异，但是在后测的非压力和压力测试中，静眼训练组的静眼持续时间均显著更长。在推杆生物力学指标上，在前测中静眼训练组和技术训练组的生物力学特征并无差异，但在压力和非压力测试中，静眼训练组在两个轴向的摆动加速度均小于技术训练组。由此可以认为，训练后静眼训练组的动作更为稳定。以上结果与前人进行的静眼训练研究[③]结果较为相似。但摩尔等人分析了心率和肌电图，发现静眼训练

---

① Lohse, K. R. et al., 2010: "How changing the focus of attention affects performance, kinematics, and electromyography in dart throwing", *Human Movement Science*, August; Schücker, L. et al., 2016: "Look around while running! Attentional focus effects in inexperienced runners", *Psychology of Sport and Exercise*, November.

② Moore, L. et al., 2012: "Quiet eye training expedites motor learning and aids performance under pressure: The roles of response programming and external attention", *Psychophysiology*, July.

③ Vine, S. J. et al., 2010: "Quiet eye training: Effects on learning and performance under pressure", *Journal of Applied Sport Psychology*, November.

后心率和肌电图的变化与外部注意焦点训练的结果相似，即静眼训练组发现运动前心率和肌电下降。摩尔等人据此认为，静眼训练可能与外部注意焦点操控起到了相似的效果。①

在静眼训练研究中，技术训练对照组接受的指令集中在身体动作，指向内部。② 虽然静眼训练组接受的指令与外部焦点指令不完全相同，但一些研究发现，无论注意的焦点是在目标上还是在效果上，指向外部都能避免行动受限（constrained action）。③

反映注意控制的静眼与注意焦点之间的关系是当前的研究热点之一。近年来，一些研究人员通过操纵注意焦点来比较不同焦点与静眼持续时间之间的关系。例如，克劳斯特曼（Klostermann）等人就研究了注意焦点和注视行为之间的交互作用，这也是第一个通过实验来探究外部焦点（关注动作效果）和内部焦点（关注动作本身）与静眼之间的相互作用的研究。④ 该研究采用高尔夫推杆作为测试任务，共招募 12 名职业高尔夫球手和 12 名接近职业球手水平的选手。研究过程中，参与者先进行了 16 次热身练习，随后在外部焦点指令和内部焦点指令下各进行了 5 次练习和 16 次正式推杆测试。研究在每 4 次正式推杆后向参与者重复一次指令要求，所有参与者接受指令的顺序是平衡的。研究测量了参与者的推杆表现和静眼参数，并计算了静眼和推杆表现之间的相关性。结果发现，与运动效果有关（外部焦点）的指令会使参与者产生更好的运动表现；专家的静眼持续时间比接近专家者（near-expert）更长，且静眼结束时间也更晚，但静眼开始时间并无差异；静眼结束时间越晚的参与者会取得越好的运动表现。这表明，在一些需要更多在线控制的任务（如本研究中的高尔夫推杆）中，静眼结束时间比静眼开始时间更重要。因此，作者认为较长的静眼持续时间不仅影响运动准备，也对动作执行起到一定的作用。研究还发

① Moore, L. et al., 2012: "Quiet eye training expedites motor learning and aids performance under pressure: The roles of response programming and external attention", *Psychophysiology*, July.

② Vine, S. J. et al., 2014: "Quiet eye training: The acquisition, refinement and resilient performance of targeting skills", *European Journal of Sport Science*, January.

③ Wulf, G. et al., 2013: "Attentional focus and motor learning: A review of 15 years", *International Review of Sport and Exercise Psychology*, September; Zachry, T. et al., 2005: "Increased movement accuracy and reduced EMG activity as a result of adopting an external focus of attention", *Brain Research Bulletin*, June.

④ Klostermann, A. et al., 2014: "On the interaction of attentional focus and gaze: The quiet eye inhibits focus-related performance decrements", *Journal of Sport & Exercise Psychology*, August.

现与动作效果有关（外部焦点）的指令可以更好地延后静眼结束时间，从而提高运动表现，也正基于此，研究者指出注意焦点和静眼之间的关系或许不是简单的叠加效应或因果效应。

齐夫（Ziv）和利多（Lidor）检验了在有无干扰环境下不同注意焦点（内部和外部焦点）对高尔夫推杆表现的作用，并讨论了注意焦点指令与注视行为之间的关系。① 该实验选择了一项自定进度（self-paced）任务高尔夫推杆，共招募72名没有高尔夫经验的男性体育生来完成实验。实验分为两个阶段进行：第一个阶段（不分心条件下）中，将参与者随机分配到内部注意焦点组、外部注意焦点组和对照组，每组24人，参与者需要完成学习、保持和迁移阶段的任务。第二个阶段进一步将每个实验组成员分为两种状态（无分心和听觉分心），每种状态下12人，即一半参与者在无分心条件下完成保持和迁移任务，另一半在有分心条件下完成同样的任务。参与者在任务结束后填写注意操控问卷，并被测量推杆表现和视觉注视行为（静眼持续时间）。该研究发现：（1）在有分心条件下，外部注意焦点组和内部注意焦点组参与者的运动表现更好，推杆更准确。（2）在有分心和无分心条件下，外部注意焦点组参与者并没有表现出比内部注意焦点参与者更好的推杆表现。（3）外部注意焦点组参与者的静眼持续时间长于另外两组。（4）外部注意焦点组参与者的静眼持续时间的变化比内部注意焦点组和对照组参与者更大。作者发现了外部注意焦点组参与者的静眼持续时间比其他组参与者更长，这可能说明，外部注意焦点和静眼存在一定的联系，至少在自定进度任务中是这样的。虽然外部注意焦点组参与者的静眼持续时间更长，但这并没有提高参与者的运动表现。这一现象产生的原因可能有，研究使用的注意焦点指令不是前人研究中的典型指令，接受外部焦点指令的参与者数量较少，或是参与者的技术水平较低（均为新手）。

里恩霍夫（Rienhoff）等人为探究静眼与注意焦点之间的关系而进行了一项实验研究。② 实验任务为篮球罚篮。实验招募了专家球员、高级球员和新手球员各9名，采用头戴式眼动追踪系统测量参与者的眼动行为，由摄像机记录投篮动作的执行。参与者先进行10次基线投篮测试，随后

① Ziv, G. et al., 2015: "Focusing attention instructions, accuracy, and quiet eye in a self-paced task-an exploratory study", *International Journal of Sport and Exercise Psychology*, April.

② Rienhoff, R. et al., 2015: "Focus of attention influences quiet-eye behavior: An exploratory investigation of different skill levels in female basketball players", *Sport, Exercise, and Performance Psychology*, February.

依次在不同焦点（外部、内部和无）指令下各完成10次投篮，总共完成40次投篮。实验测量了参与者的投球表现和静眼持续时间。结果发现，投中者比未投中者有更长的静眼持续时间。但是，外部焦点指令下的罚篮成绩更差，静眼持续时间更短。也就是说，这项研究并没有复制之前发现的外部焦点的优势。[①] 该研究也没有得到注意焦点和静眼之间存在交互作用的预期结果。基于该研究结果，作者提出了注意焦点与静眼之间的三种可能的关系：第一，两者的组成部分是独立的，且两者分别独立影响运动表现；第二，两者之间相互关联、相互影响，并具有相同的潜在作用；第三，两者对运动表现的影响效果可以叠加。总而言之，里恩霍夫等人的研究是一项探索注意焦点和静眼之间相互作用以及两者与运动表现之间相互作用的实验性研究，为注意焦点与静眼反映的注意控制之间关系研究提供了更多参考。

克尔弗斯（Querfurth）等人则在前人基础上进一步探究了注意焦点和静眼之间的相互作用，并对以往研究所使用的典型注意焦点指令的实际效果进行了检验。[②] 投飞镖任务被用来作为实验任务。参与者首先进行了基线测试。紧接着将参与者平均分成两部分，有一半的参与者先在内部焦点指令下完成9次投掷，随后再在外部焦点指令下同样完成9次投掷，而另外一半的参与者实验的顺序则相反。除典型的注意焦点指令外，参与者还被要求在视觉上注视靶心，在精神上关注飞镖或投掷臂，以区别外显注意与内隐注意。实验测量所有参与者的运动表现和静眼持续时间，最终结果发现，注意焦点类型与运动表现之间以及静眼持续时间与运动表现之间没有显著相关性，但注意焦点类型与静眼持续时间之间存在着显著的相关性。内部焦点指令使参与者产生更长的静眼持续时间，但没有提高运动表现。这与以往研究结果不同，而原因可能包括选取的运动任务类型（投掷飞镖为开放式运动）不同、参与者的经验水平不同、佩戴实验设备分散了参与者的注意力等。虽然该研究没有复制注意焦点与静眼的经典研究结果，但探究了注意焦点与静眼的相互作用以及潜在机制，为将来研究提供了一些新的思路。

综合以上结果可以看出，目前相关研究结果之间还有不一致之处，说明代表注意控制的静眼与注意焦点之间的关系还需要更多研究证据积累。

---

① Wulf, G. et al., 2013: "Attentional focus and motor learning: A review of 15 years", *International Review of Sport and Exercise Psychology*, September.

② Querfurth, S. et al., 2016: "An internal focus leads to longer quiet eye durations in novice dart players", *Frontiers in Psychology*, May.

此外，上述研究均仅操纵了注意焦点，而未操纵静眼。将来研究还可以考虑通过静眼训练延长（操控）静眼期，将静眼训练的效果与注意焦点训练的效果进行直接比较，以进一步探讨静眼（代表的注意控制）和注意焦点之间的关系。[①] 专栏 9-1 将介绍一项笔者开展的实验研究，这项研究将静眼训练的效果与不同注意焦点训练的效果进行了直接比较。

专栏 9-1　静眼训练与注意焦点训练对运动表现的影响

该实验招募了 87 名体育专业大学生（计划 88 名，其中 1 名未参加测试），将 44 名男性和 43 名女性参与者分别按照抽签法，随机分配到以下四种训练方式：静眼训练、远端外部焦点训练、近端外部焦点训练和内部焦点训练。设计一项移动目标投掷任务作为实验任务。参与者在投掷过程中的眼动行为由 ASL 便携式眼动仪（ASL，Bedford，MA）采集，肢体动作由 GoPro Hero 3＋ silver 摄像机（GoPro，Inc.，San Mateo，CA）录制，投掷成绩由三洋 VPC-TH1[②] 摄像机（Sanyo，Osaka，Japan）录制。研究采用了 4（训练方式）× 2（测试阶段）混合设计，其中，被试间自变量为训练方式，包括上文介绍的 4 种训练方式；被试内自变量为测试阶段，包括前测和后测两个阶段。实验过程中，在参与者熟悉了实验任务后，他们接受了 10 次前期测试、50 次训练（分成 5 组）和 10 次后期测试。不同组别的参与者在训练期间接受不同的训练指导。

研究评价了训练指导的有效性。单因素方差分析结果显示，各训练组对训练内容的理解程度无统计学上显著性差异（$p=0.62$）；各组对训练方案的执行也无统计学上的显著性差异（$p>0.11$）；各组间的动机程度也无统计学上的显著性差异（$p>0.37$）；但是，各组之间在评价指导语有效性方面存在统计学上的显著差异（$p=0.05$），静眼训练组的评价明显高于内部焦点训练组和近端外部焦点训练组（$p<0.04$）。

研究进行了单因素四水平协方差分析以控制前测。结果发现，在静眼持续时间变量上，各训练组之间的差异达到了统计学显著性水平，$p=0.041$。事后比较发现，静眼训练组的静眼持续时间显著长于内部焦点训练组（$p=0.012$）和近端外部焦点训练组（$p=0.014$），但与远端外部焦点训练组之间无显著性差异（$p=0.086$）。在投掷成绩变量上，各训练组

① 孙国晓：《静眼训练对移动目标任务运动表现的影响》，北京，北京体育大学博士学位论文，2017，第 11 页。

② 此为摄像机的型号，暂无正式中文译名。

之间的差异未达到统计学显著性水平，$p=0.081$。但考虑到 p 值小于 0.10，本研究也进行了事后比较，发现静眼训练组的径向误差显著小于（投掷成绩显著好于）内部焦点训练组（$p=0.026$）和近端外部焦点训练组（$p=0.030$），与远端外部焦点训练组之间为边缘性显著水平（$p=0.053$）。

通过对实验结果的分析，发现静眼训练组的静眼持续时间长于内部焦点训练组（技术训练组），投掷成绩也优于内部焦点训练组。这与前人的静眼训练结果一致。① 与近端外部焦点训练组相比，静眼训练组的静眼持续时间明显更长，投掷成绩也明显更优。最重要的是，静眼训练组和远端外部焦点训练组在静眼持续时间和投掷成绩方面没有差异。指导语操控检查的结果表现出了与投掷成绩相近的趋势。虽然不同组在理解和执行指令以及达到良好效果的动机方面没有显著差异，但与内部焦点训练组和近端外部焦点训练组相比，静眼训练组对指导的评价更加积极，静眼训练组与远端外部焦点训练组之间没有显著差异。也就是说，主观报告验证了客观测量的结果。在静眼训练的研究中，利用主客观指标来反映静眼训练的效果是一项重要的创新。

该实验结果说明，静眼训练起到了与远端焦点训练相似的效果，这提示，在这种移动目标拦截类任务中，静眼训练是远端目标导向的（goal-directedness），或许静眼训练促进技能学习是因为提供了一个远端的外部注意焦点，但是这一说法还需要更多证据支持。毕竟，这一结果还有四种可能的解释：第一，静眼训练提供了远端焦点；第二，远端焦点的指令促进了静眼的发生；第三，二者都通过共同的第三变量发挥作用；第四，二者的机制完全无关，只是结果表现相近。考虑到第一种解释是有理论依据的，笔者更倾向于静眼使远端焦点更加具体化的解释，认为静眼训练促进投掷表现可能是因为提供了相对具体的远端焦点。但是，本研究将静眼训练与注意焦点训练进行比较的做法有助于推动对于反映注意控制的静眼与注意焦点之间关系问题的理解。

四、注意控制的神经机制研究

注意控制的神经生理学机制值得深入探讨。静眼是注意控制的代表，

---

① Wilson, M. R. et al., 2015: *Aiming for excellence: The quiet eye as a characteristic of expertise*, London, Routledge, pp.22-37.

静眼的机制是注意控制领域的一个重要课题。① 行为研究已经探索了静眼是如何支持良好技能表现的，但是静眼的本质仍然不清楚。② 笔者认为，对于这一问题，如果借助认知神经科学的技术手段进行探讨，或许会得到更为准确的答案。曼恩（Mann）等人就曾指出，静眼背后的神经机制尚不清楚，因此对其进行了探究。他们借助了电生理学手段（事件相关电位技术），在高尔夫推杆任务中，探讨了与静眼相关的大脑皮质的激活情况。③

曼恩等人使用眼电和准备电位（bereitschaftspotential）同步探测静眼期以及准备电位的变化是否可以区分高尔夫运动专家和新手。④ 该研究从不同的高尔夫俱乐部中共招募了 20 名参与者，分为专家组和新手组，两组各 10 名。专家组的平均年龄为 26.0 岁（SD=6.85），新手组的平均年龄为 26.20 岁（SD=5.83）。在征得研究参与者同意后，请参与者佩戴好必要的设备，进行高尔夫推杆任务。在参与者推杆的同时测量其眼电、脑电和手臂肌电信号。眼电放大器被用来记录眼电信号，并据此分析静眼期；脑电放大器被用来收集和记录脑电信号。此外，为确定运动开始，研究使用肌电放大器采集肌电信号。实验过程中，每位参与者单独进行推杆试验，包括 10 次练习和 90 次正式试验。之后分析了被试间和被试内静眼持续时间的差异，采用多元重复测量方差分析对脑电数据进行评估，并将脑电和静眼持续时间之间的关系进行皮尔逊相关分析。结果发现，专家组的高尔夫推杆表现比新手组更为准确，变异更小。专家组和新手组的静眼持续时间以及准备电位幅度有明显差异，相较于新手，专家表现出更长的静眼持续时间，且右侧中央区皮层活动更强。以上研究结果支持了静眼的动作编程功能（motor programming function）。但是，击中试次和未击中试次之间的皮层电位并无差异，这提示未来研究还需继续探索。

---

① 孙国晓等:《运动目标的视觉追踪:静眼研究进展与前瞻》,《成都体育学院学报》2018 年第 6 期。

② Klostermann, A. et al., 2013: "The 'Quiet Eye' and motor performance: Task demands matter!", *Journal of Experimental Psychology: Human Perception and Performance*, October; Sun, G. et al., 2016: "The quiet eye provides pre-planning and online control support for interceptive task performance", *Journal of Sport & Exercise Psychology*, October; Walters-Symons, R. et al., 2017: "Examining the response programming function of the quiet eye: Do tougher shots need a quieter eye?", *Cognitive Processing*, February.

③ Mann, D. T. Y. et al., 2011: "Quiet eye and the Bereitschaftspotential: Visuomotor mechanisms of expert motor performance", *Cognitive Processing*, August.

④ Mann, D. T. Y. et al., 2011: "Quiet eye and the Bereitschaftspotential: Visuomotor mechanisms of expert motor performance", *Cognitive Processing*, August.

水崎（Mizusaki）等人通过动作相关皮层电位（movement-related cortical potentials，MRCPs）来探究静眼是否与运动准备过程相关。[①] 动作相关皮层电位是发生于动作前约 2 s 内的负成分，包括早期的准备电位（bereitschaftspotential，BP）、动作前约 400 ms 开始的负斜率（negative slope，NS）、动作前约 60 ms 开始的运动电位（motor potential，MP）三种成分。[②] 水崎等人让参与者佩戴眼动追踪设备和电极帽投掷飞镖。参与者坐在距离镖靶 2.73 m 的座位上，瞄准靶的中心进行投掷。飞镖靶盘画有 10 个同心圆，如果飞镖击中了靶心，就得 100 分；每向外一圈，则减少 10 分。研究过程中，请所有参与者完成 100 次飞镖投掷，并同步记录眼动行为及脑电和肌电信号。为了测量 MRCPs，参与者被要求在设置好飞镖后的 3 s 内投掷。在前测过程中，参与者每投掷 10 次，有 1～2 min的休息时间。

完成前测后，参与者被分为静眼训练组和对照组。从第二天开始，参与者执行一项为期三周共 9 次的训练任务。训练任务改编自前人的静眼训练研究，对照组接受飞镖投掷技巧有关的指令，静眼训练组除了接受飞镖投掷相关指令，还接受了静眼训练指令，如“在手持飞镖的状态下，眼睛盯着目标中心，除了中心没有别的”。训练完成的第二天进行后测。

由于脑电数据资料不完整，6 名受试者（静眼训练组 3 名，对照组 3 名）被剔除。投掷表现是由前后测和训练时间（9 次）的平均分数决定的，对投掷表现进行组别（静眼训练组/对照组）× 测试时间（从前测到后测共 9 次训练）重复测量方差分析；将静眼时长分为高分（前 30%）和低分（后 30%），进而进行组别 × 测试时间（前测和后测）× 得分（静眼时长高分和低分）重复测量方差分析；最后，对 MRCPs 成分进行组别（静眼训练组和对照组）× 静眼得分（静眼时长高分和低分）× 脑区（Cz、C3、C4）重复测量方差分析。

结果表明，两组参与者在整个训练过程中的投掷成绩均显著提高。然而，研究并未发现两组之间的差异，也未发现组别和测试时间的交互作用。研究还发现，静眼训练组的静眼持续时间从前测到后测明显提高，且长于对照组。但是，两组的 MRCPs 成分并无统计学显著性差异，也即水崎等人未发现静眼训练对动作相关电位的影响。因此，关于静眼的神经机

① Mizusaki, Y. et al., 2019: “Why does the Quiet Eye improve aiming accuracy? Testing a motor preparation hypothesis with brain potential”, *Cognitive Processing*, February.

② Mizusaki, Y. et al., 2019: “Why does the Quiet Eye improve aiming accuracy? Testing a motor preparation hypothesis with brain potential”, *Cognitive Processing*, February.

制问题，还需要继续探讨。

在上述研究中，曼恩等人虽然发现高尔夫专家比新手静眼持续时间更长，动作相关电位更大，但击中和未击中之间却无差异。① 水崎等人也未发现静眼训练对动作相关皮层电位的影响。② 现有的相关研究之间结果不一致，这说明，这一方向还需要更多证据积累。另外，静眼期未必涵盖运动相关电位的所有三种成分，将来应将静眼和脑电指标更精准结合，分析静眼期内的动作相关电位。再者，曼恩等人分析了前运动区和顶区的动作相关电位，但未分析与动作预编程相关更为密切的额区。③ 最近盖里格尔（Gallicchio）和林斯（Ring）还分析了枕叶 α 波与静眼的关系，对视觉加工机制（动作预编程机制）进行了质疑。④ 枕区负责视觉功能，额区则主要负责高级的计划功能，因此未来研究或许应该更重视对额区的分析。专栏 9-2 将介绍笔者开展的一项关于静眼的神经电生理机制的实验研究，为读者呈现该领域的研究思路。

专栏 9-2　静眼的神经电生理机制研究

为了检验（反映注意控制的）静眼的动作预编程和在线控制机制，本研究请参与者进行一项高尔夫推杆任务，与此同时，在线记录眼电（EOG）、肌电（EMG）和脑电（EEG）信号。对数据进行离线分析，比较击中与未击中试次的静眼期、静眼前期和静眼后期时长，并对脑电信号进行叠加，比较不同皮层位点静眼期内击中与未击中试次的动作相关电位成分。

该实验招募了 21 名高尔夫新手，让研究参与者进行 100 次高尔夫推杆，同时使用了 NeuroScan 64 导脑电系统（Compumedics USA，Inc.）记录眼电、肌电和脑电信号。通过分析肌电确定关键动作（推杆后摆）起始点，根据水平眼电确定静眼开始和结束时间点，二者之间为静眼期，然后对脑电信号进行叠加，导出静眼期内的动作相关电位成分峰值和潜伏期。该实验使用了配对样本 t 检验比较击中与未击中时的静眼期、静眼前

① Mann, D. T. Y. et al., 2011: "Quiet eye and the Bereitschaftspotential: Visuomotor mechanisms of expert motor performance", *Cognitive Processing*, August.

② Mizusaki, Y. et al., 2019: "Why does the Quiet Eye improve aiming accuracy? Testing a motor preparation hypothesis with brain potential", *Cognitive Processing*, February.

③ Gonzales, C. C. et al., 2015: "Identifying the causal mechanisms of the quiet eye", *European Journal of Sport Science*, September.

④ Gallicchio, G. et al., 2020: "The quiet eye effect: A test of the visual and postural-kinematic hypotheses", *Sport, Exercise, and Performance Psychology*, February.

期和静眼后期持续时间，使用了 2（成绩）× 3（位点）重复测量方差分析比较击中与未击中时 Fz、Cz、Pz 位点的动作相关电位成分波幅和潜伏期。

结果发现，成功和失败时的静眼特征具有显著性差异。具体而言，在静眼期、静眼前期和静眼后期持续时间上，击中均显著长于未击中，$p_s < 0.039$。

对于动作相关电位成分波幅而言，成绩主效应显著，$F(1, 20) = 12.98$，$p = 0.002$，偏 $\eta^2 = 0.39$，击中显著大于未击中；位点主效应显著，$F(2, 19) = 4.59$，$p = 0.024$，偏 $\eta^2 = 0.33$，Cz 显著大于 Fz（$p = 0.008$）和 Pz（$p = 0.011$），Fz 和 Pz 之间无显著性差异（$p = 0.75$）；成绩和脑区两个变量之间的交互作用未达到统计学显著性水平，$p = 0.38$。

对动作相关皮层电位成分的潜伏期而言，成绩的主效应不显著，$p = 0.41$；但是位点的主效应显著，$F(2, 19) = 5.09$，$p = 0.017$，偏 $\eta^2 = 0.35$，Fz（$M = -67$ ms，$SD = 264$）显著早于 Cz（$M = 64$ ms，$SD = 250$，$p = 0.005$）和 Pz（$M = 84$ ms，$SD = 228$，$p = 0.007$），Fz 和 Pz 之间无显著性差异（$p = 0.54$）；成绩和脑区两个变量之间的交互作用不显著，$p = 0.12$。

根据冈萨雷斯（Gonzalez）等人的论述①，额区和前运动区与动作预编程相关，这两个脑区的激活与运动表现相关，这支持了静眼的动作预编程机制；顶区与在线控制功能相关，本研究发现，顶区的激活也与成绩相关，这说明静眼也起到在线控制的作用。以上结果说明，对于本研究的高尔夫推杆任务而言，静眼可能既起到了事先编程的作用，又发挥了在线时时监控的作用。② 而前运动区诱发出最大的动作相关电位成分，这提示，静眼的动作预编程机制可能比在线控制机制更为重要。③ 而且，额区的潜伏期显著早于前运动区和顶区，负责计划功能的额区最早出现动作相关电位，这一结果也再次说明了动作预编程机制的存在，同时提示了对额区进行分析的重要性。综合该实验的结果，成功比失败试次表现出了更长的静眼期，更长的与动作预编程关联的静眼前期，以及更长的与在线控制相关

① Gonzales, C. C. et al., 2015: "Identifying the causal mechanisms of the quiet eye", *European Journal of Sport Science*, September.

② 孙国晓:《静眼训练对移动目标任务运动表现的影响》,北京,北京体育大学博士学位论文,2017,第 121 页。

③ Sun, G. et al., 2016: "The quiet eye provides pre-planning and online control support for interceptive task performance", *Journal of Sport & Exercise Psychology*, October.

联的静眼后期；成功比失败试次更多激发了与动作预编程和在线控制相关的动作相关电位，其中与动作预编程相关的前运动区的动作相关电位成分最大，而负责计划功能的额区激活最早。以上结果提示，静眼可能通过对动作进行预先编程和实时在线控制来促进高尔夫推杆的表现，而前者可能比后者更为重要。

维克斯（Vickers）认为，静眼的脑成像机制研究是未来研究的重要方向。[①] 冈萨雷斯（Gonzales）等人也指出，额区和前运动区与动作预编程相关，顶区与在线控制相关，但目前尚未见对此进行直接检验的研究。[②] 近红外光谱（functional near-infrared spectroscopy，fNIRS）技术[③]能够在运动情境中实时监测大脑的血流动力学变化，适合于静眼机制研究。将来可以用以分析与动作预编程和在线控制相关的脑功能区的血氧信号，以探索静眼的脑功能成像机制。专栏 9-3 将介绍笔者开展的一项关于静眼的近红外脑成像机制的实验研究，为读者呈现该领域的研究思路。

专栏 9-3　静眼的近红外脑成像机制研究

该研究借助近红外技术，为静眼的动作预编程和在线控制机制提供脑功能成像依据。研究要求参与者完成一项高尔夫推杆任务，并在线记录他们的眼动行为和血氧信号。对数据进行离线分析，比较击中与未击中试次的静眼期、静眼前期、静眼后期时长，同时比较击中与未击中时额区、前运动区、顶区的血氧信号。提出了以下假设：(1) 击中时静眼持续时间长于未击中时。(2) 击中比未击中时有更长的静眼前期和后期。(3) 击中比未击中时有更高的相对血氧浓度。(4) 额区和前运动区比顶区的相对血氧浓度更高。

该研究招募了 20 名男性高尔夫新手。他们的平均年龄为 21.55 岁（$SD=1.54$），均为右利手，视力正常。使用便携式多通道近红外光谱系统（慧创，中国），通过 760 nm 和 850 nm 两种波长的近红外光，记录进行高尔夫推杆任务时局部脑区（额区、前运动区、顶区）的血氧信号。使

---

① Vickers, J. N. et al., 2016: "Origins and current issues in Quiet Eye research", *Current Issues in Sport Science*, February.

② Gonzales, C. C. et al., 2015: "Identifying the causal mechanisms of the quiet eye", *European Journal of Sport Science*, September.

③ Jiang, D. et al., 2021: "The effect of yoga meditation practice on young adults' inhibitory control: An fNIRS study", *Frontiers in Human Neuroscience*, September.

用Tobii便携式眼动追踪系统（Tobii AB，Sweden，Inc.）记录眼动轨迹。[①] 使用被试内设计，自变量为成绩（击中、未击中），因变量为静眼期、静眼前期、静眼后期的时长和各脑区血氧浓度。参与者单独进行测试。进入实验室后，参与者首先佩戴光极帽，按照国际EEG系统安放光极，然后佩戴眼动仪，最后佩戴遮光帽避免强光干扰。使用Nirsmart[②] V2.3.1.6软件（慧创，中国）以14 Hz采样率在线采集血氧信号。使用Tobii Pro Glasses Controller[③] V1.114软件（Tobii AB，Sweden，Inc.）录制眼动和动作视频。通过刺激电脑上的E-Prime程序设置蜂鸣声，并在近红外数据中产生标记。5次推杆练习后进行30试次正式测试。

使用Tobii Pro Lab[④] V1.130软件（Tobii AB，Sweden，Inc.）分析静眼相关指标。使用Nirspark[⑤] V1.5.24软件（慧创，中国）处理血氧数据，首先预览数据，然后进行滤波（0.01～0.2 Hz），最后分别分析和导出击中和未击中时静眼期内额区、前运动区、顶区的氧合血红蛋白（Oxy-Hb）和总血红蛋白（Total-Hb）相对浓度。分析的指标包括静眼持续时间及各脑区静眼期内每帧的Oxy-Hb和Total-Hb平均浓度。使用SPSS 24.0软件进行数据统计分析。使用配对样本t检验比较击中与未击中时的静眼持续时间；使用2（成绩）×3（脑区）重复测量方差分析检验击中与未击中时额区、前运动区、顶区的Oxy-Hb和Total-Hb相对浓度差异。

结果显示，在静眼持续时间上，击中（M=826 ms，SD=302）和未击中（M=801 ms，SD=290）之间无显著差异，t（19）=0.40，p=0.69。这可能是因为参与者练习太少，因此对30个试次中的后15个试次进行再次分析。其中有一名参与者后15个试次均未击中，因此剔除。结果发现，击中的静眼持续时间（M=977 ms，SD=358）显著长于未击中（M=780 ms，SD=257），t（18）=2.40，p=0.027。在Oxy-Hb上，成绩的主效应不显著，脑区的主效应不显著，成绩和脑区之间的交互作用也不显著，$p_s>0.32$。

在Total-Hb上，脑区的主效应显著，F（2，17）=3.91，p=

① 符美娜：《自闭症谱系障碍儿童的眼动追踪标记》，成都，电子科技大学硕士学位论文，2019，第11页。
② 此为软件名称，暂无正式中文译名。
③ 此为软件名称，暂无正式中文译名。
④ 此为软件名称，暂无正式中文译名。
⑤ 此为软件名称，暂无正式中文译名。

0.029，偏 $\eta^2=0.18$，额区的 Total-Hb 相对浓度显著高于前运动区和顶区，$p_s<0.039$。成绩的主效应不显著，成绩和脑区之间的交互作用也不显著，$p_s>0.23$。

该研究从脑功能成像角度检验静眼的动作预编程和在线控制机制。结果发现，30 个试次中，击中时与未击中时的静眼持续时间没有显著差异；但在后 15 个试次中，击中时的静眼持续时间显著更长。这提示，要检出成功与失败之间的差异，可能需要足够的任务熟练度，也需要更多的测试试次以获得稳定的结果。此外，击中时和未击中时的血氧相对浓度没有显著差异。分析原因，除了任务熟练程度外，还可能与使用眼动仪测量静眼有关。第一，实验过程中，因为眼动仪定标问题，导致参与者过于受束缚，从而影响了研究结果。未来研究可以考虑通过眼电测量静眼，使参与者较少受到干扰，能够更好地解决这一问题。第二，当前的眼动记录多是一种视频记录方法，在与近红外数据进行同步化时会产生误差。未来研究通过眼电测量静眼，通过 E-Prime 程序自动同步打标记（marker），可能会更有效地解决这一问题。然而，研究发现，在静眼期内，额区总血红蛋白的相对浓度明显高于前运动区和顶叶区域。额区通常负责计划、准备和预测功能。冈萨雷斯（Gonzales）等人的研究表明，额区与静眼的动作预编程机制相关。① 本实验发现静眼期内额区的激活最高，这提示，静眼可能与动作预编程更相关。综上，本研究结果与前人发现一致，成功比失败试次有更长的静眼持续时间，而成功与失败时的相对血氧浓度却无显著性差异。从本实验结果来看，还不能支持或否定静眼的动作预编程或在线控制机制。就两种机制的比较而言，额区的激活最高，可能静眼的动作预编程机制比在线控制机制更为重要，但还需要更多证据。

笔者认为，或许可以利用事件相关电位（ERP）、功能核磁共振（fMRI）、经颅磁刺激（TMS）或经颅电刺激（TCS）等认知神经科学技术从不同层次由浅入深地探讨静眼的神经机制问题。最近，哈里斯（Harris）等人就进行了一项经颅直流电刺激（transcranial direct current stimulation，tDCS）研究。② 该研究招募了 73 名高尔夫新手，将他们随

① Gonzales, C. C. et al., 2015: "Identifying the causal mechanisms of the quiet eye", *European Journal of Sport Science*, September.

② Harris, D. J. et al., 2019: "No effect of transcranial direct current stimulation of frontal, motor or visual cortex on performance of a self-paced visuomotor skill", *Psychology of Sport and Exercise*, July.

机分配到四个组，接受额区 tDCS、前运动区 tDCS、枕区 tDCS 或 M1 通道的伪刺激。参与者首先进行了 10 杆的基线测试，然后接受了 5 min 的经颅直流电刺激，继而进行了 10 杆低压力情境下的测试，最后进行了 10 杆高压力情境下的测试。研究计量了参与者在不同条件下的推杆成绩，并使用眼动仪采集了推杆过程中的注视行为。结果发现，静眼持续时间和推杆成绩上的结果与预期不一致，三个脑区的电刺激与伪刺激之间均无显著差异。

虽然哈里斯等人的上述研究未发现任何脑区的刺激对静眼持续时间和高尔夫推杆表现的影响，但这一方向的研究值得继续探讨。笔者认为，静眼的神经机制研究尚处于探索阶段，现有的研究还不能很好地回答静眼为何与运动表现相关这一问题。将来的研究应该加强静眼的神经机制的探究，并围绕静眼的动作预编程和在线控制机制，综合运用多种神经科学技术从多个角度进行检验。

五、注意控制的应用拓展研究

竞赛压力下注意控制应用研究的重要方向之一是静眼训练研究。前人已经发表过一些关于静眼训练的研究，发现静眼训练有助于提高技能学习和表现。[①] 但目前已发表的静眼训练研究多在罚篮、高尔夫推杆、点球、投飞镖、飞碟射击等瞄准类运动项目中开展，视觉在这些运动项目的动作执行中起着更重要的作用，而在非瞄准类运动项目中，静眼是否重要以及静眼训练是否有助于运动表现，还有待探讨。目前也已经有一些学者开始尝试在非瞄准项目中开展静眼研究，如潘丘克（Panchuk）和维克斯（Vickers）就在芭蕾舞项目中探讨了静眼问题，比较了芭蕾舞演员和非芭蕾舞演员在走线时的眼动行为。[②] 该实验招募了 20 名研究参与者（11 名芭蕾舞演员和 9 名非芭蕾舞演员），让他们在顺序随机且不知情的情况下走 10 cm 宽、2.5 cm 宽、无线条的三米线各 10 次（共 30 试次）。实验分析了参与者的注视行为和芭蕾动作行为。研究确定了准备、接近、踩线和出口四个动作阶段，使用方差对芭蕾舞演员和新手的走步持续时间、步数

---

① 孙国晓:《静眼训练对移动目标任务运动表现的影响》,北京,北京体育大学博士学位论文,2017,第 9～13 页。

② Panchuk,D. et al. ,2011:"Effect of narrowing the base of support on the gait, gaze and quiet eye of elite ballet dancers and controls", *Cognitive Processing*,August.

和步精度、注视点数、注视持续时间、静眼持续时间及位置等指标进行了分析。结果发现，随着支撑面的缩小（线变窄），步长数、步长速度和步长精度会降低。与 10 cm 或无线条件相比，2.5 cm 线宽条件下参与者的速度更慢，精度更低。芭蕾舞演员和对照组的步伐行为有所不同，虽然芭蕾舞演员完成每项测试需要更长的时间，但当以相对时间来分析任务的各个阶段时，发现他们在准备阶段花了更多的时间，在接近和踩线的过程中走得较快，随后是较慢的退出。相比之下，对照组立即迈步，然后在接近和踩线时放慢步态，且以较快的速度离开。在开始迈步之前，芭蕾舞演员似乎使用静眼注视法进行了大部分的运动规划，而对照组则立即迈步，然后更多地使用直接定位于他们脚前的注视法进行在线视觉控制。总体而言，芭蕾舞演员表现出更少的注视点数，但更长的总注视时间，重要的是，表现出更长的走线之前的最后注视时间（静眼时间），这反映了芭蕾舞演员（专家）具有更高效的视觉搜索策略。这项研究也为将来的应用研究提供了思路，将来研究或许可以在新手芭蕾舞演员中进行静眼训练，让新手学习专家的眼动策略，进而考察新手的舞蹈水平是否得到提高。

静眼研究对医疗、航空、军事等领域也具有重要意义。① 在医疗领域，威尔逊（Wilson）等人就曾比较正常发育儿童和发育性动作协调障碍（development coordination disorder，DCD）儿童的感知运动特征，发现DCD 儿童在完成抛-接球动作时比正常儿童的静眼持续时间更短。② 研究者选取了 57 名小学五年级儿童，根据儿童动作评估工具（Movement Assessment Battery for Children-2，MABC-2）筛查出正常和发育性动作协调障碍儿童，让两组儿童完成抛-接球任务，与此同时佩戴眼动仪，测量其眼动追踪行为。结果发现，发育性动作协调障碍儿童的抛-接球表现差于正常儿童，对目标的最后注视时间短于正常儿童，接球前对球的眼动追踪时间也短于正常儿童，即发育性动作协调障碍儿童的静眼持续时间短于正常儿童。

迈尔斯（Miles）等人的研究则进一步发现，静眼训练有助于提高正常发育儿童的运动协调能力。③ 研究者将 16 名学龄期（10 岁左右）儿童

---

① 孙国晓等：《运动目标的视觉追踪：静眼研究进展与前瞻》，《成都体育学院学报》2018 年第 6 期。

② Wilson, M. R. et al., 2013: "Quiet eye distinguishes children of high and low motor coordination abilities", *Medicine & Science in Sports & Exercise*, June.

③ Miles, C. A. L. et al., 2017: "Quiet eye training aids the long-term learning of throwing and catching in children: Preliminary evidence for a predictive control strategy", *European Journal of Sport Science*, February.

随机分配到静眼训练组和技术训练组，练习一项抛-接球任务。指导静眼训练组儿童眼睛注视目标、追踪来球等，而指导技术训练组儿童摆动手臂、手指并拢接球等。研究发现，只有静眼训练组在后测中的接球动作表现提高，静眼持续时间延长。迈尔斯等人还曾在发育性动作协调障碍儿童群体中进行了静眼训练。他们选取了 30 名学龄期（10 岁左右）发育性动作协调障碍儿童，随机分配到静眼训练组和技术训练组，两组指导语与前一项研究相同。[①] 结果表明，经过训练后，静眼训练组的静眼持续时间延长，而技术训练组缩短；接球表现方面两组没有差异，但静眼训练组儿童的接球动作质量和手肘灵活性好于技术训练组。

伍德（Wood）等人也在学龄期发育性动作协调障碍儿童中进行了静眼训练，再次印证了迈尔斯等人的研究发现。[②] 他们将 21 名平均年龄 9 岁的学龄期发育性动作协调障碍儿童随机分配到静眼训练组和技术训练对照组，两组指导语与迈尔斯等人的研究一致。除了在训练前、后进行测试，伍德等人还在训练结束后六周时进行了一项保持性测试，并在该测试中让儿童的父母报告儿童的动作技能表现。他们发现，与技术训练相比，静眼训练提高了发育性动作协调障碍儿童的眼动控制能力和协调能力；父母的报告也显示，静眼训练组儿童在整体协调性方面有所改善。发育性动作协调障碍会制约儿童的动作能力，进而对儿童青少年的身体活动和身心健康产生不利影响。[③] 因此，从静眼角度解析儿童发育性动作协调障碍的发生规律，在此基础上，通过静眼训练对 DCD 儿童进行运动康复，并提早预防正常儿童产生动作协调性问题，具有重要的现实意义。

还有研究者对航空领域（飞行员群体）中的静眼现象进行了研究。例如，为观察飞行员对模拟应激事件的反应（将其评估为挑战或威胁），并进一步探究这些反应对注意控制和操作表现的影响，瓦恩（Vine）等人基

① Miles, C. A. L. et al., 2015: "Quiet eye training facilitates visuomotor coordination in children with developmental coordination disorder", *Research in Developmental Disabilities*, May.

② Wood, G. et al., 2017: "A randomized controlled trial of a group-based gaze training intervention for children with developmental coordination disorder", *PLoS One*, June.

③ 王政淞等:《动作能力对儿童青少年体力活动与健康促进的重要意义——基于动作能力研究模型的综述分析》,《体育科学》2017 年第 11 期。

于挑战-威胁的生理心理社会交互作用模型（BPS 模型）① 和注意控制理论②研究了飞行员在模拟应激事件中的操作表现③。该研究提出假设，将压力性航空情境评估为威胁的飞行员，其注意控制会遭到破坏，并且会出现较差的操作表现。作者通过地区性商业航空公司招募了 16 名合格的飞行员（男性 14 名，女性 2 名），让其在飞行模拟器内进行模拟飞行。由于发动机故障被认为是飞行员可能遇到的最紧张的情况之一，因此，研究所创设的飞行场景为飞机左发动机在车轮离开跑道的起飞过程中发生故障，要求参与者对故障进行适当处理，并降落飞机。

该研究通过认知评价比（cognitive appraisal ratio）的两个问题“你认为这项任务的要求有多高”和“你能应付这项任务的要求吗”计算需求资源评估分数（DRES），进而反映参与者是将任务视为挑战还是威胁。注意控制则以注视控制（gaze control）为指标，通过便携式眼动仪（mobile eye tracker）对参与者的眼动轨迹进行测量，并使用注视点追踪系统（gaze tracker）以逐帧分析的方式对数据进行分析处理，计算参与者的扫描率（search rate）、刺激驱动的注意（stimulus-driven attention）和熵（entropy）等指标。飞行员的操作表现则由一名不了解本次研究目的的飞行教官进行主观评价，并通过模拟器软件提供的航向偏差和速度偏差参数进行客观评价。最终研究结果印证了 BPS 模型和注意控制理论的预测。结果显示，参与者的 DRES 可以有效预测个体在压力情况下的操作表现，并且其预测力明显大于飞行经验和年龄这些其他相关因素。这一结果不仅符合 BPS 模型的假设，也对解释在压力较大的环境中个体如何提高操作表现具有重要意义。与此同时，与注意控制理论一致，这项研究还发现，注意控制在压力下受到破坏。具体为，将压力评估为威胁的参与者表现出了更高的搜索率、熵和更多的刺激驱动注意，这说明，个体对压力的威胁反应越强烈，注意控制就越容易受到干扰。

在军事领域，为对军事技能相关的感知觉训练效果进行研究，摩尔

---

① Blascovich, J. et al., 2003: "The robust nature of the biopsychosocial model challenge and threat: A reply to wright and kirby", *Personality and Social Psychology Review*, February.

② Eysenck, M. W. et al., 2007: "Anxiety and cognitive performance: Attentional control theory", *Emotion*, June.

③ Vine, S. J. et al., 2015: "Individual reactions to stress predict performance during a critical aviation incident", *Anxiety, Stress, & Coping*, July.

(Moore) 等人还检验了静眼训练对海上轻武器射击表现的影响效果。[①] 该研究招募了 20 名射击新手，并将他们随机分为静眼训练组和技术训练组。研究使用运行虚拟战场空间 2.0（Virtual Battle Space 2.0，VBSW2）软件的计算机，通过三台高清投影仪将画面投影至半径为 3 m 的 180°的弧形屏幕上，并加入一架装有电位计的退役机枪（M240 B）以创设模拟情景。研究参与者需要在此情境内，完成移动目标瞄准任务。研究通过 VBSW2 软件计算初始射击径向误差（initial shot radial error）和平均射击径向误差（average radial error），对操作表现进行测量；通过便携式眼动仪和静眼解决方案（quiet eye solution）软件测量计算静眼持续时间和目标锁定两种注意指标，以反映瞄准的效率和效果。

实验过程中，研究参与者需要在训练的前后分别进行关于移动目标任务的前测与后测测试，记录研究参与者的眼动和操作表现数据，并以前测数据为基线与后测数据进行对比。在训练开始前，两组参与者都将观看一位精英枪手的射击视频，与此同时，主试会将静眼训练组参与者的注意引向在扣扳机前应如何保持对目标的稳定追踪，将技术训练组的参与者的注意引向扣扳机前枪管的移动。训练被分为五个部分，在每个部分结束后，参与者都会收到训练反馈，并进行短暂的休息以避免精神和身体疲劳。研究结果表明，在初始射击径向误差方面，静眼训练组在训练后的误差明显减少，而技术训练组在训练后的误差反而有所增加。在平均射击径向误差方面，静眼训练组在前测中表现出了更高的误差，而在后测中的误差则低于技术训练组。这些结果支持了静眼训练对技能表现的积极效果[②]，说明了静眼训练可以有效帮助射击新手获得必要的感知运动技能，对目标进行准确射击。此外，研究还表明，静眼训练组训练后的静眼持续时间明显增加，并表现出了更好的目标锁定，而技术训练组则在静眼持续时间和目标锁定两方面均无显著变化。这也再次显示了静眼训练的有效性，说明了可以通过延长静眼持续时间和增加锁定目标的行为对视觉注意控制进行优化。

总而言之，本章节对竞赛压力下注意控制的未来研究进行了展望。笔者建议未来研究重点围绕注意控制与注意偏向、认知负荷、注意焦点等重

① Moore, L. J. et al., 2014: "Quiet eye training improves small arms maritime marksmanship", *Military Psychology*, September.

② Vine, S. J. et al., 2014: "Quiet eye training: The acquisition, refinement and resilient performance of targeting skills", *European Journal of Sport Science*, January.

要概念的关系展开，以进一步丰富注意控制理论。笔者还建议，未来研究应该深入探讨目标导向注意控制的神经机制，并将注意控制研究成果在医疗、军事、航空等相关领域进行应用和拓展。

结　语

竞赛压力及其引发的紧张焦虑对运动员的竞技状态具有重要影响，注意控制理论从自上而下注意控制的视角解释了焦虑如何影响操作表现。本书分九章对注意控制理论的历史演变、注意控制理论在运动领域的检验和拓展检验以及注意控制理论在运动领域的理论发展进行了阐述。

本书首先梳理了由认知干扰理论到加工效能理论再到注意控制理论的历史演变过程，阐述了注意控制理论的基本假设。注意控制理论继承了认知干扰理论和加工效能理论的基本观点，并进行了新的发展。注意控制理论认为，焦虑会扰乱自上而下和自下而上两种注意系统的平衡，并导致中央执行系统的加工效能下降。

然后介绍了竞赛特质焦虑和状态焦虑对注意控制的影响，以对注意控制理论进行检验和拓展。竞赛特质焦虑与更低的中央抑制功能的加工效能相关联，这与注意控制理论的假设一致，说明注意控制理论能够解释竞赛焦虑与注意控制的关系问题。状态焦虑也影响注意控制，这进一步将注意控制理论的适用范畴拓展到依竞赛情境变化而变化的状态焦虑领域。

继而引入了反映自上而下注意控制的静眼，并检验了竞赛压力与静眼的关系。静眼是运动场景中注意控制的代表，竞赛压力引起的状态焦虑导致静眼的持续时间变短，而围绕延长静眼持续时间开展的静眼训练有助于维持压力下的注意控制。这些研究发现与注意控制理论的核心观点一致，并进一步拓展了注意控制理论的适用范围。

在以上研究的基础上，引出了注意控制理论在运动领域的新进展——运动注意控制理论，论述了新理论的要点和检验思路，并将其与挑战-威胁的生物心理社会交互作用模型和自我控制力量模型相整合，构建了“压力-资源-注意控制整合模型”。最后展望了竞赛压力下注意控制的未来研究，阐述了注意控制与注意焦点的关系研究、注意控制与注意偏向的关系研究、注意控制与认知负荷的关系研究、注意控制的神经机制研究以及注意控制的应用拓展研究等。

总而言之，本书围绕竞赛压力与注意控制的理论嬗变展开论述，系统梳理了注意控制理论的历史演变和发展历程，检验和拓展了注意控制理论，引进了运动注意控制理论，构建了“压力-资源-注意控制整合模型”，并展望了竞赛压力下注意控制的未来研究。本书的内容有助于为其他学者提供更多研究思路，为运动心理学实践工作者提供更多促进运动员高压力下稳定发挥的路径。

参考文献

一、中文参考文献

1. 张力为：《赛前情绪的因素结构、自陈评定及注意特征》，北京，北京体育大学出版社，2001。

2. 张力为：《中国运动员奥运夺冠经典案例心理分析》，北京，北京体育大学出版社，2008。

3. 张力为等：《体育科学常用心理量表评定手册》，北京，北京体育大学出版社，2010，第二版。

4. 张力为等：《运动心理学》，上海，华东师范大学出版社，2013。

5. 艾丽欣等：《焦虑对注意网络功能的影响：认知负荷的调节作用》，《天津体育学院学报》2017 年第 1 期。

6. 陈庆荣等：《眼跳的研究范式及其主要认知功能》，《心理科学进展》2009 年第 6 期。

7. 迟立忠等：《当代运动心理学进展：竞技心理》，《北京体育大学学报》2013 年第 9 期。

8. 崔吉芳等：《数学焦虑影响儿童数学任务表现的作用机制探析》，《心理发展与教育》2011 年第 2 期。

9. 董蕊等：《自我损耗研究方法述评》，《心理科学》2013 年第 4 期。

10. 黄思媛等：《大学生社交焦虑的注意偏向矫正训练》，《中国临床心理学杂志》2017 年第 5 期。

11. 黄竹杭等：《运用外部注意焦点提高高水平选手开放式运动技能学习效率的实验研究》，《北京体育大学学报》2012 年第 7 期。

12. 兰顺领等：《静眼训练在篮球罚篮技术教学中的实验研究》，《军事体育进修学院学报》2010 年第 4 期。

13. 李驰等：《状态焦虑对持续性注意控制的影响：自我损耗程度的调节作用》，《天津体育学院学报》2017 年第 2 期。

14. 李京城等：《体育运动心理领域的眼动研究综述》，《首都体育学院学报》2006 年第 3 期。

15. 李洋等：《挑战-威胁状态理论与运动员竞赛中的自我控制》，《心理科学进展》2013 年第 9 期。

16. 廖彦罡等：《排球运动员观察运动情境图片的眼动分析》，《天津体育学院学报》2009 年第 2 期。

17. 廖彦罡等：《射击运动员的反向眼跳研究》，《天津体育学院学报》2015 年第 4 期。

18. 林国志等：《情绪障碍个体注意偏向的研究现状》，《中华行为医学与脑科学杂志》2009 年第 4 期。

19. 罗霄骁等：《奖惩压力对精细动作自我控制影响的差异》，《武汉体育学院学报》2015 年第 12 期。

20. 彭凡等：《状态焦虑与转换功能：注意控制理论在运动员群体中适用性的检验》，《心理科学》2018 年第 5 期。

21. 孙国晓等：《加工效能理论到注意控制理论：焦虑运动表现的新诠释》，《心理科学进展》2013 年第 10 期。

22. 孙国晓等：《竞赛特质焦虑干扰抑制功能：对注意控制理论的检验》，《心理科学》2015 年第 2 期。

23. 孙国晓等：《竞赛特质焦虑干扰优势反应抑制的神经准备过程：ERP 的证据》，《天津体育学院学报》2015 年第 4 期。

24. 孙国晓等：《移动目标任务中静眼训练对技能学习和压力应对的作用》，《2015 第十届全国体育科学大会论文摘要汇编（二）》，2015 年。

25. 孙国晓等：《运动目标的视觉追踪：静眼研究进展与前瞻》，《成都体育学院学报》2018 年第 6 期。

26. 孙国晓等：《竞赛压力、注意控制与运动表现关系的理论演进》，《心理科学进展》2021 年第 6 期。

27. 谭嘉辉等：《注意焦点对运动技能学习影响的元分析研究》，《北京体育大学学报》2012 年第 4 期。

28. 谭嘉辉等：《注意焦点反馈对不同性质任务学习影响的实验研究》，《北京体育大学学报》2014 年第 12 期。

29. 唐义诚等：《研究生自我损耗后效量表的编制与信效度分析》，《中华行为医学与脑科学杂志》2016 年第 9 期。

30. 王政淞等：《动作能力对儿童青少年体力活动与健康促进的重要意义——基于动作能力研究模型的综述分析》，《体育科学》2017 年第 11 期。

31. 项明强等：《自我控制的力量模型：竞技领域中的研究进展》，《体育科学》2016 年第 8 期。

32. 杨青等：《面孔识别的眼动模式研究述评》，《心理与行为研究》2013 年第 3 期。

33. 杨勇涛等：《静止眼动和动作表现关系的心理学机制》，《天津体育学院学报》2016 年第 3 期。

34. 张力为等：《运动心理学：追求卓越与保持健康》，《中国科学院院刊：心理学理论体系与方法论专辑》2012 年第 S1 期。

35. 张力为：《运动员的自我控制：重要理论及研究进展》，《心理科学》2013 年第 3 期。

36. 张力为等：《自我损耗的控制：竞技运动领域的研究与应用》，《体育科学》2013 年第 6 期。

37. 张连成等：《思维抑制与思维表达对运动员自控损耗的影响》，《天津体育学院学报》2013 年第 3 期。

38. 张连成等：《情绪抑制与表达对运动员自我控制损耗的影响》，《北京体育大学学报》2013 年第 8 期。

39. 周冉等：《中央与外周视野的 IOR 时间进程及其年龄效应比较》，《心理科学》2010 年第 4 期。

40. 朱小青等：《状态焦虑干扰抑制与转换功能：自我损耗的调节作用》，《天津体育学院学报》2016 年第 5 期。

41. 艾丽欣：《焦虑对注意网络功能和运动表现的影响：认知负荷的调节作用》，北京，北京体育大学硕士学位论文，2017。

42. 董云英：《考试焦虑者注意偏向的动态时间变化》，南京，东南大学博士学位论文，2017。

43. 符美娜：《自闭症谱系障碍儿童的眼动追踪标记》，成都，电子科技大学硕士学位论文，2019。

44. 姬姗姗：《失败恐惧特质对压力下“Choking”的影响》，北京，北京体育大学硕士学位论文，2016。

45. 贾江晓：《评价压力对特质焦虑者执行功能的影响》，沈阳，辽宁师范大学硕士学位论文，2016。

46. 贾丽萍：《情绪对不同焦虑水平个体抑制功能的影响》，天津，天津师范大学博士学位论文，2014。

47. 李瑾琪：《数学焦虑影响数学加工的认知神经机制》，深圳，深圳大学硕士学位论文，2019。

48. 李娜：《焦虑状态下驾驶员视觉搜索的眼动研究》，沈阳，辽宁师范大学硕士学位论文，2014。

49. 李洋：《挑战-威胁评价状态对运动员自我控制的影响》，北京，北京体育大学硕士学位论文，2013。

50. 李云波：《军事五项运动成绩影响因素分析及综合心理技巧训练研究》，西安，第四军医大学博士学位论文，2005。

51. 刘含君兰：《特质焦虑对注意控制的影响：工作记忆容量的调节作用》，贵州，贵州师范大学硕士学位论文，2018。

52. 罗霄骁：《压力下工作记忆对注意控制的影响》，北京，北京体育大学硕士学位论文，2016。

53. 彭凡：《状态焦虑和奖惩刺激对注意转换功能的影响》，北京，北京体育大学硕士学位论文，2016。

54. 彭年强：《应激心向对于工作记忆绩效的影响——基于社会性评价冷压范式》，金华，浙江师范大学硕士学位论文，2015。

55. 石蕊：《不同行动控制导向对威胁信息的注意偏向和目标偏好差异性研究》，西安，第四军医大学博士学位论文，2015。

56. 孙国晓：《竞赛特质焦虑与反应抑制：对注意控制理论的检验》，北京，北京体育大学硕士学位论文，2013。

57. 孙国晓：《静眼训练对移动目标任务运动表现的影响》，北京，北京体育大学博士学位论文，2017。

58. 孙拥军：《自我控制损耗对运动员操作表现的影响》，北京，北京体育大学博士学位论文，2008。

59. 王凤娟：《小学生数学焦虑的认知加工机制》，上海，上海师范大学硕士学位论文，2018。

60. 王俐佳：《大学生抑郁症状的注意偏向矫正研究》，上海，上海师范大学硕士学位论文，2018。

61. 王明阳：《数字偏好在分类任务中的启动效应》，沈阳，辽宁师范大学硕士学位论文，2018。

62. 王品：《表征动量的时间一致效应及神经机制》，广州，华南师范大学硕士学位论文，2012。

63. 王婷：《工作记忆负荷对无意注意的影响》，重庆，西南大学硕士学位论文，2010。

64. 王祥鹏：《基于训练的执行功能可塑性及其迁移效应》，重庆，西南大学博士学位论文，2018。

65. 王艳：《Flanker 和 Simon 双冲突融合的注意范式研究》，大连，大连理工大学硕士学位论文，2009。

66. 夏琼：《变化觉察中的“拓扑结构”变化与明度变化》，杭州，浙江大学硕士学位论文，2005。

67. 谢俊鹏：《野战部队军人消极情感人格特点及其与焦虑、抑郁和注意的关系研究》，重庆，陆军军医大学硕士学位论文，2018。

68. 徐蕾：《特质焦虑与情绪词加工的眼动研究》，天津，天津师范大学硕士学位论文，2014。

69. 张素婷：《情绪对优秀排球运动员预判的影响——执行功能的调节作用》，北京，北京体育大学硕士学位论文，2016。

70. 张文雅：《基于鼠标轨迹的用户情感分析方法研究》，西安，西安电子科技大学硕士学位论文，2018。

71. 张衍花：《高特质焦虑群体注意偏向矫正机制研究》，保定，河北大学硕士学位论文，2014。

72. 朱小青：《焦虑对抑制和转换功能的影响：自我损耗的调节作用》，北京，北京体育大学硕士学位论文，2017。

73. 于淋等：《静眼现象及其在运动心理学中的应用》，第十六届全国心理学学术会议论文，南京，2013。

74. 张积家等：《时间隐喻对汉语动词加工的影响》，第十六届全国心理学学术会议论文，南京，2013。

二、英文参考文献

1. Blascovich, J. et al., 2000: *Challenge and threat appraisals:*

The role of affective cues, Paris, Cambridge University Press.

2. Eysenck, M. W. et al., 2016: *An introduction to applied cognitive psychology*, London, Routledge.

3. Hanin, Y. L., 1989: *Anxiety in sport: An international perspective. Series in health and behavioral medicine*, New York, Hemisphere.

4. Hull, C. L., 1943: *Principles of behavior*, New York, Appleton Century CO.

5. Lazarus, R. S. et al., 1984: *Stress, appraisal, and coping*, New York, NY, Springer.

6. MacLeod, C. et al., 2013: *Handbook of cognition and emotion*, New York, Guilford Publications.

7. Northern, J. J. et al., 2010: *Anxiety and cognitive performance: A test of predictions made by cognitive interference theory and attentional control theory*, Ohio, Bowling Green State University.

8. Sarason, I. G. et al., 1996: *Cognitive interference: Theories methods and findings*, Mahwah, NJ, Erlbaum.

9. Spielberger, C. D. et al., 1983: *Manual for the State-Trait Anxiety Inventory*, Palo Alto, CA, Consulting Psychologists Press.

10. Vickers, J. N., 2007: *Perception, cognition and decision training: The quiet eye in action*, Champaign, IL, Human Kinetics.

11. Wilson, M. R. et al., 2015: *Aiming for excellence: The quiet eye as a characteristic of expertise*, London, Routledge.

12. Zijlstra, F. R. H., 1993: *Efficiency in work behaviour: A design approach for modern tools*, Delft, Netherlands, Delft University Press.

13. Abdollahipour, R. et al., 2015: "Performance of gymnastics skill benefits from an external focus of attention", *Journal of Sports Sciences*, October.

14. Adophe, R. M. et al., 1997: "The effects of training visual attention on gaze behavior and accuracy: A pilot study", *International Journal of Sport Vision*, January.

15. Allsop, J. et al., 2014: "Flying under pressure: Effects of anxiety on attention and gaze behavior in aviation", *Journal of Applied Research in Memory and Cognition*, June.

16. Ansari, T. L. et al., 2008: "Effects of anxiety on task switching: Evidence from the mixed antisaccade task", *Cognitive, Affective, & Behavioral Neuroscience*, September.

17. Ansari, T. L. et al., 2010: "Anxiety impairs inhibitory control but not volitional action control", *Cognition & Emotion*, February.

18. Ansari, T. L. et al., 2011: "The neural correlates of cognitive effort in anxiety: Effects on processing efficiency", *Biological Psychology*, March.

19. Ansari, T. L. et al., 2011: "The neural correlates of impaired inhibitory control in anxiety", *Neuropsychologia*, April.

20. Baddeley, A. D., 2001: "Is working memory still working?", *American Psychologist*, November.

21. Baker, J. et al., 2016: "Sssh! We're talking about the Quiet Eye-comment on Vickers", *Current Issues in Sport Science*, October.

22. Balk, Y. A. et al., 2020: "Recovery self-regulation in sport: Theory, research, and practice", *International Journal of Sports Science & Coaching*, December.

23. Bar-Haim, Y. et al., 2007: "Threat-related attentional bias in anxious and non-anxious individuals: A meta-analytic study", *Psychology Bulletin*, January.

24. Basanovic, J. et al., 2020: "Change in attentional control predicts change in attentional bias to negative information in response to elevated state anxiety", *Cognitive Therapy and Research*, November.

25. Baumeister, R. F. et al., 1984: "Choking under pressure: Self-consciousness and paradoxical effects of incentives on skilful performance", *Journal of Personality & Social Psychology*, March.

26. Behan, M. et al., 2007: "State anxiety and visual attention: The role of the quiet eye period in aiming to a far target", *Journal of Sports Sciences*, January.

27. Beilock, S. L. et al., 2001: "On the fragility of skilled performance: What governs choking under pressure?", *Journal of Experimental Psychology*, December.

28. Berggren, N. et al., 2012: "Attentional control deficits in trait anxiety: Why you see them and why you don't", *Biological Psychology*, March.

29. Bertrams, A. et al., 2013: "Role of self-control strength in the relation between anxiety and cognitive performance", *Emotion*, August.

30. Bishop, S. J., 2009: "Trait anxiety and impoverished prefrontal control of attention", *Nature Neuroscience*, January.

31. Blankstein, K. R. et al., 1989: "Test anxiety and the contents of consciousness: Thought listing and endorsement measures", *Journal of Research in Personality*, September.

32. Blankstein, K. R. et al., 1990: "Thought listing and endorsement measures of self-referential thinking in test anxiety", *Anxiety Research*, January.

33. Blascovich, J. et al., 2003: "The robust nature of the biopsychosocial model challenge and threat: A reply to wright and kirby", *Personality and Social Psychology Review*, February.

34. Booth, R. et al., 2009: "Stress reduces attention to irrelevant information: Evidence from the Stroop task", *Motivation & Emotion*, December.

35. Brimmell, J. et al., 2019: "Challenge and threat states, performance, and attentional control during a pressurized soccer penalty task", *Sport, Exercise, and Performance Psychology*, February.

36. Campbell, M. et al., 2019: "Brief report: Attentional control moderates the relationship between attentional bias and anxiety in children", *Child & Family Behavior Therapy*, January.

37. Carter, E. C. et al., 2015: "A series of meta-analytic tests of the depletion effect: Self-control does not seem to rely on a limited resource", *Journal of Experimental Psychology: General*, June.

38. Causer, J. et al., 2010: "Quiet eye duration and gun motion in

elite shotgun shooting", *Medicine & Science in Sports & Exercise*, August.

39. Causer, J. et al., 2011: "Anxiety, movement kinematics, and visual attention in elite-level performers", *Emotion*, June.

40. Causer, J. et al., 2011: "Quiet eye training in a visuomotor control task", *Medicine & Science in Sports & Exercise*, June.

41. Chia, S. J. et al., 2016: "Focus of attention influences quiet-eye behavior: An exploratory analysis of variations in quiet eye duration within and between levels of expertise", *International Journal of Sport and Exercise Psychology*, January.

42. Cooke, A. et al., 2011: "Effects of competitive pressure on expert performance: Underlying psychological, physiological, and kinematic mechanisms", *Psychophysiology*, January.

43. Corbetta, M. et al., 2002: "Control of goal-directed and stimulus-driven attention in the brain", *Nature Reviews Neuroscience*, March.

44. Coy, B. et al., 2011: "Associations between evaluation anxiety, cognitive interference and performance on working memory tasks", *Applied Cognitive Psychology*, April.

45. Dang, J. et al., 2017: "Self-control depletion impairs goal maintenance: A meta-analysis", *Scandinavian Journal of Psychology*, August.

46. Derakshan, N. et al., 2009: "Anxiety, inhibition, efficiency, and effectiveness: An investigation using the antisaccade task", *Experimental Psychology*, January.

47. Derakshan, N. et al., 2009: "Anxiety, processing efficiency, and cognitive performance: New developments from attentional control theory", *European Psychologist*, January.

48. Derakshan, N. et al., 2009: "Effects of state anxiety on performance using a task-switching paradigm: An investigation of attentional control theory", *Psychonomic Bulletin and Review*, December.

49. Derryberry, D. et al., 2002: "Anxiety-related attentional biases and their regulation by attentional control", *Journal of Abnormal Psychology*, May.

50. Ducrocq, E. et al., 2016: "Training attentional control improves cognitive and motor task performance", *Journal of Sport & Exercise Psychology*, October.

51. Ducrocq, E. et al., 2018: "Adaptive working memory training reduces the negative impact of anxiety on competitive motor performance", *Journal of Sport & Exercise Psychology*, February.

52. Easterbrook, J. A., 1959: "The effect of emotion on cue utilization and the organization of behavior", *Psychological Review*, May.

53. Edward, M. S. et al., 2015: "Effects of trait anxiety and situational stress on attentional shifting are buffered by working memory capacity", *Anxiety Stress and Coping*, January.

54. Endres, D. N. et al., 2020: "Stop the clock because I can't stop: Time pressure, but not monitoring pressure, impairs response inhibition performance", *Journal of Cognitive Psychology*, August.

55. Englert, C. et al., 2012: "Anxiety, ego depletion, and sports performance", *Journal of Sport & Exercise Psychology*, October.

56. Englert, C. et al., 2013: "Too exhausted for operation? Anxiety, depleted self-control strength, and perceptual-motor performance", *Self and Identity*, November.

57. Englert, C. et al., 2015: "Is ego depletion associated with increased distractibility? Results from a basketball free throw task", *Psychology of Sport and Exercise*, May.

58. Englert, C. et al., 2015: "Ego depletion and attention regulation under pressure: Is a temporary loss of self-control strength indeed related to impaired attention regulation?", *Journal of Sport and Exercise Psychology*, April.

59. Englert, C. et al., 2018: "Can you go the extra mile? The effect of ego depletion on endurance performance", *International Journal of Sport Psychology*, October.

60. Ethridge, L. E. et al., 2009: "Consider the context: Blocked versus interleaved presentation of antisaccade trials", *Psychophysiology*, September.

61. Everling, S. et al., 1998: "The antisaccade: A review of basic research and clinical studies", *Neuropsychologia*, October.

62. Eysenck, M. W. et al., 1992: "Anxiety and performance: The processing efficiency theory", *Cognition and Emotion*, November.

63. Eysenck, M. W. et al., 2005: "Trait anxiety, visuospatial processing, and working memory", *Cognition & Emotion*, December.

64. Eysenck, M. W. et al., 2007: "Anxiety and cognitive performance: Attentional control theory", *Emotion*, June.

65. Eysenck, M. W. et al., 2011: "New perspectives in attentional control theory", *Personality and Individual Differences*, May.

66. Ford, K. A. et al., 2005: "Neural processes associated with antisaccade task performance investigated with event-related fMRI", *Journal of Neurophysiology*, August.

67. Gallicchio, G. et al., 2018: "Assessing ocular activity during performance of motor skills using electrooculography", *Psychophysiology*, February.

68. Gallicchio, G. et al., 2020: "The quiet eye effect: A test of the visual and postural-kinematic hypotheses", *Sport, Exercise, and Performance Psychology*, February.

69. Gissubel, K. et al., 2018: "The ego depletion effect on undergraduate university students: A systematic review", *Motivation and Emotion*, June.

70. Goh, W. X. et al., 2018: "Pre-movement and during-movement visual search behaviours vary depending on expertise and anxiety levels in ten-pin bowling", *Journal of Sports Sciences*, February.

71. Gonzales, C. C. et al., 2015: "Identifying the causal mechanisms of the quiet eye", *European Journal of Sport Science*, September.

72. Gotardi, G. C. et al., 2019: "Adverse effects of anxiety on attentional control differ as a function of experience: A simulated driving study", *Applied Ergonomics*, January.

73. Hagger, M. S. et al., 2016:"A multilab preregistered replication of the ego-depletion effect", *Perspectives on Psychological Science*, July.

74. Hallett, P. E., 1978:"Primary and secondary saccades to goals defined by instructions", *Vision Research*, February.

75. Hangen, E. J. et al., 2019:"Stress reappraisal during a mathematics competition: Testing effects on cardiovascular approach-oriented states and exploring the moderating role of gender", *Anxiety Stress and Coping*, January.

76. Hardy, L. et al., 1988:"The inverted-U hypothesis: A catastrophe for sport psychology?", Paper presented at the Annual Conference of the North American Society for the Psychology of Sport and Physical Activity, January.

77. Hardy, L. et al., 2007:"Effects of performance anxiety on effort and performance in rock climbing: A test of processing efficiency theory", *Anxiety*, *Stress*, *& Coping*, July.

78. Harle, S. K. et al., 2001:"Training quiet eye improves accuracy in the basketball free throw", *Sport Psychologist*, September.

79. Harris, D. J. et al., 2019:"To err again is human: Exploring a bidirectional relationship between pressure and performance failure feedback", *Anxiety Stress Coping*, July.

80. Harris, D. J. et al., 2019:"An external focus of attention promotes flow experience during simulated driving", *European Journal of Sport Science*, July.

81. Harris, D. J. et al., 2019:"No effect of transcranial direct current stimulation of frontal, motor or visual cortex on performance of a self-paced visuomotor skill", *Psychology of Sport and Exercise*, July.

82. Hatzigeorgiadis, A. et al., 1999:"The effects of goal orientation and perceived competence on cognitive interference during tennis and snooker performance", *Journal of Sport Behavior*, December.

83. Hatzigeorgiadis, A. et al., 2000:"Assessing cognitive interference in sport: Development of the thought occurrence questionnaire for sport", *Anxiety*, *Stress and Coping*, June.

84. Hayes, S. et al., 2009: "Anxiety-linked task performance: Dissociating the influence of restricted working memory capacity and increased investment of effort", *Cognition & Emotion*, May.

85. Hepsomali, P. et al., 2019: "The impact of cognitive load on processing efficiency and performance effectiveness in anxiety: Evidence from event-related potentials and pupillary responses", *Experimental Brain Research*, January.

86. Ho, S. M. Y. et al., 2017: "The interaction effect of attentional bias and attentional control on dispositional anxiety among adolescents", *British Journal of Psychology*, September.

87. Horn, R. R. et al., 2012: "Quiet eye duration is responsive to variability of practice and to the axis of target changes", *Research Quarterly for Exercise and Sport*, January.

88. Houtman, I. L. D. et al., 1989: "The anxiety thermometer: A validation study", *Journal of Personality Assessment*, January.

89. Hutton, S. B. et al., 2006: "The antisaccade task as a research tool in psychopathology: A critical review", *Psychophysiology*, May.

90. Jiang, D. et al., 2021: "The effect of yoga meditation practice on young adults' inhibitory control: An fNIRS study", *Frontiers in Human Neuroscience*, September.

91. Jones, G. et al., 1992: "Intensity and direction dimensions competitive state anxiety and relationships with competitiveness", *Perceptual and Motor Skill*, April.

92. Jones, M. V. et al., 2009: "A theory of challenge and threat states in athletes", *International Review of Sport and Exercise Psychology*, October.

93. Judah, M. R. et al., 2013: "The neural correlates of impaired attentional control in social anxiety: An ERP study of inhibition and shifting", *Emotion*, December.

94. Kane, M. J. et al., 2001: "A controlled-attention view of working-memory capacity", *Journal of Experimental Psychology: General*, June.

95. Kao, S. et al., 2014:"Neurofeedback training reduces frontal midline theta and improves putting performance in expert golfers", *Journal of Applied Sport Psychology*, July.

96. Kearney, P. E., 2014:"A distal focus of attention leads to superior performance on a golf putting task", *International Journal of Sport and Exercise Psychology*, December.

97. Klostermann, A. et al., 2013:"The 'Quiet Eye' and motor performance: Task demands matter", *Journal of Experimental Psychology: Human Perception and Performance*, October.

98. Klostermann, A. et al., 2014:"On the interaction of attentional focus and gaze: The quiet eye inhibits focus-related performance decrements", *Journal of Sport & Exercise Psychology*, August.

99. Klostermann, A. et al., 2014:"The quiet eye without a target: The primacy of visual information processing", *Journal of Experimental Psychology: Human Perception and Performance*, December.

100. Krane, V., 1994:"The mental readiness form as a measure of competitive state anxiety", *The Sport Psychologist*, June.

101. Krohne, H. W. et al., 2000:"Anxiety, cognitive interference, and sports performance: The cognitive interference test-table tennis", *Anxiety Stress and Coping*, May.

102. Lebeau, J-C. et al., 2016:"Quiet eye and performance in sport: A meta-analysis", *Journal of Sport & Exercise Psychology*, October.

103. Leshem, R., 2020:"Trait anxiety and attention: Cognitive functioning as a function of attentional demands", *Current Psychology*, October.

104. Liang, C. W., 2018:"Attentional control deficits in social anxiety: Investigating inhibition and shifting functions using a mixed antisaccade paradigm", *Journal of Behavior Therapy and Experimental Psychiatry*, September.

105. Liao, B. et al., 2013:"The impact of state anxiety on fear inhibition", *Journal of Experimental Psychology*, January.

106. Lohse, K. R. et al., 2010: "How changing the focus of attention affects performance, kinematics, and electromyography in dart throwing", *Human Movement Science*, August.

107. Luo, X. et al., 2017: "The benefits of working memory capacity on attentional control under pressure", *Frontiers in Psychology*, July.

108. Luo, Y. et al., 2020: "Acute psychological stress impairs attention disengagement toward threat-related stimuli", *Acta Psychologica Sinica*, January.

109. MacNamara, A. et al., 2010: "Distinct electrocortical and behavioral evidence for increased attention to threat in generalized anxiety disorder", *Depression and Anxiety*, March.

110. Mann, D. T. Y. et al., 2007: "Perceptual-cognitive expertise in sport: A meta-analysis", *Journal of Sport & Exercise Psychology*, June.

111. Mann, D. T. Y. et al., 2011: "Quiet eye and the Bereitschaftspotential: Visuomotor mechanisms of expert motor performance", *Cognitive Processing*, August.

112. Marchant, D. C. et al., 2007: "The effects of attentional focusing strategies on novice dart throwing performance and their task experiences", *International Journal of Sport and Exercise Psychology*, January.

113. Martens, R. et al., 1979: "Sport Competition Anxiety Test", *German Journal of Exercise and Sport Research*, March.

114. Masters, R. S. W., 1992: "Knowledge, knerves and know-how: The role of explicit versus implicit knowledge in the breakdown of a complex motor skill under pressure", *British Journal of Psychology*, August.

115. Masters, R. S. W. et al., 2008: "The theory of reinvestment", *International Review of Sport and Exercise Psychology*, September.

116. McKay, B. et al., 2012: "A distal external focus enhances novice dart throwing performance", *International Journal of Sport and*

Exercise Psychology, June.

117. Miles, C. A. L. et al., 2015:"Quiet eye training facilitates visuomotor coordination in children with developmental coordination disorder", *Research in Developmental Disabilities*, May.

118. Miles, C. A. L. et al., 2017:"Quiet eye training aids the long-term learning of throwing and catching in children: Preliminary evidence for a predictive control strategy", *European Journal of Sport Science*, February.

119. Minnick, M. R. et al., 2020:"A disruption in the balance of attentional systems plays a role in trait anxiety", *Brain Sciences*, October.

120. Miyake, A. et al., 2000:"The unity and diversity of executive functions and their contributions to complex 'frontal lobe' tasks: A latent variable analysis", *Cognitive Psychology*, August.

121. Mizusaki, Y. et al., 2019:"Why does the Quiet Eye improve aiming accuracy? Testing a motor preparation hypothesis with brain potential", *Cognitive Processing*, February.

122. Moore, L. et al., 2012:"Quiet eye training expedites motor learning and aids performance under pressure: The roles of response programming and external attention", *Psychophysiology*, July.

123. Moore, L. J. et al., 2014:"Quiet eye training improves small arms maritime marksmanship", *Military Psychology*, September.

124. Moriya, J. et al., 2010:"Attentional resources in social anxiety and the effects of perceptual load", *Cognition and Emotion*, November.

125. Morris, L. W. et al., 1981:"Cognitive and emotional components of anxiety: Literature review and a revised Worry-Emotionality Scale", *Journal of Educational Psychology*, August.

126. Moser, J. S. et al., 2012:"Enhanced attentional capture in trait anxiety", *Emotion*, April.

127. Moser, J. S. et al., 2013:"On the relationship between anxiety and error monitoring: A meta-analysis and conceptual framework", *Frontiers in Human Neuroscience*, August.

128. Murray, N. P. et al., 2003: "Anxiety and performance: A visual search examination of processing efficiency theory", *Journal of Sport and Exercise Psychology*, January.

129. Murray, N. P. et al., 2007: "Event-related potential evidence for the processing efficiency theory", *Journal of Sports Sciences*, January.

130. Myles, O. et al., 2020: "Anxiety & inhibition: Dissociating the involvement of state and trait anxiety in inhibitory control deficits observed on the anti-saccade task", *Cognition & Emotion*, November.

131. Navarro, M. et al., 2012: "The Effects of high pressure on the point of no return in simulated penalty kicks", *Journal of Sport & Exercise Psychology*, February.

132. Ng, E. et al., 2015: "Effects of trait test anxiety and state anxiety on children's working memory task performance", *Learning & Individual Differences*, May.

133. Nibbeling, N. et al., 2012: "Effects of anxiety on running with and without an aiming task", *Journal of Sports Sciences*, October.

134. Nibbeling, N. et al., 2012: "Effects of anxiety, a cognitive secondary task, and expertise on gaze behavior and performance in a far aiming task", *Psychology of Sport and Exercise*, July.

135. Nieuwenhuys, A. et al., 2008: "The influence of anxiety on visual attention in climbing", *Journal of Sport & Exercise Psychology*, April.

136. Osinskya, R. et al., 2012: "Trait anxiety and the dynamics of attentional control", *Biological Psychology*, January.

137. Otting, M. et al., 2020: "Performance under pressure in skill tasks: An analysis of professional darts", *PLoS One*, February.

138. Oudejans, R. R. D. et al., 2002: "Aiming at a far target under different viewing conditions: Visual control in basketball jump shooting", *Human Movement Science*, October.

139. Owens, M. et al., 2013: "Improving attention control in dysphoria through cognitive training: Transfer effects on working memory

capacity and filtering efficiency", *Psychophysiology*, March.

140. Panchuk, D. et al., 2006: "Gaze behaviors of goaltenders under spatial-temporal constrains", *Human Movement Science*, December.

141. Panchuk, D. et al., 2009: "Using spatial occlusion to explore the control strategies used in rapid interceptive actions: Predictive or prospective control", *Journal of Sports Sciences*, October.

142. Panchuk, D. et al., 2011: "Effect of narrowing the base of support on the gait, gaze and quiet eye of elite ballet dancers and controls", *Cognitive Processing*, August.

143. Payne, K. et al., 2019: "A systematic review of the anxiety-attention relationship in far-aiming skills", *International Review of Sport and Exercise Psychology*, January.

144. Pérez-Encinas, C. et al., 2016: "Influence of cognitive interferences and self-talk functions on performance during competition in elite female field hockey players", *The Journal of Strength and Conditioning Research*, December.

145. Piras, A. et al., 2011: "The effect of fixation transitions on quiet eye duration and performance in the soccer penalty kick: Instep versus inside kicks", *Cognitive Processing*, August.

146. Querfurth, S. et al., 2016: "An internal focus leads to longer quiet eye durations in novice dart players", *Frontiers in Psychology*, May.

147. Reinholdt-Dunne, M. et al., 2013: "Attention control: Relationships between self-report and behavioural measures, and symptoms of anxiety and depression", *Cognition and Emotion*, April.

148. Reuter, B. et al., 2007: "Impaired action control in schizophrenia: The role of volitional saccade initiation", *Neuropsychologia*, June.

149. Richards, J. E. et al., 2003: "Cortical sources of event-related potentials in the prosaccade and antisaccade task", *Psychophysiology*, November.

150. Rienhoff, R. et al., 2013: "Transfer of motor and perceptual skills from basketball to darts", *Frontiers in Psychology*, September.

151. Rienhoff，R. et al.，2015："Focus of attention influences quiet-eye behavior：An exploratory investigation of different skill levels in female basketball players"，*Sport，Exercise，and Performance Psychology*，February.

152. Roberts，J. et al.，2016："The influence of state anxiety on the offline planning and online control of action：Is it as simple as one or the other?"，*Journal of Exercise，Movement，and Sport*，October.

153. Sadeh，N. et al.，2011："Individual differences at high perceptual load：The relation between trait anxiety and selective attention"，*Cognition and Emotion*，June.

154. Sarason，I. G. et al.，1978："Test anxiety and the passage of time"，*Journal of Consulting and Clinical Psychology*，February.

155. Sarason，I. G. et al.，1984："Stress，anxiety，and cognitive interference：Reactions to tests"，*Journal of Personality & Social Psychology*，April.

156. Sarason，I. G. et al.，1986："Cognitive interference：Situational determinants and traitlike characteristics"，*Journal of Personality & Social Psychology*，July.

157. Sarason，I. G. et al.，1998："Anxiety，self-preoccupation，and attention"，*Anxiety Research*，June.

158. Schücker，L. et al.，2016："Look around while running! Attentional focus effects in inexperienced runners"，*Psychology of Sport and Exercise*，November.

159. Sehlmeyer，C. et al.，2010："ERP indices for response inhibition are related to anxiety-related personality traits"，*Neuropsychologia*，June.

160. Shah，E. J. et al.，2020："Anxiety on quiet eye and performance of youth pistol shooters"，*Journal of Sport & Exercise Psychology*，July.

161. Shields，G. S. et al.，2016："The effect of negative affect on cognition：Anxiety，not anger，impairs executive function"，*Emotion*，September.

162. Smith，N. C. et al.，2001："A test of processing efficiency theory in a team sport context"，*Journal of Sports Sciences*，May.

163. Spada, M. et al. , 2010:"The relationship among metacognitions, attentional control, and state anxiety", *Cognitive Behaviour Therapy*, March.

164. Sun, G. et al. , 2016:"The quiet eye provides pre-planning and online control support for interceptive task performance", *Journal of Sport & Exercise Psychology*, October.

165. Susa, G. et al. , 2012:"The self regulatory effect of attentional control in modulating the relationship between attentional biases toward threat and anxiety symptoms in children", *Cognition & Emotion*, September.

166. Timmis, M. A. et al. , 2018:"Keep your eye on the ball; the impact of an anticipatory fixation during successful and unsuccessful soccer penalty kicks", *Frontiers in Psychology* , October.

167. Unsworth, N. et al. , 2004:"Working memory capacity and the antisaccade task: Individual differences in voluntary saccade control", *Journal of Experimental Psychology: Learning, Memory, and Cognition*, November.

168. Vater, C. et al. , 2016:"Effects of anxiety on anticipation and visual search in dynamic, time-constrained situations", *Sport, Exercise, and Performance Psychology*, August.

169. Vickers, J. N. et al. , 1992:"Gaze control in putting", *Perception*, February.

170. Vickers, J. N. et al. , 1996:"Visual control when aiming at a far target", *Journal of Experimental Psychology: Human Perception and Performance*, April.

171. Vickers, J. N. et al. , 2009:"Advances in coupling perception and action the quiet eye as a bidirectional link between gaze, attention, and action", *Progress in Brain Research* , June.

172. Vickers, J. N. et al. , 2011:"Mind over muscle: The role of gaze control, spatial cognition, and the quiet eye in motor expertise", *Cognitive Processing* , August.

173. Vickers, J. N. et al. , 2016:"Origins and current issues in Quiet Eye research", *Current Issues in Sport Science*, February.

174. Vine, S. J. et al., 2010:"Quiet eye training: Effects on learning and performance under pressure", *Journal of Applied Sport Psychology*, November.

175. Vine, S. J. et al., 2013:"Evaluating stress as a challenge is associated with superior attentional control and motor skill performance: Testing the predictions of the biopsychosocial model of challenge and threat", *Journal of Experimental Psychology: Applied*, September.

176. Vine, S. J. et al., 2013:"Quiet eye and choking: Online control breaks down at the point of performance failure", *Medicine and Science in Sports and Exercise*, October.

177. Vine, S. J. et al., 2014:"Quiet eye training: The acquisition, refinement and resilient performance of targeting skills", *European Journal of Sport Science*, January.

178. Vine, S. J. et al., 2015:"Individual reactions to stress predict performance during a critical aviation incident", *Anxiety, Stress, & Coping*, July.

179. Vine, S. J. et al., 2016:"An integrative framework of stress, attention, and visuomotor performance", *Frontiers in Psychology*, November.

180. Vine, S. J. et al., 2017:"An occlusion paradigm to assess the importance of the timing of the quiet eye fixation", *European Journal of Sport Science*, February.

181. Visu-Petra, L. et al., 2010:"Anxiety and visual-spatial memory updating in young children: An investigation using emotional facial expressions", *Cognition & Emotion*, February.

182. Visu-Petra, L. et al., 2013:"Individual differences in anxiety and executive functioning: A multidimensional view", *International Journal of Psychology*, August.

183. Walkenhorst, E. et al., 2009:"The effect of state worry and trait anxiety on working memory processes in a normal sample", *Anxiety, Stress & Coping*, March.

184. Walters-Symons, R. et al., 2017:"Examining the response

programming function of the quiet eye: Do tougher shots need a quieter eye?", *Cognitive Processing*, February.

185. Wieser, M. J. et al., 2009: "Probing the attentional control theory in social anxiety: An emotional saccade task", *Cognitive, Affective, & Behavioral Neuroscience*, September.

186. Williams, A. M. et al., 2002: "Quiet eye duration, expertise, and task complexity in near and far aiming tasks", *Journal of Motor Behavior*, June.

187. Wilson, M., 2008: "From processing efficiency to attentional control: A mechanistic account of the anxiety performance relationship", *International Review of Sport and Exercise Psychology*, September.

188. Wilson, M. et al., 2006: "The role of effort in moderating the anxiety-performance relationship: Testing the prediction of processing efficiency theory in simulated rally driving", *Journal of Sports Sciences*, November.

189. Wilson, M. et al., 2007: "A comparison of self-focus versus attentional explanations of choking", *Journal of Sport & Exercise Psychology*, August.

190. Wilson, M. et al., 2007: "A test of the predictions of processing efficiency theory during elite team competition using the Thought Occurrence Questionnaire for Sport", *International Journal of Sport Psychology*, July.

191. Wilson, M. et al., 2007: "The role of effort in influencing the effect of anxiety on performance: Testing the conflicting predictions of processing efficiency theory and the conscious processing hypothesis", *British Journal of Psychology*, August.

192. Wilson, M. R. et al., 2009: "The influence of anxiety on visual attentional control in basketball free throw shooting", *Journal of Sport & Exercise Psychology*, April.

193. Wilson, M. R. et al., 2009: "Anxiety, attentional control, and performance impairment in penalty kicks", *Journal of Sport & Exercise Psychology*, December.

194. Wilson, M. R. et al., 2011: "Gaze training enhances laparoscopic

technical skill acquisition and multi-tasking performance: A randomized, controlled study", *Surgical Endoscopy*, December.

195. Wilson, M. R. et al., 2013:"Quiet eye distinguishes children of high and low motor coordination abilities", *Medicine & Science in Sports & Exercise*, June.

196. Wilson, M. R. et al., 2016:"Say it quietly, but we still do not know how Quiet Eye training works-comment on Vickers", *Current Issues in Sport Science*, June.

197. Wood, G. et al., 2010:"A moving goalkeeper distracts penalty takers and impairs shooting accuracy", *Journal of Sports Sciences*, July.

198. Wood, G. et al., 2011:"Quiet-eye training for soccer penalty kicks", *Cognitive Processing*, August.

199. Wood, G. et al., 2017:"A randomized controlled trial of a group-based gaze training intervention for children with developmental coordination disorder", *PLoS One*, June.

200. Wulf, G. et al., 2013:"Attentional focus and motor learning: A review of 15 years", *International Review of Sport and Exercise Psychology*, September.

201. Wulf, G. et al., 2016:"Optimizing performance through intrinsic motivation and attention for learning: The OPTIMAL theory of motor learning", *Psychonomic Bulletin and Review*, October.

202. Yerkes, R. M. et al., 1908:"The relation of strength of stimulus to rapidity of habit formation", *Journal of Comparative Neurology of Psychology*, November.

203. Zachry, T. et al., 2005:"Increased movement accuracy and reduced EMG activity as a result of adopting an external focus of attention", *Brain Research Bulletin*, June.

204. Ziv, G. et al., 2015:"Focusing attention instructions, accuracy, and quiet eye in a self-paced task-an exploratory study", *International Journal of Sport and Exercise Psychology*, April.

chunked skill acquisition and multi-[illegible] [illegible] [illegible] [illegible] [illegible] [illegible] [illegible] [illegible] [illegible] [illegible]

